主　　编　蒋惠岭　国家法官学院副院长
　　　　　　　　　　最高人民法院司法案例研究院负责人
副 主 编　关　毅　国家法官学院科研部主任
　　　　　刘　畅　最高人民法院司法案例研究院规划部主任
主编助理　边疆戈　国家法官学院科研部编辑
　　　　　朱建伟　国家法官学院科研部编辑
　　　　　赵文轩　最高人民法院司法案例研究院规划部编辑

《中国法院年度案例》编辑人员（按姓氏笔画）
边疆戈　朱建伟　刘　畅　关　毅　杨小利
罗胜华　赵文轩　胡　岩　袁登明　唐世银
曹海荣　梁　欣　蒋惠岭　程　瑛　谭　红

本书编审人员　刘　畅

中国法院

2020年度案例

国家法官学院
最高人民法院司法案例研究院◎编

物权纠纷

中国法制出版社
CHINA LEGAL PUBLISHING HOUSE

《中国法院年度案例》通讯编辑名单

序

坚持和完善中国特色社会主义法治体系，是党的十九届四中全会作出的一项重要部署。作为其核心组成部分，高效的法治实施体系所要实现的就是让静态的法律制度在实践中得到良好实施。《中国法院年度案例》丛书的价值追求，即公开精品案例，研究案例所体现的裁判方法和价值理念，提炼裁判规则，助推司法标准统一。

《中国法院年度案例》丛书，是国家法官学院于2012年开始编辑出版的一套大型年度案例丛书。丛书由国家法官学院案例开发研究中心具体承担编辑工作，每年年初定期出版。此前，该中心坚持20余年连续不辍编辑出版了《中国审判案例要览》丛书近90卷，分中文版和英文版在海内外发行，颇有口碑，享有赞誉。作为一种全新的案例研究产品，《中国法院年度案例》丛书旨在加强完善中国特色案例指导制度，探索编辑案例的新方法、新模式，以弥补当前各种案例出版物的不足。该丛书2012－2019年已连续出版8套，一直受到读者的广泛好评，并迅速售罄。为更加全面地反映我国司法审判执行工作的发展进程，顺应审判执行实践的需要，响应读者需求，2014年度新增3个分册即金融纠纷、行政纠纷、刑事案例，2015年度将刑事案例调整为刑法总则案例、刑法分则案例2册，2016年度新增知识产权纠纷分册，2017年度新增执行案例分册，2018年度、2019年度将刑事案例扩充为4个分册。现国家法官学院及时编撰推出《中国法院2020年度案例》系列丛书，共23册。

当前市面上的案例丛书百花齐放，又有裁判文书网，可以查询各级法院、各类的裁判文书，还有各种专门领域的案例汇编书籍，以及各种案例指导、案例参考等读物，各具特色。而《中国法院年度案例》丛书则以开放务实的态度、简洁明快的风格，试图把案例书籍变得“好读有用”，故在编辑中坚持以下方法：一是高度提炼案例内容，控制案例篇幅，每个案例基本在3000字以内；二是突出争议焦点，剔除无效信息，尽可能在有限的篇幅内为读者提供有效、有益的信息；三是注重对案件裁判文书的再加工，大多数案例由案件的主审法官撰写“法官后语”，高度提炼、总结案例的指导价值。

同时，《中国法院年度案例》丛书还有以下特色：一是信息量大。国家法官学院案例开发研究中心每年从全国各地法院收集到的上一年度审结的典型案例近万件，使该丛书有广泛的选编基础，可提供给读者新近发生的全国各地多种类型的代表性案例。二是方便检索。为体现以读者为本，丛书分卷细化，每卷下还将案例主要根据案由分类编排，每个案例用一句话概括裁判规则、裁判思路或焦点问题作为主标题，让读者一目了然，迅速找到目标案例。

中国法制出版社始终全力支持《中国法院年度案例》丛书的出版，给了作者和编辑们巨大的鼓励。2018年、2019年连续推出数据库增值服务，2020年继续提供数据库增值服务并充实完善数据内容。购买本书，扫描前勒口二维码，即可在本年度免费查阅往年同类案例数据库。我们在此谨表谢忱，并希望通过共同努力，逐步完善，做得更好，真正探索出一条编辑案例书籍、挖掘案例价值的新路，更好地服务于学习、研究法律的读者，服务于社会，服务于国家的法治建设。

本丛书既可作为法官、检察官、律师等司法实务工作人员的办案参考和司法人员培训推荐教程，也是社会大众学法用法的极佳指导，亦是教学科研机构案例研究的精品素材。当然，案例作者和编辑在编写过程中也难以一步到位实现最初的编写愿望，可能会存在各种不足，甚至错误，欢迎读者批评指正，我们愿听取建议，并不断改进，不断扩大案例研究领域，实现中国特色案例研究事业新发展。

从今年起，《中国法院年度案例》改由国家法官学院与最高人民法院司法案例研究院共同编辑。最高人民法院司法案例研究院是中编办批准设置的最高人民法院的司法案例专门研究机构，与国家法官学院合署办公，在最高人民法院领导下，秉持服务司法审判实践、经济社会发展、法学教育研究、中外法学交流、法治中国建设的办院宗旨，坚持“服务、创新、合作、开放、共享”工作原则，依托国家法官学院开展司法案例的收集、生成、研究、发布和国际交流工作。司法案例研究院的加入，必将使本套丛书的编辑力量更加壮大，案例质量将进一步提升。

国家法官学院副院长

最高人民法院司法案例研究院负责人

蒋惠岭

目　录

Contents

一、物权保护纠纷

（一）所有权确认纠纷

（二）返还原物纠纷

六、建筑物区分所有权纠纷

七、业主撤销权、知情权纠纷

八、其他物权相关纠纷

一、物权保护纠纷

（一）所有权确认纠纷

1

如何认定无偿转让集资房指标行为的法律性质

——黄某夏诉黄某秋、黄某春所有权确认案

【案件基本信息】

1. 裁判书字号

广西壮族自治区南宁市中级人民法院（2018）桂01民终1708号民事判决书

2. 案由：所有权确认纠纷

3. 当事人

原告（被上诉人）：黄某夏

被告（上诉人）：黄某秋

被告：黄某春

【基本案情】

黄某春、黄某夏、黄某秋分别为黄甲的长女、次女和儿子。黄甲生前系广西壮族自治区南宁筑路机械厂职工，该厂于2006年筹备集资建房，黄甲分得一个全额集资建房指标。2006年5月9日，黄甲出具一份《委托书》，载明“关于我厂建屋问题，现住的房子需要重建，职工须办理一切手续，现委托女儿黄某夏全权代理。

交费以后使用事宜由黄某夏作决定。得房产证后，所有权即转给黄某夏”。后黄某春、黄某秋分别在该委托书上签字表示同意。黄某夏筹资分四期缴纳了集资房款103112元，并于房屋建成后装修、入住。2010年1月，黄某夏办理了房屋所有权证，所有权人为黄甲，共有情况为单独所有，房屋坐落于广西壮族自治区南宁市西乡塘区衡阳东路某单元102号。按照相关政策规定，集资房在办理产权证5年内不能办理所有权人变更手续。2013年9月6日，黄甲立下代书遗嘱一份，载明将其所有遗产交由黄某秋继承。黄甲于2014年6月26日死亡。黄某秋与黄某夏因讼争房屋归属问题产生纠纷。黄某秋于2014年11月起诉，请求按黄甲所立遗嘱继承讼争房屋，一、二审法院以黄甲所立遗嘱已改变其《委托书》意愿为由，判决房屋由黄某秋继承。黄某夏向广西壮族自治区高级人民法院申诉，该院以一、二审判决对讼争房屋是否为黄甲遗产事实不清为由，裁定撤销一、二审判决，发回重审。黄某夏认为讼争房屋应归其所有，于2017年2月提起本案诉讼，请求确认讼争房屋归其所有。

【案件焦点】

如何认定黄甲所出具《委托书》的法律性质。

【法院裁判要旨】

广西壮族自治区南宁市西乡塘区人民法院经审理认为：赠与合同是赠与人将自己的财产无偿给予受赠人，受赠人表示接受赠与的合同。赠与的财产既包括物品、金钱，也包括某种权利。黄甲根据集资房相关政策规定，有权在建设单位同意的情况下，将其享有的集资房指标转让给女儿黄某夏，其出具《委托书》的行为符合赠与的构成要件，《委托书》实为赠与合同。黄某夏按时足额缴纳了集资房款，并装修、入住，以实际履行表示接受了赠与，该赠与合同已履行完毕。故讼争房屋不属于黄甲遗产，权属应归黄某夏所有。

广西壮族自治区南宁市西乡塘区人民法院依照《中华人民共和国合同法》第四十四条第一款、第一百八十五条，《中华人民共和国民事诉讼法》第六十四条第一款，《最高人民法院关于适用〈中华人民共和国民事诉讼法〉的解释》第九十条规定，作出如下判决：

讼争房屋归黄某夏所有。

黄某秋不服一审判决，提起上诉。广西壮族自治区南宁市中级人民法院经审理认为：结合集资房相关法律政策规定、集资房指标的含义及黄甲出具《委托书》的背景等因素分析判断，黄甲出具的《委托书》具有以下特征：第一，所涉事项的背景是黄甲单位筹备集资建房事宜，黄甲对其本人享有的集资建房资格的处分；第二，意思表示由黄甲单方作出，不需要黄某夏负担相应给付的义务，具有单务性、无偿性；第三，办理事务的费用和结果由黄某夏承担；第四，集资建房资格是一种本单位符合条件的职工才享有的购房权利，该权利具有财产性利益，黄甲“委托”黄某夏全权代理其参加集资建房，实际上是将其享有的集资建房指标转让给黄某夏；第五，集资建房指标的接受需要履行一定的义务，即按照单位的要求按时缴纳集资房款。因此，《委托书》的真实意思是由黄某夏以黄甲的名义集资建房。《委托书》不符合委托合同的构成要件，也不符合遗嘱的构成要件，而符合赠与合同的构成要件，故应认定为赠与合同。根据《委托书》安排所发生转移的集资建房指标，即为赠与合同赠与的财产。

赠与合同自当事人双方意思表示一致时成立。黄某夏虽然没有在《委托书》上签署同意接受赠与的意见，但在其缴纳第一笔集资款时，即以实际行动表示其已同意接受赠与。黄某夏接受赠与后，黄甲赠与集资建房指标的义务也同时履行完毕。黄甲为完全民事行为能力人，其出具《委托书》的行为，是其真实意思表示，不违反法律、行政法规的强制性规定，不违背公序良俗，应为合法有效的民事法律行为。因此，黄甲与黄某夏之间的赠与合同成立，合法有效，且已经履行完毕。讼争房屋虽由黄某夏以黄甲的名义集资所建并办理了所有权证书，但集资房指标已赠与黄某夏，集资款由黄某夏缴纳并收房使用，因而黄甲为房屋名义权利人，黄某夏为房屋实际权利人，讼争房屋应归黄某夏所有。

广西壮族自治区南宁市中级人民法院依照《中华人民共和国民事诉讼法》第一百七十条第一款第一项规定，作出如下判决：

驳回上诉，维持原判。

【法官后语】

集资房是单位为了解决内部职工的住房问题，以拥有的划拨土地使用权和部分资金及部分向内部职工筹集的资金建成并以较低的价格转让给内部职工的房产。集资房不同于普通商品房，属于经济适用住房范畴，具有主体特定性、功能保障性、价格经济性、流通受限性等政策性特点。参加单位集资建房的对象，必须限定在本单位住房困难的职工家庭，并以该职工的名义参加集资和办理权属登记，一般在一定期限内（一般为5年）不得上市交易和变更权属登记。集资房因利用单位自用土地建设，政府减免相关税费，价格比普通商品房有较大幅度的优惠。集资房指标是职工由单位批准或分配得到的参加集资建房的资格或权利，即集资房购买权。根据集资房的上述特性，相应地，集资房指标也具有主体特定性、权利财产性、流通受限性等特点。只有本单位符合条件的职工才能享有集资房指标。集资房与普通商品房的价格差体现了集资房指标的财产价值。有的单位不允许集资房指标对外进行交易，但允许在职工家庭成员间进行转移，且只能以单位职工的名义集资报建和办理权属登记。本案所涉单位对集资房指标的管理即属于这一类型。

对黄甲出具的《委托书》的法律性质的理解，决定着讼争房屋产权的归属。审理中存在三种意见：第一种意见认为属于委托合同。理由是该书状的名称明确是“委托书”，主要目的是委托黄某夏办理集资建房手续，其他事项均属于办理集资建房手续包含的内容。黄某秋持该种意见。第二种意见认为属于遗嘱。理由是黄甲是集资房指标所有人和房屋产权登记人，其在《委托书》中对该房屋所有权的安排是对其生前财产的处分。原一、二审判决持该种意见。第三种意见认为属于赠与合同。黄某夏持该种意见，为本案判决所采纳。

笔者同意第三种意见。理由是：第一，委托合同是委托人和受委托人约定，由受委托人处理委托事务的合同，具有双务、委托办理的费用和结果由委托人承担等特点，但本案《委托书》由当事人黄甲单方作出，“委托方”不承担办理委托事务费用、不承担委托结果，因而不属于委托合同。第二，遗嘱是自然人在生前按照法律规定的方式对其遗产及其他事务作出的个人处理，并于立遗嘱人死亡时发生效力的法律行为，具有为继承而设立、于被继承人死亡后才发生效力等特性。但本案《委托书》为办理集资建房事项而设立，且转让建房指标的行为在黄甲生前已经生效和完成，因而也不属于遗嘱。第三，赠与合同是赠与人将自己的财产无偿给予受赠人，受赠人表示接受赠与的合同，具有意思表示的单务性、无偿性和转移标的财产性等特点。本案《委托书》由黄甲为办理集资建房事项和对集资房使用权、所有权等财产性权利的处分而单方作出，不收取任何报酬，黄某夏也以实际履行方式表示接受。《委托书》虽然没有转让集资房指标的明确内容，但因集资房指标具有主体特定性、权利财产性、流通受限性等特性，《委托书》的内容包括了黄甲委托黄某夏全权代理参加集资建房，由黄某夏缴纳集资房款、使用房屋，具备条件后所有权转给黄某夏等意思表示。故《委托书》实质上表达了黄甲将其享有的集资房指标转让给黄某夏的意思，是黄甲将集资房指标赠与黄某夏的赠与合同。

黄甲与黄某夏之间的赠与合同成立，合法有效，且已经履行完毕。讼争房屋虽以黄甲的名义集资建房并办理产权登记，但集资房指标已赠与黄某夏，集资款由黄某夏缴纳，房屋由黄某夏接收使用，故黄甲为房屋名义权利人，黄某夏为房屋实际权利人，讼争房屋应归黄某夏所有。讼争房产不属于黄甲的财产，黄甲后来所立遗嘱对该房产无处分权。集资房是我国计划经济向市场经济转变过程中产生的介乎福利房与普通商品房之间的一种特殊房产类型，正确理解集资房、集资房指标等特定财产和财产性权利的含义，对于正确适用法律、准确判断争议性质、妥善解决相关案件具有重要意义。

编写人：广西壮族自治区南宁市中级人民法院　周传明

2

借名买房中借名人行使权利的路径选择

——李甲、周某诉曾某、李乙所有权确认案

【案件基本信息】

1. 裁判书字号

北京市第一中级人民法院（2018）京01民终6766号民事判决书

2. 案由：所有权确认纠纷

3. 当事人

原告（上诉人）：李甲、周某

被告（被上诉人）：曾某、李乙

第三人：贾某

【基本案情】

2009年2月14日，案外人王某与李甲、曾某签订《北京市存量房屋买卖合同》及补充协议，约定李甲、曾某购买涉案房屋，购房总价款105.5万元，定金10万元。2009年2月16日，王某收到曾某与李甲给付的购房定金10万元。2009年4月14日，王某与曾某网签合同。2009年4月22日，曾某、李甲、周某共同在与中国光大银行股份有限公司北京望京支行签订的《个人贷款合同》上签字，借款人是曾某、李甲、周某，抵押人是曾某，此合同附表一显示，借款人为李甲，抵押人为曾某。2014年8月4日，中国光大银行股份有限公司北京望京支行出具客户贷款结清通知书，显示涉案房屋的住房按揭贷款已于2014年8月1日清还完毕。现涉案房屋登记在曾某名下，为曾某单独所有。该房屋一直处于出租状态，租金由李甲收取。

李甲、周某、曾某、李乙称，双方之间是借名买房关系，所有款项均是李甲夫妇支付，李甲与周某是夫妻关系，周某是北京户籍，李甲、周某考虑到有买经济适用房的可能性，因此借用曾某名义买房。关于涉案房屋出资，房屋贷款以及税费等李甲夫妇确有支付。李甲、周某、曾某、李乙称，买房时李甲夫妇没有钱，涉案房屋首付共41万多元，曾某把积蓄31万多元拿出来做首付款，直接转账给卖方，曾某又找朋友借10万元，曾某偿还完朋友借款后，本不想让李甲偿还，但是后来李甲有钱后就把曾某的31万多元和朋友的借款都偿还给了曾某。在之后庭审中，李甲、周某、曾某、李乙称曾某付首付款是借给李甲和周某，包括曾某自己的31万多元以及借款10万元。

另，曾某提议将涉案房屋在链家公司发布信息出售，李甲同意将信息挂在链家公司发布。2016年7月30日，曾某与贾某签订《北京市存量房屋买卖合同》，约定贾某购买涉案房屋，合同总价款共420万元。现该房屋买卖合同尚未履行完毕，在法院另有其他诉讼。李甲、周某、曾某、李乙均称就涉案房屋出售给第三人贾某事宜，曾某、李乙没有与李甲、周某协商，李甲夫妇不知情。

【案件焦点】

1. 借名买房关系是否存在；2. 李甲、周某是否有权要求直接确认所有权。

【法院裁判要旨】

北京市昌平区人民法院经审理认为：当事人对自己提出的诉讼请求所依据的事实或者反驳对方诉讼请求所依据的事实有责任提供证据加以证明。没有证据或者证据不足以证明当事人的事实主张的，由负有举证责任的当事人承担不利后果。李甲、周某以其与曾某之间存在借名买房关系为由提起诉讼，主张其为涉诉房屋的实际权利人，李甲、周某就其诉讼请求所依据的事实应尽到举证责任。在本案审理过程中，原告提供证据证明其对涉案房屋的购买确实存在出资关系，但是对于借名买房的主张法院不予支持。第一，在王某与李甲、曾某所签《北京市存量房屋买卖合同》及补充协议中，曾某明确作为购买人，而且顺位始终是在李甲之前。合同中有李甲姓名，但是李甲姓名的颜色、字迹与曾某明显不同，法院确信李甲在购买房屋时确实在该合同上签字，但是结合曾某年龄较大无法贷款的事实，双方签订合同书写李甲姓名不排除考虑为银行贷款这一可能因素。第二，网签合同和房屋所有权证明确写明权利人是曾某，时隔多年，双方至今未变更登记。第三，将涉案房屋出售给第三人贾某前，李甲明确表示知道曾某将涉案房屋出售信息挂在链家公司公布，但是李甲并没有提出曾某无权处分的异议。第四，曾某、李乙称其未经李甲、周某同意擅自将涉案房屋出售给贾某，如果李甲、周某认为其相应权益受到损害，可以另行主张权利。综上所述，依照《中华人民共和国民事诉讼法》第六十四条第一款规定，判决如下：

驳回李甲、周某的诉讼请求。

北京市第一中级人民法院经审理，基本同意一审意见，同时结合李甲、周某与曾某、李乙存在亲属关系的事实认为，即使双方存在借名买房关系，亦属于一种债权债务关系，李甲、周某无权直接要求确认涉案房屋归其所有。李甲、周某上诉请求确认其二人为涉案房屋实际购买人，并要求曾某、李乙协助将涉案房屋变更登记至其名下，超出一审诉讼请求范围，法院不予处理。

综上所述，李甲、周某的上诉请求不能成立，应予驳回；一审判决结果正确，应予维持。依照《中华人民共和国民事诉讼法》第一百七十条第一款第一项、《最高人民法院关于适用〈中华人民共和国民事诉讼法〉的解释》第一百一十七条规定，判决如下：

驳回上诉，维持原判。

【法官后语】

本案两审判驳的主要理由在于原告未能有效举证证明借名关系的存在，然举证问题各案不同，如欲举一反三、为后所鉴，则应关注借名买房中基础关系与物权行为之间的联系。二审判决中有一句判词值得注意，“即使双方存在借名买房关系，亦属于一种债权债务关系，李甲、周某无权直接要求确认涉案房屋归其所有”，这提出了在借名买房中原告的请求权基础问题，即以合同为基础行使债权请求权还是以实际物权权利归属为基础行使物权请求权。需要注意的是，二者在借名买房中无法同时存在，所以并无请求权竞合的问题。

《中华人民共和国物权法》第十九条规定，“权利人、利害关系人认为不动产登记簿记载的事项错误的，可以申请更正登记……有证据证明登记确有错误的，登记机构应当予以更正”，再观《最高人民法院关于适用〈中华人民共和国物权法〉若干问题的解释（一)》第二条“当事人有证据证明不动产登记簿的记载与真实权利状态不符、其为该不动产物权的真实权利人，请求确认其享有物权的，应予支持”之规定，其表述区别在于“登记事项错误”和“与真实权利不符”，前者一般理解为属于针对真实物权自始至终未曾变动的“误登记”，而后者“真实权利”则有解释空间，依该条上下文判断该权利如果仅仅限定于物权，则《最高人民法院关于适用〈中华人民共和国物权法〉若干问题的解释（一)》第二条“真实权利状态不符”的外延与《中华人民共和国物权法》第十九条“登记事项错误”的外延相一致，然而，《最高人民法院关于适用〈中华人民共和国物权法〉若干问题的解释（一)》第二条显然更换措辞，是对物权法的进一步明确与外延扩大。所以，在我国法律语境下，“真实权利”的解释空间并非仅限于物权。

落实到借名买房案件，关键需要判断借名人对出名人享有的是物权请求权还是债权请求权。其一，物权法定，物权公示方式同样法定，这是物权对世性与交易安全的基础。不动产以不动产登记簿作为最强效力推定，如想推翻只能证明登记错误。借名买房中双方以合同为基础，其关系在不动产登记簿上并无任何显示，借名人仅对出名人享有请求转移所有权登记的债权请求权，即仅能“动摇”不动产登记簿的推定而不能直接从物权上推翻之。2010年施行的《北京市高级人民法院关于审理房屋买卖合同纠纷案件适用法律若干问题的指导意见（试行)》第十五条“……借名人依据合同约定要求登记人（出名人）办理房屋所有权转移登记的，可予支持”亦持此观点。其二，“与真实权利不符”在实践中主要存在共有、遗产遗赠、裁判确认、借名买房等几种情况，与前三项相比，借名买房的不同点在于事前明确将自己排除于登记簿外的行为即可解释为实际权利人有明确的将物权置于名义权利人名下的意思表示，无论其动机如何。理论而言，在没有无效或可撤销的情况下，这种将物权变为债权的自我降格属于意思自治，无需干涉；实际而言，借名买房多是为规避政策、贷款限制等，借名人理应承担一定风险。综上可知，借名人对出名人享有的应是债权请求权。

但这是否意味着借名买房不适用《最高人民法院关于适用〈中华人民共和国物权法〉若干问题的解释（一）》第二条呢？答案是不一定。最高人民法院曾将借名买房案例明确列入了本条适用范围，即借名人可直接请求确认物权归其所有。笔者认为，这并非对物权行为的否定，而是某些情况下直接取得的一种表现。可以注意到，该借名买房案例事实上并不涉及第三人，仅为借名人向出名人主张权利，那么在双方关系中物权与债权请求的实际履行并不会发生过大的差异。而以本案为代表的涉及第三人（另行购买房屋者）的借名买房关系中，即使第三人是善意的，但善意取得的终局性使得其认定标准较高，意味着第三人在支付合理价格且变更登记前，借名人可依物权请求直接优位于第三人的债权请求，且此种“优位”是建立在借名人与出名人订立的相对性与私密性较强的合同之上，而非其他“与实际权利不符”情况中或有迹象可查（如共有）或有公权力背书（如裁判确认）。只有证据充足才可否认出名人的物权归属，否则不仅容易助长串通的可能，还会在交易风险分配中给善意第三人造成过大压力。

归根结底，借名买房仅是一种“可容忍”的意思自治行为，在双方关系中或可从操作角度赋予借名人物权请求权，但在三方关系中不宜因保护“可容忍”的意思自治而忽视了对善意购买人的保护。

编写人：北京市昌平区人民法院　陆婧

3

借名宅基地及地上房屋权属的认定

——陈某二诉陈某平所有权确认案

【案件基本信息】

1. 裁判书字号

河北省唐山市路北区人民法院（2018）冀0203民初4031号民事判决书

2. 案由：所有权确认纠纷

3. 当事人

原告：陈某二

被告：陈某平

【基本案情】

陈某一与陈某二系同胞兄弟。陈某一有一个女儿，陈某二有三个儿子。1990年，经村委会批准，陈某二在村北建住房两所，其中一处宅基地是借用陈某一名义申请所得，登记权利人为陈某一，此处房屋建成后由陈某二的三个儿子居住使用。因陈某一夫妇已病故多年，陈某二办理过户手续需要陈某一之女陈某平协助配合，但陈某平认为其作为法定继承人享有继承房产及宅基地使用权的权利。双方协商未果，引发诉讼。

【案件焦点】

借名宅基地的使用权以及该宅基地上所建房屋的所有权归谁所有。

【法院裁判要旨】

河北省唐山市路北区人民法院经审理认为：案涉宅基地虽登记在陈某一名下，但陈某二提交的村委会、时任村党支部书记以及陈某一出具的证明能够证明该宅基地系陈某二借用陈某一名义批得，且村委会知情并经相关政府部门批准，不存在陈某二通过借用他人名义向所在村集体经济组织骗取宅基地之说，故陈某二在案涉宅基地上所建房屋属于合法建造，依法可以取得物权。涉案房屋归陈某二所有并不代表涉案宅基地使用权也归其享有，因为陈某一为涉案宅基地的登记权利人，所以涉案宅基地的使用权依法应归陈某一享有。《中华人民共和国土地管理法》第十条规定，“农民集体所有的土地依法属于村农民集体所有的，由村集体经济组织或者村民委员会经营、管理”，因此陈某二借用陈某一名义批得的宅基地如何处理，是另一法律问题，不属于本案审理范围。

河北省唐山市路北区人民法院依照《中华人民共和国物权法》第九条第一款、第三十三条、第一百五十三条规定，作出如下判决：

一、涉案房产归陈某二所有；

二、驳回陈某二的其他诉讼请求。

【法官后语】

1. 关于借名宅基地的使用权

农村集体经济组织成员可以依法向本集体经济组织申请宅基地使用权，陈某一、陈某二属于同村村民，均有权向所在村委会申请宅基地使用权，但不能违反“一户一宅”的原则。根据《中华人民共和国物权法》第六条、第九条规定，不动产物权的设立，应当依照法律规定登记；经依法登记，发生效力；未经登记，不发生效力，但法律另有规定的除外。作为用益物权之一的宅基地使用权，需经依法登记方能取得。陈某二借用陈某一名义批得的宅基地，登记权利人为陈某一，所以该宅基地的使用权依法应归陈某一享有。

2. 关于借名宅基地上所建房屋的所有权

涉案宅基地使用权归陈某一享有并不代表涉案房屋也归其所有。根据《中华人民共和国物权法》第三十条规定，合法建造可以设立物权，且自事实行为成就时发生效力。涉案宅基地虽登记在陈某一名下，但陈某二借用陈某一名义申请宅基地，村委会知情并经相关政府部门批准，且其建设住宅经陈某一允许，故陈某二所建涉案房屋属于合法建造，依法可以取得物权。

3. 关于借名宅基地如何处理

《中华人民共和国继承法》第三条规定，“遗产是公民死亡时遗留的个人合法财产”，而宅基地使用权不属于个人财产，因此不发生继承问题。既然借名宅基地和地上房屋分属陈某一、陈某二，宅基地使用权又不能继承，那么涉案宅基地该如何处理？《中华人民共和国土地管理法》第十条规定，“农民集体所有的土地依法属于村农民集体所有的，由村集体经济组织或者村民委员会经营、管理”，故涉案宅基地的处理不属于本案审理范围，依法应由村委会决定。

编写人：河北省唐山市路北区人民法院　赵贺

4

婚姻关系中财产登记在未成年子女名下的权属认定

——郭某诉李某、李小花所有权确认案

【案件基本信息】

1. 裁判书字号

北京市第三中级人民法院（2018）京03民终6854号民事判决书

2. 案由：所有权确认纠纷

3. 当事人

原告（上诉人）：郭某

被告（被上诉人）：李某、李小花（李某之女，化名）

【基本案情】

郭某与李某于1993年9月30日登记结婚，李某系再婚，并带有一女李小花。1993年11月5日，双方购买位于北京市平谷区平谷镇的楼房一处（以下简称涉案房屋）。1998年7月22日，涉案房屋产权登记在李小花名下。1999年4月2日，李某起诉离婚，在答辩状中郭某提到“1998年7月办房产证手续费300元，收据是我的名字，后来我去京上班，李某又去找产管科给改为孩子李小花的名字……”。1999年5月27日，法院作出（1999）平民初字第916号民事调解书：1. 李某与郭某离婚；2. 李小花由李某自行抚养……4. 双方婚后共同财产即涉案房屋的东屋归郭某居住，西屋归李某居住，厨房、厕所及阳台归双方共同使用。如一方搬出，该楼房归居住者所有，居住者给付搬迁者楼房折款1万元……该调解书生效后，郭某与李某一直按照调解书确定的内容居住在涉案房屋内。

【案件焦点】

婚姻关系中财产登记在未成年子女名下是否是赠与。

【法院裁判要旨】

北京市平谷区人民法院经审理认为：关于本案是否应依据不动产登记来确定涉案房屋的产权归属的问题。尽管涉案房屋于1998年登记在李小花名下，但不动产登记的法律效力体现为推定力，在不涉及交易关系中的善意第三人保护问题时，若有相反证据证明登记簿上载明的权利人并非实际权利人，则应依法认定实际权利人是不动产物权的享有者。郭某与李某在婚姻关系存续期间购买了涉案房屋，后涉案房屋登记在李小花的名下。在（1999）平民初字第916号卷宗中，郭某与李某均认可涉案房屋属于夫妻共同财产，并就涉案房屋达成调解协议，后双方一直按照调解书的内容履行。李某及李小花对（1999）平民初字第916号民事调解书及此后的履行情况均未提出异议。可见，郭某与李某的真实意思并不是将涉案房屋赠与李小花。因此，涉案房屋的登记行为，不足以认定李小花系涉案房屋的所有权人，对李小花的抗辩意见不予采信。经释明，郭某坚持本案的诉讼请求，不要求李小花协助办理所有权转移登记，故对郭某请求确认涉案房屋归其与李某共有的诉讼请求予以驳回。综上，依照《中华人民共和国物权法》第六条、第七条规定，判决如下：

驳回郭某的诉讼请求。

郭某持原审起诉意见提起上诉。北京市第三中级人民法院经审理认为：关于郭某是否有权要求确认涉案房屋的所有权一节，根据法律规定，因物权的归属、内容发生争议的，利害关系人可以请求确认权利。因不动产物权的归属，以及作为不动产物权登记基础的买卖、赠与、抵押等产生争议，当事人提起民事诉讼的，应当依法受理。当事人有证据证明不动产登记簿的记载与真实权利状态不符、其为该不动产物权的真实权利人，请求确认其享有物权的，应予支持。鉴于涉案房屋所有权登记在李小花名下，且已于2010年重新换发了产权证，现各方当事人对涉案房屋的产权发生争议，郭某起诉要求确认房屋为其与李某共同共有财产，具有请求权基础。

关于涉案房屋是否属于郭某与李某的共同财产一节，涉案房屋系郭某自其原单位所购公房，购房款的计算折算了其工龄，购房协议书、单位出售公有住房房价计算表上购买人原为郭某，虽经涂改更名为李小花，但文件中只有“李小花”的人名章，购房时李小花系无民事行为能力的未成年人，并无法定代理人的相关签字，现无证据表明郭某、李某夫妻关系存续期间，双方将涉案房屋赠与李小花，且在（1999）平民初字第916号卷宗中，郭某与李某均认可涉案房屋属于夫妻共同财产，并就该房屋达成调解协议且实际履行。据此，郭某与李某并未具有将涉案房屋赠与李小花的意思表示。李小花主张享有涉案房屋所有权，缺乏事实依据。故，涉案房屋的登记行为，不足以认定李小花系涉案房屋的所有权人，涉案房屋系郭某与李某的共有财产。一审法院所释明内容超出了当事人诉讼请求范围，并以此为由驳回郭某诉讼请求，显属不当，应予纠正。综上，二审法院改判：

一、撤销北京市平谷区人民法院（2017）京0117民初9919号民事判决；

二、确认涉案房屋为郭某与李某共同共有。

【法官后语】

婚姻关系存续期间，双方用夫妻共同财产购买房屋，产权登记在未成年子女名下，离婚时应如何处理？审判实践中存在两种不同的观点：一种观点认为，根据物权法规定，不动产权属证书是权利人享有该不动产物权的证明。如果夫妻将购买的房屋登记在未成年子女名下，那就意味着将购买的房屋赠与子女，离婚时应作为子女的财产处理，夫妻双方无权予以分割；另一种观点认为，房产是否属于赠与子女，不能简单地根据登记推定，还应审查夫妻双方的真实意思表示。

从本案的角度出发，第二种观点较为适宜。因不动产物权的登记分为对外效力和对内效力，对外效力是指根据物权公示公信原则，不动产物权经过登记后，善意第三人基于对登记的信赖而与登记权利人发生的不动产交易行为应受法律保护；对内效力是指应根据当事人的真实意思表示确定真正的权利人。因此，在涉及不动产物权归属时，我国司法实务通常根据是否涉及第三人利益而进行区分处理。在不涉及第三人利益，仅涉及登记权利人与真实权利人之间的物权权属争议时，不能赋予不动产登记绝对效力，而是采取实质认定标准，通过审查基础事实或探究当事人的真实意思表示来确定真正权利人。因此，在审查不动产物权登记的对内效力时，要审查当事人的真实意思表示。

依照物权法，夫妻双方共同财产或者一方个人财产均为公民个人所有财产，所有权人有权依法对其进行处分，共同财产依共同的意思表示进行处分，个人财产依个人的意思表示进行处分。因此，夫妻婚后将夫妻共同财产登记在未成年子女名下必须是依据夫妻双方共同的意思表示进行的处分，如果是其中一方将夫妻共同财产处分给未成年子女，则不构成物权法上的合法的处分行为。实际生活中，夫妻双方共同出资购买房屋后，可能基于各种因素的考虑而将房屋产权登记在未成年子女的名下，但这并不意味着该房屋的真实产权人即为未成年子女，法院应注意审查夫妻双方在购买房屋时的真实意思表示。如果真实意思确实是将购买的房屋赠与未成年子女，离婚时应将该房屋认定为未成年子女的财产，由直接抚养未成年子女的一方暂时管理；如果真实意思并不是将房屋赠与未成年子女，则离婚时将该房屋作为夫妻共同财产处理比较适宜。

编写人：北京市平谷区人民法院　查金枝

5

公证文书复查应否作为民事诉讼前置程序

——司徒惠某等诉谢某某所有权确认案

【案件基本信息】

1. 裁判书字号

广东省江门市中级人民法院（2019）粤 07 民终 1028 号民事裁定书

2. 案由：所有权确认纠纷

3. 当事人

原告（上诉人）：司徒惠某、司徒某仙、司徒某凤、司徒遇某、司徒某焕、司徒某祥

被告（被上诉人）：谢某某

第三人：司徒佩某

【基本案情】

坐落于广东省开平市赤坎镇的一座房屋原登记在司徒伟某名下。司徒伟某死亡后，其配偶谢某某、女儿司徒佩某申请办理继承公证。开平市公证处作出（2011）开证内字第3013号公证书，主要内容为：涉案房屋的一半为司徒伟某的遗产，因司徒伟某的父母先于司徒伟某死亡，司徒佩某放弃继承，上述遗产由谢某某一人继承。谢某某依据以上公证文书等材料，于2011年6月将涉案房屋变更登记在其名下。司徒惠某等六人以其为司徒伟某子女，对涉案房屋享有继承权为由，起诉请求确认各人对房屋的继承份额。

【案件焦点】

1. 对公证产生争议的权利救济途径如何选择；2. 公证复查应否作为民事诉讼必经前置程序。

【法院裁判要旨】

广东省开平市人民法院经审查认为：涉案房屋经继承公证，已登记在谢某某名下。涉案公证书的复查不属于法院受案范围，司徒惠某等人依法可向出具公证书的公证机构提出复查；房屋登记是行政行为，属于行政诉讼的受案范围，司徒惠某等人依法也可提起行政诉讼。其提起的本案起诉，不符合法律相关规定，应予以驳回。综上，依照《中华人民共和国民事诉讼法》第一百一十九条、第一百二十四条第一款第一项、第一百五十四条第一款第三项，《中华人民共和国行政诉讼法》第二条，《最高人民法院关于适用〈中华人民共和国民事诉讼法〉的解释》第二百零八条第三款和《最高人民法院关于审理涉及公证活动相关民事案件的若干规定》第二条规定，裁定：

驳回司徒惠某等六人的起诉。

司徒惠某等人不服，提起上诉。广东省江门市中级人民法院经审理认为：司徒惠某等人以其均是司徒伟某的子女，对涉案房屋享有继承权为由，起诉请求确认各人份额，本案属于所有权确认纠纷。原审法院因涉案房屋继承经过公证，认为需要对公证文书复查。根据《中华人民共和国公证法》第三十九条规定，复查是当事人、公证事项的利害关系人认为公证书有错误的救济程序，司徒惠某等人并未主张涉案公证书存在错误，也没有要求公证机关撤销公证，原审法院指引当事人启动复查程序不当。根据《中华人民共和国公证法》第四十条及《中华人民共和国民事诉讼法》第六十九条规定，对公证书内容有争议的，可以提起民事诉讼。对民事诉讼而言，公证文书仅是一项证明力较强的证据，经过公证文书认定的事实可以在民事诉讼中进行评判。故公证书内容的真实、合法与否并不是民事案件立案的前置程序，也不是判断案件是否符合起诉条件的审查内容。另外，涉案诉求并不是针对房屋登记行为，原审法院认为本案属于行政诉讼已超出当事人的诉求。司徒惠某等人的起诉符合民事诉讼法规定，属于人民法院民事诉讼受案范围。原审裁定不当，应予以纠正。综上所述，依照《中华人民共和国民事诉讼法》第一百七十条第一款第二项、第一百七十一条，《最高人民法院关于适用〈中华人民共和国民事诉讼法〉的解释》第三百三十二条规定，裁定：

一、撤销广东省开平市人民法院（2017）粤0783民初1609号之一民事裁定；

二、本案指令广东省开平市人民法院审理。

【法官后语】

1. 公证文书在本案中的角色

涉案公证文书公证了两方面的事实：(1) 被继承人司徒伟某名下的房产为夫妻共同财产，司徒伟某死亡后，谢某某享有一半的房屋份额，另一半作为司徒伟某遗产进行继承；(2) 遗产继承人为司徒伟某配偶谢某某及其女儿司徒佩某，在司徒佩某自愿放弃继承份额的情形下，该份额由谢某某全部继承。根据以上公证内容，谢某某办理了房屋产权变更登记，由此导致司徒惠某等其他继承人对房屋继承份额产生争议，继而提起本案诉讼。可见，涉案继承公证是纠纷产生的关键，也是矛盾爆发的导火索。

2. 对公证文书产生争议的权利救济途径

根据前述内容，公证机关显然没有查明被继承房屋是否为夫妻共同财产以及该房屋是否还有其他继承人等事实。当司徒惠某等六人提供身份关系证明提起诉讼主张权利时，公证内容真实性遭受了严重质疑。此种情形下，司徒惠某等继承人作为利害关系人，有三种权利救济途径：（1）可以根据《中华人民共和国公证法》第三十九条规定，向出具公证文书的公证机构申请复查，请求撤销公证文书并予以公告；（2）可以根据《中华人民共和国公证法》第四十条、《中华人民共和国民事诉讼法》第一百一十九条规定，就公证争议内容提起民事诉讼；（3）可以根据行政诉讼法相关规定就房产变更登记的具体行政行为提起行政诉讼。以上三种救济途径，当事人可根据自身诉求，秉承诉讼经济、节约资源的原则自主选择。

3. 申请复查公证文书是否系民事诉讼的必经前置程序

司徒惠某等人就公证文书内容产生的争议，选择提起物权确认之诉维护合法权益，一审法院认为涉案房屋既已经过公证文书变更登记在谢某某名下，则应先对公证进行复查。那么，公证文书的复查是否系本案诉讼的必经前置程序呢？答案是否定的。原因如下：第一，从法律规定来看，对比《中华人民共和国公证法》第三十九条"当事人、公证事项的利害关系人认为公证书有错误的，可以向出具该公证书的公证机构提出复查。公证书的内容违法或者与事实不符的，公证机构应当撤销该公证书并予以公告，该公证书自始无效；公证书有其他错误的，公证机构应当予以更正"和第四十条"当事人、公证事项的利害关系人对公证书的内容有争议的，可以就该争议向人民法院提起民事诉讼"的内容可知，当事人可以根据自身诉求选择复查或诉讼，复查与诉讼两种救济途径并行不悖，复查并不是诉讼的法定必经前置程序。第二，从公证文书的性质来看，公证文书的证据效力是其重要属性之一。由于经公证证明的事实具有高度可靠性，《中华人民共和国民事诉讼法》第六十九条赋予公证文书高于其他一般书证、物证、视听资料等证据的证明力。但是，公证文书从本质上来讲仍属于证据，仍应经过举证、质证等诉讼程序，由合议庭根据案情、诉辩等情况综合判断应否被采信。即公证文书作为证据的采信与否、真实与否的判断，应在诉讼中进行。当事人并不需要为了达到胜诉目的，而在诉前申请公证复查，否则与诉讼经济及诉讼便利原则不符。公证复查不是民事诉讼的必经前置程序。第三，综观本案案情，继承公证作为引发争议的导火索，申请公证复查或提起诉讼均由当事人根据自身诉求选择。当事人一经选择诉讼途径，只要符合立案受理条件，就应当进行实体审理，不能强行要求当事人另寻公证复查的救济途径，更不能以公证复查为必经前置程序为由驳回当事人起诉，否则就是剥夺当事人诉权。

编写人：广东省江门市中级人民法院　周宗艳

6

不动产合法占有状态与不动产买卖合同备案登记效力位阶的认定

——郑某诉福州金冠房地产开发有限公司、福州市鼓楼区建设局所有权确认案

【案件基本信息】

1. 裁判书字号

福建省福州市鼓楼区人民法院（2018）闽0102民初1242号民事判决书

2. 案由：所有权确认纠纷

3. 当事人

原告：郑某

被告：福州金冠房地产开发有限公司（以下简称金冠公司）、福州市鼓楼区建设局（以下简称鼓楼区建设局）

第三人：吴某、江甲

【基本案情】

湖前旧村改造项目9号楼为鼓楼区干部经济适用房，该住宅楼以金冠公司为项目业主单位，由鼓楼区建设局具体实施，自行筹资建设。鼓楼区建设局将其中11套单元房与金冠公司进行置换，取得案涉房屋在内的8套商品房。2004年7月28日，郑某与鼓楼区建设局设立的湖前旧改指挥部订立《商品房买卖协议》，郑某向湖前旧改指挥部购买案涉房屋。合同约定由湖前旧改指挥部负责组织郑某与金冠公司签署正式的购房合同。郑某支付全额购房款后于2005年3月18日收到鼓楼区建设局的《湖前旧村改造项目1号楼商品房交房通知单》，并于当日入住至今，但一直未取得《房屋所有权证》《土地使用权证》。湖前旧村改造项目结束后，鼓楼区

建设局已撤销湖前旧改指挥部。2009年1月15日，金冠公司被吊销营业执照。为了办理案涉房屋的过户事宜，经福州市政府办公厅多次协调，2013年10月9日，鼓楼区建设局与郑某签订《商品房买卖合同》。2016年4月29日，郑某取得《销售不动产统一发票》。

另，2004年9月30日，金冠公司就案涉房屋与江某签订《商品房买卖合同》并办理了预售合同备案登记。江某已死亡，于2015年3月16日被注销户口，吴某系江某妻子、江甲系江某女儿。

【案件焦点】

1. 不动产买卖合同签订之后办理的备案登记的性质及效力如何，是否具有对抗原始未经产权登记而对不动产事实占有者的效力；2. 未办理产权登记但已经实际占有不动产，其定性及效力如何，是否具有对抗效力。

【法院裁判要旨】

福建省福州市鼓楼区人民法院经审理认为：2004年7月28日，郑某与湖前旧改指挥部就案涉房屋签订了《商品房买卖协议》，后于2013年10月9日，鼓楼区建设局与郑某签订《商品房买卖合同》。2004年9月30日，江某与金冠公司签订了《商品房买卖合同》，并且办理了备案登记。以上房屋买卖合同，系双方当事人的真实意思表示，不违反法律法规的强制性、禁止性规定，合法有效。

对于登记行为的性质和效力，根据《中华人民共和国城市房地产管理法》第四十五条第二款规定，商品房预售合同登记备案是一种行政管理行为，如未办理，则房管部门仅会对房屋销售方的开发商进行行政处理，并未规定预售登记备案行为对商品房买卖合同双方之外的第三方发生法律效力。即预售登记备案并不是一种物权意义上的登记备案，其法律价值，在于通过行政管理手段保护商品房交易的安全，最大限度地保障商品房买卖合同的实现。通过登记备案公示该合同，目的在于公示一个特定的债，并不具有物权效力，登记备案与否不对商品房买卖合同的效力产生影响，也不会对合同之外第三方产生物权公示效力。

对于未办理不动产登记的合法占有的定性及效力，郑某已经根据《商品房买卖合同》先行合法占有案涉房屋十余年，该实际占有已经具备物权的性质，应优于普通债权。郑某与湖前旧改指挥部签订买卖合同之后，案涉房屋已经于2005年3月

18日交付给郑某。虽然没有办理完成相应的产权登记手续，但是实际上该房屋的所有权已经发生移转。因此，案涉房屋所有权应当归郑某所有，金冠公司、鼓楼区建设局应当协助其办理案涉房屋的产权过户手续。依照《中华人民共和国合同法》第六十条、第一百一十条，《中华人民共和国民事诉讼法》第九十二条、第一百四十四条规定，判决：

一、确认案涉房屋归郑某所有；

二、金冠公司、鼓楼区建设局于判决生效之日起十日内协助郑某办理该房屋的产权过户手续。

【法官后语】

本案是我国商品房交易市场不断发展规范过程中存在的房屋所有权移转过程中的登记行为、实际占有之间的效力位阶问题方面的具有代表性的案例，反映出我国现行法律对商品房买卖各项登记制度的定性及与商品房实际占有之间的效力位阶问题仍需进一步加以明确。

1. 商品房预售合同登记定性及效力

2007年《中华人民共和国城市房地产管理法》修正，其中第四十五条第二款对商品房预售合同备案登记制度进行了规定。但法律并未对该登记行为的性质和效力进行规定。

针对商品房预售合同备案登记制度的定性，其主要是行政机关为更好地监督商品房交易而采取的行政管理手段，旨在加强行政机关对商品房买卖的监管，维护商品房交易市场的秩序，防止一房多卖，属于公法调整范畴，并非借此登记制度阻却第三人与商品房出卖方的交易和商品房的权属变动。

对于备案登记的效力问题，2003年施行的《最高人民法院关于审理商品房买卖合同纠纷案件适用法律若干问题的解释》第六条对商品房买卖合同备案登记对合同效力的影响问题进行了规定。商品房的预售备案登记对于作为原因行为的商品房买卖合同并不产生影响，依据合同自由以及我国物债两分的原则及法律体例，是较为明确的，但是其是否具备物权效力？对此，回答是否定的。前文已经对备案登记的性质予以明确，该登记所能带来的效力仅限于对商品房出卖方存在一房多卖或者是其他违背诚实信用原则的行为时，相应行政管理机关能够及时运用行政管理手段对影响市场秩序的商品房销售商及其行为进行处罚和规制。其并不能对合同相对人和第三人产生排除干预的效果。本案中，对鼓楼区建设局与江某《商品房买卖合同》的备案登记并不能产生任何物权上的效力，也不能对抗房屋实际占有人的合法占有。

2. 未办理不动产登记的合法占有的定性及效力

《中华人民共和国物权法》第九条对不动产的物权变动进行了规定，登记生效主义突出体现在不动产物权变动上。然而，由于许多历史和现实原因，商品房可能完成或已经完成实际交付但是并未进行权属登记。由于房屋作为不动产，其占有具有排他性的特点，因此在房屋买卖合同双方完成最基本的合同义务，即出卖方完成交付、买受人完成房款支付的情况下，对房屋的实际占有已经具有了物权属性，可以产生对抗第三人的效力。即使在公示方面存在一定的瑕疵，仍可以采取后期补正或者启动确认之诉的形式补足公示上的欠缺。就本案来看，郑某对房屋的占有为有权占有，并且是以所有权人的名义进行占有，可以对抗第三人的备案登记。

总之，由于市场情况的多样化，很有可能存在各种新的情况，不动产登记虽然是不动产物权变动的法定生效要件，但是登记毕竟是一项具有行政性质的旨在维护不动产交易秩序以及我国物权制度的工具和手段，其最终目的都在于维护不动产交易市场的稳定和秩序，保护当事人的合法权益，维护社会公平秩序。

编写人：福建省福州市鼓楼区人民法院　李怡　凌林巧

7

以相反证据推翻不动产登记簿推定力的司法适用

——天津市汉沽电扇厂诉天津三慕铸件制造有限公司所有权确认案

【案件基本信息】

1. 裁判书字号

天津市第二中级人民法院（2017）津02民终8177号民事判决书

2. 案由：所有权确认纠纷

3. 当事人

原告（被上诉人）：天津市汉沽电扇厂（以下简称汉沽电扇厂）

被告（上诉人）：天津三慕铸件制造有限公司（以下简称三慕公司）

第三人：孙某、许某

【基本案情】

1986年10月，经汉沽电扇厂申请，原天津市汉沽区乡村建设办公室同意划拨桥沽村南土地3.21亩给汉沽电扇厂用于扩建。同年12月，原天津市汉沽区乡村建设办公室向汉沽电扇厂颁发了《建筑施工执照》。由其向施工队支付厂房建设基建款。后汉沽电扇厂在争诉厂房内生产经营。1987年2月，经原天津市汉沽区乡镇企业局批准，桥沽压铸件厂与汉沽电扇厂进行合并。汉沽电扇厂于1987年7月向相关部门申请补办扩建厂房手续。2003年11月17日，天津市工商行政管理局汉沽分局作出行政处罚决定书，依法吊销汉沽电扇厂的营业执照。

2003年，天津市滨海农村商业银行茶淀支行（原天津市汉沽区茶淀农村信用合作社，以下简称茶淀支行）诉汉沽电扇厂借款合同纠纷一案，经法院作出民事判决确认汉沽电扇厂向茶淀支行借款350000元，汉沽电扇厂以17台设备设立抵押担保。

2009年1月19日，三慕公司注册登记成立，并向工商行政管理部门申领了企业法人营业执照。2009年12月14日，原天津市汉沽区规划局向三慕公司颁发了《建设用地规划许可证》。2010年3月22日，原天津市国土资源和房屋管理局汉沽区国土资源分局向三慕公司颁发了《建设用地批准书》。2010年3月29日，三慕公司取得争诉土地的《集体土地使用证》。2010年6月17日和7月15日原天津市汉沽区规划局分别向三慕公司颁发了《建设工程规划许可证》和《建设工程规划验收合格证》。2010年8月27日，原天津市汉沽区房地产管理局向三慕公司颁发了争诉房屋的《房屋所有权证》。2010年至2013年，三慕公司每年向桥沽村村委会缴纳土地使用费1500元。2011年4月12日，茶淀支行以50000元价格向三慕公司出售汉沽电扇厂向茶淀支行抵押的设备。

2014年1月20日，汉沽电扇厂向法院提起行政诉讼，诉天津市滨海新区规划和国土资源管理局规划行政许可纠纷，列三慕公司为第三人。2014年2月25日，法院以汉沽电扇厂提起的行政诉讼已超过诉讼时效为由裁定驳回其起诉。

孙某、许某称其系汉沽电扇厂出资人，申请参加本案诉讼，法院予以准许。

【案件焦点】

对不动产登记簿的推定效力，利害关系人是否可以向法院提交相反证据予以推翻。

【法院裁判要旨】

天津市滨海新区人民法院经审理认为：依据物权法的规定，国家、集体、私人的物权和其他权利人的物权受法律保护，任何单位和个人不得侵犯。物权的取得和行使，应当遵守法律，尊重社会公德，不得损害公共利益和他人合法权益。三慕公司虽登记取得了诉争土地的使用权和诉争房屋的所有权证书，但其取得途径缺乏事实和法律依据，其占有和使用上述诉争房屋、土地不具有合法性。对汉沽电扇厂的主张予以支持。但考虑到三慕公司在该诉争房屋内尚存有生产设备，缺乏即刻腾空搬离的条件，故应酌情给予其合理的搬迁时间。

天津市滨海新区人民法院依照《中华人民共和国物权法》第四条、第六条、第七条、第十七条、第三十二条、第三十三条、第三十四条、第三十九条等规定，判决如下：

一、诉争房屋归汉沽电扇厂所有；上述房屋及院落所占土地2144平方米（合3.21亩）使用权归汉沽电扇厂；

二、三慕公司于2017年12月1日前将上述房屋和土地腾空，交付汉沽电扇厂。

三慕公司不服原审判决，提起上诉。天津市第二中级人民法院经审理认为：汉沽电扇厂、三慕公司对诉争房屋均主张所有权。对此，根据认定的事实，能够确认涉诉房屋于1985年至1986年由汉沽电扇厂出资建造落成，原天津市汉沽区乡村建设办公室向汉沽电扇厂颁发了《建筑施工执照》。在一审期间，法官经现场勘察并对1991年间的照片进行比对，房屋主体结构及建筑材料一致，汉沽电扇厂提供的证据能够充分证明其原始取得诉争房屋，系涉诉房屋真实权利人。三慕公司持涉诉房屋的《房屋所有权证》对诉争房屋主张权利，但在诉争房屋建设时，三慕公司尚未成立。三慕公司自认以50000元的价格从茶淀支行购买了汉沽电扇厂的房屋。但一审法院依法从茶淀支行调取证据，证明茶淀支行以50000元价格向三慕公司出售的仅为设备，不含房屋。三慕公司主张由生效行政判决确认其取得的相关规划建设手续合法，但生效判决并未对三慕公司取得相关手续的合法性予以评判，亦未对涉诉房屋真实权利状态进行认定，根据《最高人民法院关于适用〈中华人民共和国物权法〉若干问题的解释（一）》第二条规定，三慕公司并非涉诉房屋真实权利人，故其占有和使用涉诉房屋、土地缺乏合法依据，汉沽电扇厂至今尚未被相关主管部门注销，仍具备民事主体资格。因此，一审判决认定事实正确，应予维持。

天津市第二中级人民法院依照《中华人民共和国民事诉讼法》第一百七十条第一款第一项规定，作出如下判决：

驳回上诉，维持原判。

三慕公司不服二审判决，向天津市高级人民法院申请再审。该院经审查，同意二审判决意见，认为三慕公司申请再审理由不能成立，裁定驳回其再审申请。

【法官后语】

在不动产物权纠纷案件的司法实践中，经常遇到的问题为如何看待不动产登记簿的推定力问题，2016年颁布实施的《最高人民法院关于适用〈中华人民共和国物权法〉若干问题的解释（一）》第二条规定，当事人有证据证明不动产登记簿的记载与真实权利状态不符、其为该不动产物权的真实权利人，请求确认其享有物权的，应予支持。对于该条文，应当如何适用？笔者认为有以下三点：

第一，不动产登记簿是房管部门下发的证书，作为一种公文书证，因国家公权力介入，其具备极强的证明力，当事人一方如欲否定，则必须承担更多程度更高的举证证明责任，此时应当以《最高人民法院关于适用〈中华人民共和国民事诉讼法〉的解释》第一百零八条的高度盖然性为准。

第二，当事人提交的证据必须达到认定不动产登记簿的记载与真实权利状态不符，且其为该不动产物权的真实权利人的程度，两者缺一不可。在否定不动产登记簿事宜方面，应当秉持审慎态度，不轻易否定不动产登记簿记载的真实性，即便当事人提交的证据证明了不动产物权归属处于真伪不明情形，仍应当以不动产登记簿记载为准。

第三，本条虽然规定适用范围为不动产物权的确权之诉，但当事人提起要求对方返还原物等给付之诉时，仍然能够援引本条内容来否定不动产登记簿的权利推定效力。因为给付之诉的前提是当事人享有相应物权，也就是说给付之诉包含了相应的确权之诉。

本案中，汉沽电扇厂、三慕公司对涉诉房屋均主张所有权，但根据在案证据，能够证实涉诉房屋为汉沽电扇厂投资建造，三慕公司成立于涉诉房屋建成之后，并且其取得的《房屋所有权证》没有法律依据，因此法院确认了汉沽电扇厂为涉诉房屋的真实权利人，并支持了汉沽电扇厂请求三慕公司腾空、返还房屋的诉讼请求。

编写人：天津市滨海新区人民法院　张艳辉

8

第三人不能以占有改定主张适用善意取得

——山东汇盈租赁有限公司诉徐甲、徐乙物权保护案

【案件基本信息】

1. 裁判书字号

山东省济南市中级人民法院（2018）鲁01民终1277号民事判决书

2. 案由：物权保护纠纷

3. 当事人

原告（上诉人）：山东汇盈租赁有限公司（以下简称汇盈公司）

被告（被上诉人）：徐甲、徐乙

第三人：王某

【基本案情】

涉案A挂号车登记车主为济南顺兴恒发物流有限公司，实际由王某出资购买。涉案B号重型半挂牵引车的登记车主为济南顺兴浩宇物流有限公司。B号车系王某与徐甲为合伙从事道路运营共同出资购买。徐甲与王某为购买该车由王某在汇盈公

司办理融资租赁，汇盈公司作为出租人、王某作为承租人、徐甲作为承租人的担保人于2014年5月21日签订认租同意书，该认租同意书的附件十载明：车辆总价272600元，首付款121440元，贷款额为190820元。同日，王某与汇盈公司、徐甲签订租赁合同1份，约定：租赁物为B号牵引车1辆，起租日为2014年5月25日，租赁期限为21个月，每月应付租金金额为10517.82元，到期日为2016年2月25日；出租人根据承租人选择和决定与供应商签订租赁物买卖合同，承租人在此确认并同意购买租赁物并且确认出租人享有租赁物的所有权以及其他一切权利并承担付款义务；租赁物所有权，承租人确认出租人是租赁物的唯一所有权人；供应商直接向承租人交付租赁物，承租人应负责租赁物的受领和验收；应出租人要求，承租人应就租金及其他款项和义务，提供连带责任保证或其他令出租人满意的担保；租赁期满且承租人已完全履行本合同的各项约定后，承租人有权将租赁物所有权过户至承租人或承租人指定的第三者名下，出租人将协助办理租赁物过户手续。同日，济南顺兴浩宇物流有限公司、济南顺兴恒发物流有限公司（合同甲方、被委托管理方）与汇盈公司（合同乙方、出租人）、王某（合同丙方、承租人）签订车辆委托管理协议1份，将B/A挂号车挂靠于济南顺兴浩宇物流有限公司、济南顺兴恒发物流有限公司名下运营。徐甲及王某共同按上述租赁合同约定，全部付清汇盈公司租金。

2016年1月7日，王某（出卖人）在徐甲不知情的情况下与汇盈公司（买受人）签订租赁物买卖合同1份，约定将B/A挂号车以160000元的价格出卖给汇盈公司，汇盈公司一次性付清全款且采取自提的方式接收涉案车辆。同日，汇盈公司再次与王某签订租赁合同1份，该合同为制式合同，合同的条款、内容与汇盈公司与王某于2014年5月21日签订的租赁合同相同，租赁期为2016年1月11日至2017年10月15日，共21个月，每月租金8819.05元。汇盈公司已将该车款160000元交付王某。王某履行该租赁合同至2016年6月15日。

B/A挂号车自办理融资租赁之日即2014年5月21日起至2016年7月，由徐甲与王某共同运营，之后由徐甲占有该车辆至今。汇盈公司以将涉案车辆租与王某，徐甲、徐乙（二人系夫妻）强行占有为由，要求徐甲、徐乙返还涉案车辆并赔偿损失。徐甲、徐乙以王某私自将双方共有的车辆卖掉侵害其合法权益为由不同意返还，且该车辆自购买之日起由徐甲担任驾驶员。

【案件焦点】

1. 汇盈公司主张善意取得涉案车辆，该车是否实际交付给汇盈公司；2. 动产善意取得制度的交付是否适用占有改定的交付方式。

【法院裁判要旨】

山东省济南市历城区人民法院经审理认为：徐甲及王某已按2014年5月21日所签租赁合同约定付清汇盈公司全部租金，按该租赁合同约定，租赁期满且承租人支付本合同所有款项后，承租人有权将租赁物所有权过户至承租人或承租人指定的第三者名下，徐甲及王某付清租金后就已取得涉案车辆的所有权，成为涉案车辆的所有权人即实际车主。2016年1月7日，王某在徐甲不知情的情况下，与汇盈公司签订租赁物买卖合同，将涉案车辆卖与汇盈公司，但该涉案车辆一直由徐甲与第三人实际占有使用，并未实际交付原告；原告不知涉案车辆系徐甲与第三人共同出资购买，其与第三人签订该买卖合同无过错；动产善意取得应当以实际交付为要件，但涉案车辆并未实际交付，汇盈公司并未取得涉案车辆的物权。汇盈公司主张以占有改定方式取得涉案车辆的物权，因涉案车辆未实际交付汇盈公司占有使用，即未发生任何实际移转，该物权变动没有任何可以从外部认知的表征，无法达到物权变动公示的效果，作为涉案车辆共有人的徐甲不能知晓涉案车辆发生物权变动，对徐甲、徐乙不产生物权变动的法律效力。汇盈公司未取得涉案车辆的物权，现要求被告返还涉案车辆并赔偿损失，没有法律依据，依法不予支持。被告所辩涉案车辆不是汇盈公司所有，其作为共有人不存在非法占有行为的理由成立，依法予以采信。

山东省济南市历城区人民法院依照《中华人民共和国物权法》第七条、第二十三条、第三十九条，《中华人民共和国民事诉讼法》第六十四条、第六十八条、第一百四十四条规定，判决如下：

驳回汇盈公司的诉讼请求。

汇盈公司持原审起诉意见提起上诉。山东省济南市中级人民法院经审理认为：《中华人民共和国物权法》第二十三条规定，动产物权的设立和转让，自交付时发生效力……徐甲、王某按租赁合同的约定付清汇盈公司全部租金，已取得涉案车辆的所有权，成为涉案车辆的所有权人即实际车主。2016年1月7日，王某在徐甲不知情的情况下，虽与汇盈公司签订租赁物买卖合同，将涉案车辆卖与汇盈公司，但该涉案车辆一直由徐甲与王某实际占有使用，并未实际交付汇盈公司，汇盈公司并未取得涉案车辆的所有权。因此，一审法院对汇盈公司主张徐甲返还涉案车辆并赔偿损失的诉求不予支持并无不当。

综上所述，汇盈公司的上诉请求不能成立，应予驳回；一审判决认定事实清楚，适用法律正确，应予维持。依照《中华人民共和国民事诉讼法》第一百七十条第一款第一项规定，判决如下：

驳回上诉，维持原判。

【法官后语】

善意取得制度的目的在于保护占有的公信力，保护交易安全，鼓励交易，维护商品交易的正常秩序，促进市场经济有序发展。占有改定则是为了适应社会经济发展的现实需要，简化了动产物权的转移，是观念交付中最具抽象意义的一种。本案引发的问题是，对以占有改定的方式能否善意取得动产所有权，即第三人能否以占有改定主张所有权已发生变动而适用善意取得制度。

善意取得是指无处分权人将不动产或者动产转让给受让人，受让人是善意的且付出合理的对价，依法取得该不动产或者动产的所有权。根据《中华人民共和国物权法》第一百零六条规定，不动产和动产善意取得应当符合以下三个条件：(1) 受让人受让该不动产或动产时是善意的；(2) 以合理的价格转让；(3) 转让的不动产或动产依照法律规定应当登记的已经登记，不需要登记的已经交付给受让人。《中华人民共和国物权法》第二十三条规定，动产物权的设立和转让，自交付时发生效力，但法律另有规定的除外。该条规定了动产物权的取得一般以交付为其生效要件。占有改定是指让与人与受让人达成动产物权变动协议后，依照当事人之间订立的合同，仍然继续占有该动产使受让人因此取得间接占有，代替现实交付。《中华人民共和国物权法》第二十七条规定，动产物权转让时，双方又约定由出让人继续占有该动产的，物权自该约定生效时发生效力。

本案中，2014 年 5 月，徐甲与王某共同合伙出资购买涉案车辆，由王某在汇盈公司处办理该车辆融资租赁，二人合伙共同运营涉案车辆，按照融资租赁合同约定付清租金后即取得涉案车辆的所有权，徐甲和王某为涉案车辆的所有权人即实际车主。

2016 年 1 月，王某在徐甲不知情的情况下与汇盈公司签订租赁物买卖合同及租赁合同，王某作为出卖人及承租人、汇盈公司作为买受人、出租人，因涉案车辆由徐甲、王某共同共有，王某未经共有人徐甲的同意擅自处分共有物的行为系无权处分。汇盈公司主张，根据其与王某签订的《租赁物买卖合同》约定，标的物的所有权自承租人签订“租赁物受领确认书”后转移给盈汇公司，主张其公司已取得涉案车辆的所有权并由王某继续租赁使用即所谓已通过占有改定的方式进行动产交付；汇盈公司与王某之间既有物权转移的协议（租赁物买卖合同），又有王某作为承租人继续占有该动产的占有改定协议（租赁合同），符合物权法关于占有改定的构成要件，但汇盈公司是否取得涉案车辆的所有权关键看占有改定能否适用善意取得。

占有改定不应适用善意取得。占有改定是观念交付中最抽象的一种，其公示效力最弱，因其仅仅是一种观念上的交付，并未发生动产的实际交付，即标的物的占有未发生任何实际转移，受让人只是取得对动产的间接占有或观念交付的占有，物权变动没有任何可以从外部认知的表征，社会公众无法从外部认识物权的变动情况，占有改定实际上无法达到物权变动公示的效果，甚至占有人可以以占有改定的方式进行多次交易，其本身就容易产生纠纷。善意取得制度的目的是出于保护善意第三人从而保护交易安全，也在于保护占有的公信力，其成立条件之一“转让的不动产或动产依照法律规定应当登记的已经登记，不需要登记的已经交付给受让人”也是基于物权对外的公示效力，占有的转移应是适用动产善意取得的条件之一，即让与人向受让人实际交付了动产，而受让人实际占有交付的动产，只有通过交付，发生标的物的转移才能发生善意取得效果。如果认定无法对外产生公信力的占有改定适用善意取得，显然对原权利人极为不公平，既不利于所有权安全，也不利于交易安全，同时也不符合动产善意取得制度的立法目的。

案例中，涉案车辆一直由徐甲与王某实际占有使用，并未实际交付给汇盈公司占有使用，未发生任何实际转移，徐甲作为涉案车辆共有人不知晓涉案车辆发生物权变动，也没有任何可以从外部认知的表征，涉案车辆并未发生物权变动的法律效力，因此汇盈公司主张以占有改定的方式取得涉案车辆的所有权，法院不予支持。

编写人：山东省济南市历城区人民法院　钱虎　马艳

9

重复诉讼判定标准的适用

——李某诉崔某物权保护案

【案件基本信息】

1. 裁判书字号

北京市第一中级人民法院（2018）京01民终8085号民事裁定书

2. 案由：物权保护纠纷

3. 当事人

原告（上诉人）：李某

被告（被上诉人）：崔某

【基本案情】

李某、崔某原系夫妻关系。1997年8月13日，北京市朝阳区人民法院作出（1997）朝民初字第984号民事判决书，判决准予双方离婚，位于石景山区的诉争房屋一套由李某继续租住，其中15平方米住房一间（带阳台）由崔某暂住至有房或再婚。

1998年12月，承租方崔某与出租方某房管所签订公有住宅租赁合同，约定由崔某承租位于崇文区（现西城区）某小区的109号房屋。2002年，被安置人（乙方）崔某与（甲方）案外人某公司就109号房屋签订危改回迁房购房意向书、危旧房改造货币补偿协议书，约定由甲方给予乙方相应补偿用于异地购房。

2010年4月22日，李某以崔某户口所在地危房改造已解决住房为由将崔某诉至法院，要求崔某自诉争房屋中搬出。2010年10月20日，（2010）石民初字第2748号民事判决书中载明：经核查，崔某户籍所在地109号房屋于2002年已被拆迁。在此次拆迁中，崔某获得一定金额的货币补偿，未进行房屋安置。该判决认定：法院对崔某搬出房屋的条件作出了限定，李某以崔某有房为由，要求崔某腾退房屋，但未提供证据证明崔某已有住房的情况属实，故对李某的诉讼请求不予支持，并判决驳回李某的诉讼请求。

1997年至今，崔某居住于诉争房屋，2011年9月16日，李某取得诉争房屋产权证。李某于2017年1月25日起诉，一审法院于2017年10月12日作出（2017）京0107民初字第2805号民事判决书，判决崔某限期腾退并搬离诉争房屋。崔某不服一审判决，提起上诉。北京市第一中级人民法院于2018年2月2日作出（2018）京01民终23号民事裁定书，以（2017）京0107民初字第2805号判决在未查明基本事实的情况下直接作出实体判决错误为由，撤销一审判决，将该案发回重审。

本案系前述发回重审案件，法院另行组成合议庭进行了审理。在本案庭审过程中，李某述称其提起本次诉讼的主要依据是崔某在双方离婚后已承租了109号房屋且以被安置人身份签订了补偿协议书，已具备腾退条件，故要求崔某搬离涉案房屋。

【案件焦点】

本案是否构成重复起诉。

【法院裁判要旨】

北京市石景山区人民法院经审理认为：关于起诉和受理，《中华人民共和国民事诉讼法》及其司法解释在规定应符合起诉条件的同时，对于不符合起诉和受理条件的情形作了规定。《中华人民共和国民事诉讼法》第一百二十四条第五项规定：对判决、裁定、调解书已经发生法律效力的案件，当事人又起诉的，告知原告申请再审，但人民法院准许撤诉的裁定除外。《最高人民法院关于适用〈中华人民共和国民事诉讼法〉的解释》第二百四十七条进一步明确规定：当事人就已经提起诉讼的事项在诉讼过程中或者裁判生效后再次起诉，同时符合下列条件的，构成重复起诉：（一）后诉与前诉的当事人相同；（二）后诉与前诉的诉讼标的相同；（三）后诉与前诉的诉讼请求相同，或者后诉的诉讼请求实质上否定前诉裁判结果。当事人重复起诉的，裁定不予受理；已经受理的，裁定驳回起诉，但法律、司法解释另有规定的除外。据此，判断后诉与前诉是否重复，应从当事人、诉讼标的、诉讼请求三个方面分析。比较本案与（2010）石民初字第2748号民事案件诉讼：第一，前诉与本诉的两次诉讼当事人相同，均为原告李某诉被告崔某。第二，前诉以排除妨害案由起诉，本诉以物权保护案由起诉，而排除妨害作为物权保护的重要方法之一包含于物权保护案由之中，两案均系以崔某侵害李某对诉争房屋享有的物权产生的纠纷，故两案诉讼标的具有同一性。第三，前诉与本诉的诉讼请求内容相同。综合上述三个方面，李某关于崔某腾退诉争房屋的诉讼请求在本案中构成重复起诉。

根据《最高人民法院关于适用〈中华人民共和国民事诉讼法〉的解释》第二百四十八条的规定，裁判发生法律效力后，发生新的事实，当事人再次提起诉讼的，人民法院应当依法受理。据此规定，裁判发生法律效力后，即便构成重复起诉，如果发生新的事实，当事人仍然可以再次提起诉讼，人民法院依法应当受理而不适用一事不再理原则。因发生法律效力的裁判是对特定时点上当事人之间法律关系状态的判断，确定判决仅对裁判生效之前发生的事项具有既判力，故裁判发生法律效力后发生新的事实，并未被生效裁判所确认，亦不在诉讼系属中，不受前诉既判力的拘束，当事人可以再次提起诉讼。这里能够再次提起诉讼的应是生效裁判发生法律效力后客观发生的事实，不是原生效裁判未查明或涉及的事实，亦不是当事人在原审中未提出或原审结束之前就已经存在，当事人应当主张而未主张的事实，现李某要求崔某腾退诉争房屋所依据的事实即崔某已承租109号房屋并签订了补偿协议书、具备腾房条件等均发生在（2010）石民初字第2748号民事判决作出之前，并非该判决发生法律效力之后新发生的事实。故李某提起本案诉讼符合一事不再理的处理原则。李某如认为（2010）石民初字第2748号民事判决存在错误，可依法采取其他途径解决。最终，北京市石景山区人民法院作出裁定：

驳回李某的起诉。

李某不服一审判决，提起上诉。北京市第一中级人民法院经审理后，同意一审法院裁判意见，驳回上诉，维持原裁定。

【法官后语】

《最高人民法院关于适用〈中华人民共和国民事诉讼法〉的解释》第二百四十七条对重复诉讼的判定标准有明确的规定，即采用“当事人相同+诉讼标的相同+诉讼请求相同/后诉请求否定前诉结果”的基本模式。但不能对相关条文机械地理解与适用，笔者结合本案事实分析如下：

1. 关于对相同当事人的判断标准问题

当事人是否相同，相对容易进行判断，但在审判实践中需要把握以下原则：首先，当事人诉讼地位可以不同。当事人相同并不要求当事人在前诉、后诉均是相同的原告、被告。前诉与后诉的原告、被告是可以相反的，即前诉的原告为后诉的被告，前诉的被告为后诉的原告，也属于诉讼主体相同。其次，诉讼担当人可构成当事人相同。诉讼担当人主要包括继受主体、代位主体、破产管理人、诉讼代表人等。最后，增、减当事人或变换当事人诉讼地位时，相同当事人的判断需要特别注意。实践中，有的当事人为规避禁止重复诉讼原则，往往采用以下两种方式：第一，在后诉中增加其他原告、被告、第三人参加诉讼。第二，在后诉中改变前诉当事人的诉讼地位，最为典型的就是将前诉中的第三人变为后诉中的被告。面对上述情况时，判断当事人相同应当坚持实质审查原则。出现第一种情况时，应当作出如下判断：(1) 若增加原告，应审查所增加的原告是否与本案有直接利害关系。有利害关系的，则前诉与后诉当事人不同；反之则相同。(2) 若增加被告，需审查是否为适格被告。属于适格被告，可能承担责任的，则前诉与后诉当事人不同，反之则相同。(3) 若增加第三人，根据民事诉讼法相关规定，在诉状中列明第三人的，视为申请法院追加第三人。因此，若增加的第三人为有独立请求权的第三人，可能承担相应的法律责任，法院依法追加其为第三人参加诉讼，那么前诉与后诉当事人不同。若该第三人属于无独立请求权的第三人，尤其是辅助型第三人，不承担相应的权利义务，法院对其追加仅是为查明案件事实，此时，仍应认定前诉与后诉当事人相同。

2. 关于对相同诉讼标的的判断标准问题

首先，案件事实是否相同。在本案中，原告虽然在前诉中主张排除妨害，在后诉中主张物权保护，但都是源于同一事实。也就是说，在判断诉讼标的相同时，案件事实相同往往会成为先决条件，进而帮助我们判断诉讼标的是否相同。但是，事实相同并不意味着诉讼标的相同，同一事实可能会引发请求权竞合，请求权竞合的背后，其实质上是代表着不同法律关系的交叉，并直接指向不同诉讼标的。由于在竞合的情况下，当事人会自行选择按照某种诉讼标的提起诉讼，因此在判断诉讼标的时需要格外注意。

其次，当事人拆分债权时的处理。即原告对被告仅存在一个债权，但该债权在数量上是可分的。笔者认为，对债权的拆分系债权人处分自身权利的体现，不能因债权拆分，生搬硬套禁止重复诉讼的理论，限制债权人实现债权。尽管在某些情况下，诉讼请求的具体金额可能相同，但这并不意味着诉讼请求相同。此外，无限制的拆分债权进行诉讼，仍会对司法资源造成浪费，需要从滥诉的角度进行规制。

最后，法律明确规定的例外。《最高人民法院关于确定民事侵权精神损害赔偿责任若干问题的解释》第六条规定：当事人在侵权诉讼中没有提出赔偿精神损害的诉讼请求，诉讼终结后又基于同一侵权事实另行起诉请求赔偿精神损害的，人民法院不予受理。根据前述债权拆分理论，基于同一侵权事实产生的债权，即物质上的损失赔偿与精神上的损害赔偿，理应可以拆分诉讼，但司法解释对于此种情况予以禁止，因此可以视为法律明确规定的例外情形。

3. 关于对相同诉讼请求或后诉请求否定前诉结果的判断标准问题

诉讼请求的判断标准实际上是两个，一为相同，二为否定前诉结果，二者是"或"的关系，符合其一，便构成重复诉讼的要件之一。实践中，个别不诚信的当事人往往采取以下两种方式予以规避：第一，当事人通过在后诉中增加或减少同类型诉讼请求，如在都是金钱给付之诉中，增加、减少诉求金额；或变换给付款项名目，如前诉是给付工程款，后诉是给付货款；抑或变换案由，如前诉是合伙纠纷，后诉变为合同纠纷。第二，变换不同类型的诉讼请求，通过以隐藏核心诉求的方式，造成前诉与后诉不同的假象，如确认之诉变为给付之诉。

针对上述第一种情况，应当认定为重复诉讼，而不需要再考虑其他诉求。这样处理不仅便于司法实践的判断，且更符合禁止重复诉讼的目的。同时，要将此种情况与前述的债权拆分理论进行区别，因为增加或减少诉讼请求，与自主拆分债权后提出的诉讼请求，在形式上有着高度一致性，很难从形式上判断当事人是在规避重复诉讼，还是在自主行权。笔者认为，债权拆分理论的基础在于债权人的债权是真实有效的。也就是说，债权人经过拆分的债权，在前诉中得到了法院的支持。正基于此，债权人才能够对自身债权进行拆分，才能体现自身的权利自由，法院也才会对其他后诉不适用禁止重复诉讼规则。而通过增加或减少诉讼请求避开禁止重复诉讼的规制，则是因为在前诉中其债权没有得到支持，也就是说其债权并非真实有效，而是出于某种非诚信的目的，妄图在后诉中推翻前诉之结论，损害司法权威。

针对上述第二种情况，前诉与后诉的诉求在形式上明显不同，因此需要判断后诉的诉求是否否定前诉的裁判结果，尤其是在前诉诉求并未被明确列出，且需要法院在审理过程中判明的事项上，更需谨慎。例如，给付之诉往往包含确认之诉，假设原告诉被告确认房屋所有权（确认之诉），后原告败诉，并通过“包装”，另行起诉被告给付房屋（给付之诉），在审理是否应给付房屋时，必然会对房屋进行确权，也就是说原告试图通过后诉的给付之诉，对前诉的确认之诉再次进行审理，此种情况，亦应构成重复诉讼。由此，变更当事人、变更诉讼请求是重复诉讼中常见的现象，需要结合审判实践审慎判断。

4. 新事实的判断标准问题

《最高人民法院关于适用〈中华人民共和国民事诉讼法〉的解释》第二百四十八条规定，裁判发生法律效力后，发现新事实的案件，当事人再次提起诉讼的，人民法院应当依法受理。从该条文可以看出，案件审理以禁止重复诉讼为原则，以新事实出现为例外。这是因为发生法律效力的裁判是对特定时点上当事人之间法律关系状态的判断，确定判决仅对裁判生效之前发生的事项具有既判力，故裁判发生法律效力后发生新的事实，并未被生效裁判所确认，亦不在诉讼过程中，不受前诉既判力的拘束，当事人可以再次提起诉讼。[①] 新事实应当是生效裁判发生法律效力后客观发生的事实，不是原生效裁判未查明或涉及的事实，亦不是当事人在原审中未提出的事实。同时，当事人应当主张而未主张的事实，也不属于新的事实。[②] 此外，出现新事实的举证责任，仍应按照“谁主张，谁举证”的原则进行分配。本案中，李某在前诉与后诉中均无法举证证明出现了新事实，进而无法适用“一事不再理”规则的例外规定。

编写人：北京市石景山区人民法院　张英周　车玉龙

① 沈德咏主编：《最高人民法院〈民事诉讼法〉司法解释理解与适用》，人民法院出版社2015年版，第636页。

② 沈德咏主编：《最高人民法院〈民事诉讼法〉司法解释理解与适用》，人民法院出版社2015年版，第636页。

10

“一房两权”之权利人物权保护

——胡某诉张某、北京鑫百盛物业管理有限公司物权保护案

【案件基本信息】

1. 裁判书字号

北京市第二中级人民法院（2018）京02民终10547号民事判决书

2. 案由：物权保护纠纷

3. 当事人

原告（上诉人）：胡某

被告（上诉人）：张某

被告（被上诉人）：北京鑫百盛物业管理有限公司（以下简称鑫百盛公司）

【基本案情】

坐落于北京市东城区××6幢1层（建筑面积2.7平方米）及7幢1层（建筑面积7.4平方米）的房屋原系案外人周某所有的房产。2016年5月19日，张某经鑫百盛公司居间与周某签订《存量房屋买卖合同》（经纪成交版），约定周某将6幢1层的房屋卖予张某。2016年5月20日，张某取得该房屋的所有权。2016年5月30日，胡某与周某签订《存量房屋买卖合同》（经纪成交版），约定周某将7幢1层的房屋卖予胡某。2016年6月14日，胡某取得该房屋的所有权。

6幢1层及7幢1层房屋相连相通，之间没有隔断墙，6幢1层房屋位于整体房屋（诉争房屋）的北（内）侧，7幢1层房屋位于南（外）侧，诉争房屋的房门位于7幢1层的南侧。胡某在取得7幢1层房屋的所有权后，对6幢1层及7幢1层房屋一并进行了简单装修。2017年4月，张某在诉争房屋的北侧搭建了一座钢结构床架，并在床架周围放置了部分个人物品。7幢1层房屋的西南侧有一扇防盗门。胡某诉至法院，请求确认张某、鑫百盛公司侵犯其物权，请求判令张某、鑫百盛公

司停止侵权，张某拆除侵占其房屋面积的钢结构床架，同时搬走侵占其房屋面积的个人物品，未经其许可不得进入其空间。

另，为进出房门，胡某和张某多次互有撬锁的行为。

【案件焦点】

“一间房屋两个产权”的特殊情况下如何确认房屋权利人的物权保护。

【法院裁判要旨】

北京市东城区人民法院经审理认为：公民的合法权利受法律保护。胡某与张某分别先后购买了周某所有的7幢1层及6幢1层房屋，两房相连相通，之间没有隔断墙，且进出6幢1层的房屋就必须从7幢1层的房门进入，两间房屋的结构特点，造成胡某与张某之间生活的不便。应当指出，胡某与张某在购买各自房屋之时均应对诉争房屋的结构有所了解，对今后可能产生的不便有所预见。购买后，作为不动产的相邻权利人应当按照方便生活、团结互助、公平合理的原则，正确处理相邻关系。但胡某与张某在实际生活中，未能妥善处理上述矛盾，反而激化矛盾。法院对双方相互撬锁进出诉争房屋的行为提出批评。诉讼中，法院曾联系房屋测绘部门对诉争房屋的具体面积（界限）进行测量，但因诉争房屋没有隔断墙，测绘部门无法进行测量。根据法院勘验的结果，结合普通住房的建筑面积与使用面积折算的通用公式（即1.333倍）计算，张某搭建的钢结构床架已超出其住房的建筑面积，侵犯了胡某自有房屋的物权。现胡某要求确认张某侵犯胡某的物权，拆除钢结构床架的诉讼请求，理由正当，予以支持。关于胡某要求张某搬走侵占胡某住房面积的个人物品一节，因张某摆放的个人物品无法确定具体位置，不能认定是在胡某所有的房屋范围内还是在张某所有的房屋范围内，故胡某的该项诉讼请求，依据不足，不予支持。关于胡某要求张某未经胡某许可不得进入胡某的空间的诉讼请求，因胡某对张某进出诉争房屋负有提供便利的法定义务，故对胡某的该项诉讼请求，不予支持。关于胡某要求确认鑫百盛公司侵犯胡某物权、其停止侵权的诉讼请求，依据不足，亦不予支持。

北京市东城区人民法院作出如下判决：

一、确认张某搭建的钢结构床架侵犯了胡某名下7幢1层房屋的物权；

二、张某于判决生效后十日内将其在6幢1层、7幢1层房屋内搭建的钢结构床架（含木质推拉门）予以拆除；

三、驳回胡某的其他诉讼请求。

胡某、张某均不服一审判决，提起上诉。

北京市第二中级人民法院经审理认为：不动产的相邻各方，应当按照方便生活、团结互助、公平合理的原则，正确处理相邻关系。6 幢 1 层及 7 幢 1 层房屋相连相通，之间没有隔断墙，且只有一个出入门户，张某与胡某先后购买上述房屋时对上述情况是明知的，对今后生活中可能造成的不便理应有所预见，但双方在实际生活中却未能妥善处理相邻关系，导致双方矛盾激化，造成双方多次相互撬锁进出诉争房屋，法院对双方的这种行为提出严厉批评，双方在今后应避免这种情况的出现。鉴于诉争房屋只有一个出入门户，故胡某负有对张某进出诉争房屋提供便利的法定义务，故对胡某要求张某未经其许可不得进入其空间的诉讼请求，难以支持。关于张某所搭建钢结构床是否侵占胡某房屋面积的问题，根据一审法院测量的数据，经计算发现，张某房屋面积与胡某房屋面积之比明显小于 6 幢 1 层房屋北墙至张某搭建钢结构床下的木质推拉门外侧的距离与木质推拉门外侧至 7 幢 1 层南墙的距离之比，此足以说明张某搭建的钢结构床架已明显超出其房屋的建筑面积，侵犯了胡某房屋的物权，故胡某要求确认张某侵犯其物权，并要求张某拆除钢结构床架的诉讼请求，依据充分，予以支持。关于胡某要求张某搬走侵占胡某住房面积的个人物品一节，因难以确定张某所摆放个人物品的具体位置，进而难以确定是否侵占了胡某的住房面积，故对胡某的该项请求，不予支持。关于胡某要求确认鑫百盛公司侵犯其物权，要求其停止侵权的诉讼请求，缺乏依据，不予支持。

北京市第二中级人民法院依照《中华人民共和国民事诉讼法》第一百七十条第一款第一项规定，作出如下判决：

驳回上诉，维持原判。

【法官后语】

本案纠纷产生的背景是：诉争房屋为学区房，当事人购买诉争房屋的目的是帮孩子求学落户。本案诉争房屋比较特殊，存在着两个独立产权，但物理空间上是相连相通的，没有隔断墙，且只有一个出入门户，这样的结构势必造成两家人在实际使用房屋时的困境。本案中的两名房屋产权人在先后购买上述房屋时对上述情况是明知的，因此对今后生活中可能造成的不便理应有所预见。

本案基本的处理原则和思路是：两名房屋产权人对房屋享有平等的物权，不因其购买的先后顺序或者房屋面积大小等因素而在其权利上有所差别，互相不得侵犯对方的合法权利，但同时又因客观存在的房屋特殊情况，彼此必须负有一定程度上因对方利用房屋而对自己生活造成不便的容忍义务，双方应当按照方便生活、团结互助、公平合理的原则，正确处理相邻关系。具体到对张某搭建钢结构床架是否构成对胡某物权的侵犯的认定上，在诉争房屋因没有隔断墙，测绘部门无法进行测量的情况下，一审法院结合普通住房的建筑面积与使用面积折算的通用公式（即1.333倍）计算，确认张某搭建的钢结构床架已超出其住房的建筑面积。二审法院根据测量的数据，经计算发现，张某房屋面积与胡某房屋面积之比明显小于6幢1层房屋北墙至张某搭建钢结构床下的木质推拉门外侧的距离与木质推拉门外侧至7幢1层南墙的距离之比，从而判断出张某搭建的钢结构床架已明显超出其房屋的建筑面积。两级法院均认定张某搭建的钢结构床架确实侵犯了胡某的房屋面积，从而判令其拆除。

需要说明的是，法院虽在庭审过程和判决中均对当事人提出了严厉批评，要求其今后不得侵犯对方享有的物权，也向当事人提出了建议，如将房屋整体出租，按面积比例分割租金，但若双方仍不能友好协商，合理解决房屋使用面临的困难，今后仍会出现纠纷，影响两个家庭的日常生活并造成诉累。通过此案，提示广大家长：出于让孩子获取更优质的教育资源的目的而购买经济能力范围内的学区房是人之常情，但对于一般家庭来说购房是一个非常重大的抉择，因此尤其应当保持理性谨慎，在购买前应充分了解相关风险。现实情况是一些学区房在权利上存在瑕疵或者在使用上存在障碍，且落户求学政策也在不断变化中，如因急于购买而忽略了上述风险，很可能会带来房屋今后在使用、处分等方面的诸多不便。

编写人：北京市第二中级人民法院　刁久豹　廖慧

11

“不动产登记簿的记载与真实权利状态不符”之“真实权利”的认定

——王甲诉王乙、姚某物权保护案

【案件基本信息】

1. 裁判书字号

北京市第三中级人民法院（2018）京03民终1706号民事判决书

2. 案由：物权保护纠纷

3. 当事人

原告（上诉人）：王甲

被告（被上诉人）：王乙、姚某

【基本案情】

王甲与王乙系父子关系，王乙与姚某原系夫妻关系。

1995年11月28日，王甲作为乙方与宣武区房地产经营开发公司作为甲方签订《购买房屋合同书（一次性预付房价款）》，甲方新建小区将于1997年9月28日前竣工交付乙方使用。房价按建筑面积计算，每平方米的成本价为1165元，乙方同意按甲方售房价购买新建小区×号楼15门302号一居室、×号楼15门101号一居室、×号楼9门202号一居室共计三套楼房，建筑面积分别为41.53平方米、38.31平方米、39.41平方米，预付房价款138926.25元，在合同签订之日将购房款一次付清。乙方负责在1995年11月20日以前腾出现住的房屋，并在施工期间自行解决临时周转房的问题。

2013年1月22日，王甲作为委托人与王乙作为被委托人签订委托书，载明“今有王甲出资168万元委托王乙购买朝阳区五里桥二街×号院×号楼1325室房屋一套，房屋产权必须写到王甲名下。特此证明，立字为据”。

2013年1月26日，王乙作为买受人与贾某作为出卖人签订《存量房屋买卖合同（经纪成交版）》，约定由买受人购买1325室房屋，成交价格为60万元。2013年4月9日，1325室过户至王乙名下。2013年12月31日，1325室过户至姚某名下。

2013年2月22日，王甲作为出卖人与高某作为买受人签订《存量房屋买卖合同（经纪成交版）》，约定由买受人购买302室。房屋成交价格为143万元。2013年3月1日，302室过户至高某名下。

2014年1月2日，王乙、姚某于北京市西城区民政局协议离婚，离婚协议约定1325室归姚某所有。

2017年2月10日，姚某作为甲方（出卖方）与范某作为乙方（买受方）、北京链家房地产经纪有限公司作为丙方（居间方）签订《补充协议》，约定由买受人购买1325室。房屋成交价格为320万元。现1325室已过户至范某名下，范某将320万元购房款全部支付给姚某。

王甲主张王乙、姚某伪造产权登记证书欺骗王甲，将1325室登记在王乙名下，侵犯王甲的权益，故要求确认1325室归其所有。王乙对此予以认可，表示王乙、姚某出于私心将1325室登记在王乙名下，但购房款确实全部由王甲支付，故同意王甲的诉讼请求。姚某表示302室虽登记在王甲名下，但实属王乙、姚某夫妻共同财产，1325室购房款系出售302室所得，因此1325室亦为王乙、姚某之夫妻共同财产，王乙在婚姻关系存续期间将1325室过户至姚某名下未侵犯王甲的权益。

【案件焦点】

1325室房屋是否应认定为王甲所有。

【法院裁判要旨】

北京市朝阳区人民法院经审理认为：不动产登记簿是物权归属和内容的根据。不动产权属证书是权利人享有该不动产物权的证明。不动产权属证书记载的事项，应当与不动产登记簿一致；记载不一致的，除有证据证明不动产登记簿确有错误外，以不动产登记簿为准。当事人有证据证明不动产登记簿的记载与真实权利状态不符、其为该不动产物权的真实权利人，请求确认其享有物权的，应予支持。本案中，2013年1月26日《存量房屋买卖合同（经纪成交版）》系王乙作为买受人与贾某作为出卖人签订，该合同不违反法律规定，应属合法有效，贾某在收取合理对价后按照合同约定将1325室过户至王乙名下并无不当。现王甲仅以王乙违反双方签订的委托购房约定为由，要求确认1325室归王甲所有，缺乏物权请求权基础，王甲提交的证据不足以推翻不动产权属证书之效力，故对王甲的诉讼请求不予支持。依照《最高人民法院关于民事诉讼证据的若干规定》第二条、《中华人民共和国物权法》第十七条、《最高人民法院关于适用〈中华人民共和国物权法〉若干问题的解释（一）》第二条规定，判决如下：

驳回王甲的全部诉讼请求。

北京市第三中级人民法院同意一审法院裁判意见。

【法官后语】

物权变动的公示（尤其是不动产物权登记）是物权制度中最为重要的核心内容。《中华人民共和国物权法》第六条规定，不动产物权的设立、变更、转让和消灭，应当依照法律规定登记；第十六条规定，不动产登记簿是判断物权归属和内容的依据。但现实中确实存在不动产登记簿记载的物权权属和内容与其真实情况不一致的情形。不动产登记簿对不动产物权权属具有推定效力，但此种推定系法律上的权利推定，而非事实推定。因此，《最高人民法院关于适用〈中华人民共和国物权法〉若干问题的解释（一）》第二条规定，当事人有证据证明不动产登记簿的记载与真实权利状态不符、其为该不动产物权的真实权利人，请求确认其享有物权的，应予支持。在理解该条款的含义时，应该注意到，该条款强调不动产登记簿记载有误，当事人又有证据加以证明，可以请求法院确认物权。最常见的案例即为夫妻婚后取得的房产登记为一方名下，而根据婚姻法的相关规定，该房产实际权利人应为夫妻双方，因此未登记方请求法院确认该房屋为夫妻共同共有，法院应予支持。从以上案例可以看出，该司法解释保护的是真实权利人的权益，弥补产权登记这一行政行为的审查瑕疵，而并非为非权利人提供一条便捷通道。

本案中，王甲要求确认1325室归其所有的理由是，王甲与王乙签有购买房屋的委托合同，其中对1325室的房产登记人有明确的约定，但是在签订合同的过程中王乙擅自将1325室房屋登记在自己的名下，之后又过户给姚某，以致形成本案。王甲以其为房款实际出资人为由，主张不动产登记簿登记错误，要求确认1325室归其所有。必须注意到，2013年1月26日《存量房屋买卖合同（经纪成交版）》系王乙作为买受人与贾某作为出卖人签订，该合同不违反法律规定，应属合法有效，贾某在收取合理对价后按照合同约定将1325室过户至王乙名下并无不当。产权登记部门依据买卖合同的约定进行过户登记的行政行为并不存在权利瑕疵，该行政行为并不构成“不动产登记簿的记载与真实权利状态不符”，王乙购买1325室的行为亦不当然认定为无效，且1325室已变更登记两次，王甲要求直接确认1325室归其所有，缺乏事实和法律依据，因此两审法院均驳回了王甲的诉讼请求。关于王甲的救济途径，如王乙确实未按照王甲的委托完成委托事项，以致损害了王甲的合法权益，王甲可依相关法律向王乙主张损害赔偿。

编写人：北京市朝阳区人民法院　张君斓

12

仅凭出资、代办不能推翻土地使用权登记的效力

——杨甲诉杨某二所有权确认案

【案件基本信息】

1. 裁判书字号

广西壮族自治区崇左市中级人民法院（2018）桂14民终484号民事判决书

2. 案由：所有权确认纠纷

3. 当事人

原告（被上诉人）：杨甲

被告（上诉人）：杨某二

【基本案情】

1983年，杨甲的父亲杨某一出资3660元，委托杨某二（系杨某一的胞弟）代为缴款，并办理使用权人为杨甲的土地使用登记手续。1992年7月，宁明县人民政府向杨甲颁发涉案《国有土地使用证》，当时杨甲因犯罪被判刑，该证件由杨某二

保管。1998 年，杨某一出资，委托杨某二监督建房，于 2002 年建成两层楼房。后杨某二一直居住该房屋至今。2007 年，杨甲刑满释放，多次要求杨某二腾退房屋、宅基地和返还涉案土地使用证，均被拒绝。杨某二曾提起行政诉讼，诉请宁明县人民政府撤销涉案《国有土地使用证》，向其颁发土地使用证，崇左市中级人民法院判决驳回起诉。现杨甲向法院起诉，要求杨某二履行腾退义务，赔偿经济损失，以每年 3000 元损失计算，10 年的经济损失为 30000 元。

杨某二则主张：该宅基地是其实际出资购买的，地上的楼房是其 1999 年出资建成的，该宅基地的使用权及楼房的权属争议已经按照我国法律有关土地权属确权的规定向人民政府提出土地确权申请，其没有侵占杨甲的宅基地和楼房。

【案件焦点】

1. 讼争的土地（宅基地）使用权及该地上建造的房屋的所有权属于谁所有；2. 杨某二是否应当赔偿杨甲的经济损失。

【法院裁判要旨】

广西壮族自治区宁明县人民法院经审理认为：关于讼争的土地（宅基地）使用权及该地上建造的房屋的所有权属于谁所有的问题。（一）根据相关法律规定，不动产物权实行统一登记制度，不动产权属证书是记载权利人享有该不动产物权的证明。宁明县人民政府颁发的涉案《国有土地使用证》将讼争宅基地登记在杨甲名下，依照公示、公信原则，应推定杨甲为土地使用权人，杨某二虽提供了购买土地付款的票据，但仅以该票据证实其是该宅基地的使用权人证据不足，不予认定。杨某二于 2017 年向广西壮族自治区崇左市中级人民法院提起诉讼，要求撤销宁明县人民政府颁发的涉案《国有土地使用证》，该院以自颁证行为作出之日至杨某二提起该诉讼已超过二十年的最长起诉期限为由，裁定驳回杨某二的起诉，宁明县人民政府至今亦没有撤销其于 1992 年 10 月 24 日颁发的涉案《国有土地使用证》。在本案当事人因本案讼争土地及地上房屋到行政管理部门信访后，宁明县国土资源局于 2017 年 4 月 10 日出具宁国土资信处字【2017】第 5 号《宁明县国土资源局关于杨甲信访事项处理意见书》。该意见书认为，杨某二受委托亲自为杨甲办理土地登记手续，取得涉案《国有土地使用证》的事实清楚，办理有效，再一次确认杨某二受委托亲自为杨甲办理本案讼争土地登记手续的事实。根据《中华人民共和国物权法》第十四条的规定，不动产物权的设立、变更、转让和消灭，依照法律规定应当登记的，自记载于不动产登记簿时发生效力，本案讼争的土地（宅基地）从办证之始就登记在杨甲名下，之后没有变更、转让，因此杨甲应为涉案《国有土地使用证》标注的土地（宅基地）的合法使用人，对其要求持有该证的杨某二返还该土地使用证的诉讼请求，予以支持。（二）宁明县人民政府颁发的涉案《国有土地使用证》登记在杨甲名下，宁明县亭亮镇国土规划环保安监所调取的《关于杨甲住宅建设调查报告》《私人住宅建设用地规划审批单存根》［亭亮乡（镇）规管私地规字第238号］、南宁地区农民进城建（购）房乡镇自查自检登记表（2001年12月28日）三份证据证实了本案争议的土地（宅基地）上建筑的房屋，系杨甲申报建设，应为杨甲的合法建筑。根据宅基地使用人与房屋建造人相统一的一般原则并综合本案的情况，应认定案涉房屋的所有权人为杨甲。杨某二辩称该宅基地是其实际出资购买的，地上的楼房是其1999年出资建成的，土地（宅基地）及地上的房屋应归其所有，理由不成立，不予采纳。公民合法的物权不容侵犯，依法取得的物权受法律保护，杨甲要求杨某二腾退宅基地及房屋，是其依法行使民事权利保护其合法权益的行为，予以支持。考虑到杨某二腾退房屋需要一定的时间，法院酌定30日内腾退为宜。关于杨甲要求杨某二赔偿经济损失30000元的问题。因杨甲不能提交其因杨某二居住本案争议房屋导致其经济损失的相关证据，对杨甲的此项诉讼请求，不予支持。

广西壮族自治区宁明县人民法院依照《中华人民共和国物权法》第十条、第十四条、第十六条，《中华人民共和国民事诉讼法》第一百六十三条，《最高人民法院关于适用〈中华人民共和国民事诉讼法〉的解释》第九十条规定，判决如下：

一、杨某二将涉案《国有土地使用证》返还给杨甲；

二、杨某二将涉案《国有土地使用证》标注的土地（宅基地）及该地上建造的房屋腾退给杨甲；

三、驳回杨甲的其他诉讼请求。

杨某二不服一审判决，提起上诉。广西壮族自治区崇左市中级人民法院经审理认为：是否支持杨甲要求杨某二腾退涉案土地、房屋的请求，应先审查涉案土地使用权、房屋所有权归属问题，故一审法院确定本案案由为所有权确认纠纷并无不当。（一）关于诉争土地的权利人问题。结合相关证人的询问笔录及宁明县国土资源局出具的《关于杨甲信访事项处理意见书》等证据，再结合《土地登记申请书》申请人签字一栏“杨甲”签字上面注明“叔代”，“杨甲”“叔代”字样上按有手印，及杨某二从1992年至今一直持有杨甲名下涉案《国有土地使用证》等事实综合分析，杨甲主张杨某二代为申请办理《国有土地使用证》事实的存在具有高度可能性。根据《最高人民法院关于适用〈中华人民共和国民事诉讼法〉的解释》第一百零八条第一款“对负有举证证明责任的当事人提供的证据，人民法院经审查并结合相关事实，确信待证事实的存在具有高度可能性的，应该认定该事实的存在”的规定，确认杨某二代杨甲申请办理涉案《国有土地使用证》。不动产权属证书是权利人享有该不动产物权的证明。宁明县人民政府颁发的涉案《国有土地使用证》载明诉争的土地使用者为杨甲，杨某二于2017年起诉要求撤销该《国有土地使用证》，法院裁定驳回其起诉，宁明县人民政府至今没有撤销该《国有土地使用证》。因此，杨甲为涉案《国有土地使用证》登记土地的权利人。杨某二以购地票据主张该地块为其出资购买，其为土地使用权人，因该证据不足以否定涉案地块登记权利人为杨甲的事实，故不予采纳。（二）关于诉争土地上建造的房屋权属问题。诉争土地登记在杨甲名下，在案的《关于杨甲住宅建设调查报告》《私人住宅建设用地规划审批单存根》和南宁地区农民进城建（购）房自查自检登记表三份证据证实了争议土地上的房屋系杨甲申报建设，属于合法建筑，根据土地使用权人与房屋所有权人相统一的一般原则，以及综合本案的情况，应认定涉案房屋的所有权人为杨甲。杨某二提供的借条及建房建筑材料、人工费用原始记录不足以证明其是涉案房屋的所有权人。杨甲要求杨某二腾退宅基地及房屋，是其依法行使民事权利保护其合法权益的行为，一审法院予以支持正确，予以维持。杨某二提出一审法院既处理物权纠纷又处理债权纠纷，适用法律错误的意见，不予采纳。

原审法院认定事实清楚，适用法律正确，应予维持。广西壮族自治区崇左市中级人民法院依照《中华人民共和国民事诉讼法》第一百七十条第一款第一项规定，作出如下判决：

驳回上诉，维持原判。

【法官后语】

近年来，随着市场经济的发展和城市建设改造步伐加快，国家对农村建设加大引导和支持，我国新农村发展建设速度加快，有关农村房屋权属纠纷案件日益增多，农村房屋权益保护问题越来越引起人们的关注。

本案中，杨某二以购地票据主张该涉案地块为其出资购买，其应为土地使用权人，但这些证据不足以否定杨甲为涉案地块登记权利人的事实，也不能直接证实诉争房屋的出资人为杨某二。出资背后的原因很多，目的各有不同，出资确定的权利也各有不同。特别是亲属之间、家庭成员之间，出资人的意思表示未明时，出资的性质可能是借贷、赠与，或基于赡养、还贷等义务的履行。只有与出资人的某种明确的意思表示结合起来，才能确定出资的法律属性。

《中华人民共和国物权法》第九条第一款规定："不动产物权的设立、变更、转让和消灭，经依法登记，发生效力；未经登记，不发生效力，但法律另有规定的除外。"我国对不动产物权登记原则上采取的是登记要件模式，即登记为物权生效的法定要件。土地使用权登记作为法定的物权公示手段，具有公信力，即登记的不动产物权的权利人在法律上推定为真正的权利人。不动产权属证书是记载权利人享有该不动产物权的证明。本案中，宁明县人民政府颁发的涉案《国有土地使用证》登记的权利人为杨甲，应推定杨甲为土地使用权人。杨某二受委托为杨甲办理土地登记手续，其行为性质为代办，代办的后果归属于委托人，杨某二不能因代办而取得涉案土地的使用权。

编写人：广西壮族自治区宁明县人民法院　吕思熹

13

竞买须知提示有租赁瑕疵能否视为买受人放弃权利

——罗甲诉王某物权保护案

【案件基本信息】

1. 裁判书字号

广东省东莞市中级人民法院（2019）粤19民终4185号民事判决书

2. 案由：物权保护纠纷

3. 当事人

原告（上诉人）：罗甲

被告（被上诉人）：王某

第三人：罗乙

【基本案情】

罗乙因无法归还已被生效裁判文书所确认的拖欠罗甲、王某的款项，罗甲、王某均向东莞市第二人民法院申请强制执行。法院在执行过程中依法查封了罗乙名下的位于东莞市沙田镇某处的房屋，并查实中国建设银行股份有限公司东莞市分行于2014年5月12日对上述房产办理了抵押登记手续，抵押金额为460000元，抵押期间为2013年11月6日至2033年11月6日。

法院了解到王某已承租罗乙的上述房产并签订了《物业租赁合约》，双方约定每月租金为2000元，租赁期限为2014年12月1日至2024年11月30日，共计120个月。王某已预交了上述期间内的房屋租金240000元。法院对该房屋进行拍卖，并在竞买须知的“产权情况及瑕疵说明”中提示：“该商品房现有一份租赁期限为2014年12月1日至2024年11月30日的租约，且该租约租赁期的租金已经全部支付。”罗甲竞拍下案涉房屋，并办理了房屋的过户手续。

随后罗甲要求王某返还案涉房屋，但王某以“买卖不破租赁”为由拒绝返还。

【案件焦点】

王某与罗乙签订的物业租赁合约是否可对抗罗甲的物权。

【法院裁判要旨】

广东省东莞市第二人民法院经审理认为：法院在查封拍卖涉案房产时已一并公示了租赁情况，罗甲因与罗乙之间存在民间借贷债权而作为申请人申请了执行，对涉案房产的拍卖情况也已知悉，但其并未对该院处分上述房产时已认定存在的租赁关系提出执行异议，且在明知被拍卖的房产存在租赁合同关系的情况下仍参与竞拍，并最终拍卖成交了涉案的房产，可见，罗甲是确认涉案房产在拍卖时就存在王某与罗乙之间的租赁关系的。现其又向法院提起诉讼主张王某与罗乙之间不存在真实的租赁合同关系，显然与法院上述拍卖处分相矛盾。若罗甲认为法院在处分涉案房产时存在错误，应当通过审判监督程序予以纠正，故对罗甲的主张不予采纳。

广东省东莞市第二人民法院依照《中华人民共和国合同法》第八条、《最高人民法院关于人民法院办理执行异议和复议案件若干问题的规定》第三十一条第一款及《中华人民共和国民事诉讼法》第六十四条第一款规定，判决：

驳回罗甲的全部诉讼请求。

罗甲持原审起诉意见提起上诉。广东省东莞市中级人民法院经审理认为：《中华人民共和国物权法》第一百九十条规定："订立抵押合同前抵押财产已出租的，原租赁关系不受该抵押权的影响。抵押权设立后抵押财产出租的，该租赁关系不得对抗已登记的抵押权。"《最高人民法院关于适用〈中华人民共和国担保法〉若干问题的解释》第六十六条第一款规定："抵押人将已抵押的财产出租的，抵押权实现后，租赁合同对受让人不具有约束力。"《最高人民法院关于审理城镇房屋租赁合同纠纷案件具体应用法律若干问题的解释》第二十条规定："租赁房屋在租赁期间发生所有权变动，承租人请求房屋受让人继续履行原租赁合同的，人民法院应予支持。但租赁房屋具有下列情形或者当事人另有约定的除外：（一）房屋在出租前已设立抵押权，因抵押权人实现抵押权发生所有权变动的……"依上述规定，因案涉租赁物先设立抵押权，再设立租赁关系，后因实现抵押权，由罗甲买受。因此，王某与罗乙设立的租赁关系对房屋买受人罗甲没有约束力，罗甲对房屋的物权可排除王某的租赁权。竞买须知没有约定买受人放弃王某租赁期间物权利益，权利放弃须权利人明示，竞买须知不能对抗罗甲的物权。王某应向罗甲返还案涉物业及赔偿占用期间的租金损失。租金损失标准法院酌定按王某与罗乙的租约标准，即每月2000元计算，计至王某返还房屋之日止。

广东省东莞市中级人民法院依照《中华人民共和国物权法》第三十四条、第三十七条、第三十九条、第一百九十条，《最高人民法院关于适用〈中华人民共和国担保法〉若干问题的解释》第六十六条第一款，《最高人民法院关于审理城镇房屋租赁合同纠纷案件具体应用法律若干问题的解释》第二十条，《中华人民共和国民事诉讼法》第一百七十条第一款第二项规定，作出如下判决：

一、撤销广东省东莞市第二人民法院（2018）粤1972民初10721号民事判决；

二、本判决生效之日起三十日内，王某将涉案房屋返还给罗甲；

三、王某在返还房屋之日向罗甲赔偿租金损失，每月2000元，自2017年1月26日起计至王某返还房屋之日止；

四、驳回罗甲的其他诉讼请求。

【法官后语】

本案涉及对买卖不破租赁的准确理解问题，同时也涉及明知有租赁合约仍竞拍下房屋是否视为放弃权利的问题。

从《中华人民共和国物权法》第一百九十条、《最高人民法院关于适用〈中华人民共和国担保法〉若干问题的解释》第六十六条第一款、《最高人民法院关于审理城镇房屋租赁合同纠纷案件具体应用法律若干问题的解释》第二十条的规定可知，房屋租赁前已经存在抵押权的，租赁合同不得对抗买受人。本案中，案涉房屋的抵押权设立在租赁前，但抵押权人并非房屋买受人，也并非抵押权人申请拍卖房屋。在此种情况下，房屋租赁人能否对抗买受人？一审法院未论述该问题。实际上，如何处理该问题直接关系到罗甲的诉请能否获得支持。虽然罗甲并非抵押权人，但罗甲申请拍卖该房屋后，法院分配执行款项时，优先清偿了抵押权人的全部债权，也即抵押权人实现了抵押权。至于是否由抵押权人拍下案涉房屋，与抵押权人实现债权无关。案涉房屋存在抵押权，房屋租赁人应该意识到可能会因抵押权实现而无法继续租赁房屋，但仍然愿意与出租人签订长期租赁合同，租赁人要承担相应的法律风险。因此，二审法院认为王某与罗乙设立的租赁关系对房屋买受人罗甲没有约束力，罗甲对房屋的物权可排除王某的租赁权。

竞买须知有提示产权瑕疵，并载明了存在租赁合约且租金已经支付的情况，一审法院也正是以此来认定罗甲放弃了相关的利益。虽然法院在拍卖时提示了风险，买受人也知悉了该风险，但并不意味着买受人就须放弃物权利益。二审法院认为权利放弃必须明示，竞买须知未约定买受人须放弃王某租赁期间物权利益，也并无其他证据显示罗甲在竞买时明确同意放弃物权利益，因此认定竞买须知不能对抗罗甲的物权。

编写人：广东省东莞市中级人民法院　杜志强　胡运科

（二）返还原物纠纷

14

私力救济的时间边界及与公权力救济的衔接

——黑龙江安陆通物流有限公司安达分公司诉
菏泽开发区苗某建材经营部返还原物案

【案件基本信息】

1. 裁判书字号

山东省菏泽经济开发区人民法院（2018）鲁1791民初637号民事判决书

2. 案由：返还原物纠纷

3. 当事人

原告：黑龙江安陆通物流有限公司安达分公司（以下简称安达物流公司）

被告：菏泽开发区苗某建材经营部（以下简称苗某经营部）

【基本案情】

涉案A号牵引车及B号挂车和另外一辆C号牵引车及D号挂车均为张某实际所有，挂靠和登记在安达物流公司名下。张某对以安达物流公司为名义起诉无异议。2018年1月12日13时30分许，停放在苗某经营部内的D号挂车突然发生自燃并引发爆炸，造成经营场所内的部分房屋及屋内物品损坏。事故发生后，苗某将同时停放在苗某经营部的A号车辆及B号挂车留置。之后，张某与苗某就苗某经营部财产损失及涉案车辆返还事宜进行了多次协商。双方均认可在事故发生后“大约一星期左右”“又隔了一星期到十天左右”“又隔了两三天”的时间点，张某曾通过不同中间人找到苗某协商过三次，但因对张某需交押金的数额不能达成一致意见，双方协商未果。诉讼过程中，经法院作调解工作，苗某同意让安达物流公司把涉案车辆取回。法院于2018年6月12日通知安达物流公司，安达物流公司先答复于一周内取车，其后又以“涉案车辆已经脱检，无法正常上路行驶，如强行上路有可能面临巨额罚款，需待本案裁判结果作出后持人民法院裁判文书上路”为由未领取车辆，后实际于2018年7月25日将车辆取回。

诉讼过程中，经安达物流公司申请，法院委托山东中慧资产评估事务所有限公司（以下简称中慧评估公司）对涉案车辆的营运损失进行评估。安达物流公司为该申请缴纳评估费2000元。2018年8月10日，评估机构出具评估报告，结论为：涉案车辆日均车辆营运损失价值约为692元。

另，事故车辆C号牵引车及D号挂车在中国人民财产保险股份有限公司大庆市分公司（以下简称大庆人保公司）投保有机动车交通事故责任强制保险、第三者责任保险、自燃损失险和不计免赔率险。事故发生当日，中国人民财产保险股份有限公司菏泽市分公司（以下简称菏泽人保公司）收到报险，并于次日安排工作人员到达现场进行了查勘。2018年3月5日，菏泽市万通保险公估有限公司受菏泽人保公司委托，出具了菏万通公估（2018）8号事故房屋、物品损失价格评估结论书，确定苗某经营部因D号挂车爆炸造成房屋及屋内物品损失价格总计556585元。2018年3月30日，苗某经营部作为原告诉至法院，请求张某、安达物流公司、大庆人保公司共同赔偿其房屋损失、财产损失和营业损失等共计600000元。法院经审理于2018年6月26日作出（2018）鲁1791民初681号民事判决书，判决大庆人保公司赔偿苗某经营部房屋及屋内物品损失等共计556585元，驳回苗某经营部的其他诉讼请求。该判决已发生法律效力。

【案件焦点】

1. 涉案车辆被苗某采取自助行为留置后，安达物流公司主张营运损失应从何时开始计算；2. 双方自行协商期间的营运损失应否支持。

【法院裁判要旨】

山东省菏泽经济开发区人民法院经审理认为：D号挂车在被告处发生事故后，苗某将A号牵引车及B号挂车留置。其辩称系实际车主张某主动自愿留置，但未提供有效证据证明，且根据苗某对事情经过的陈述，张某曾多次协商要求将车辆取回，其要求张某提供相应金额的担保后才同意放车，该事实也足以表明并非张某主动自愿留置车辆于苗某处。故应认定系苗某强行留置涉案车辆，该行为明显构成侵权，安达物流公司有权要求苗某返还车辆，并赔偿损失。诉讼过程中，安达物流公司已将涉案车辆取回，故对返还车辆请求因已实际履行，不再处理。关于营运损失问题，安达物流公司已申请法院委托专业评估机构对其营运损失予以评估，该评估报告书依法可作为认定涉案车辆营运损失的有效证据。

对于营运损失的起算点问题，首先，涉案车辆虽在事故发生第一时间就被苗某留置于经营场所内，但引发该行为的原因在于安达物流公司的另一车辆发生爆炸给苗某经营部造成较大财产损失，在事发突然以及安达物流公司系外地公司的情形下，苗某第一时间留置涉案车辆以保护自己的权利属于民法中的自助行为，并无不当。故营运损失起算点不应从留置之日就开始起算。其次，事故发生后，张某曾先后三次通过中间人找苗某进行协商，因协商不成，之后双方才各自提起诉讼。解决纠纷的方式有多种途径，诉讼一直是作为最后的救济手段而存在的，不应苛求权利人在第一时间就必须选择诉讼这一救济途径，在选择诉讼之前，双方自行协商和解是化解矛盾解决纠纷的最主要方式。张某、苗某在事故发生后，首先选择自行协商的纠纷解决方式，是双方真实自愿的意思表示，符合当时的客观实际。故苗某留置涉案车辆后双方自行协商期间，应属于苗某自助行为的延续，不宜认定为系其强行留置。最后，在双方对赔偿事宜协商不成的情况下，苗某应及时通过诉讼程序等公力救济途径主张权利，而不应继续采取私力救济手段持续留置对方车辆。综上，应确认张某、苗某最后一次协商之日的次日，作为计算安达物流公司营运损失的起算日。

根据庭审中双方对三次协商时间的陈述，确认2018年1月31日为第三次协商之日，故2018年2月1日为营运损失的起算日。关于营运损失的截止日，虽然安达物流公司迟至2018年7月25日才实际取回车辆，但法院于2018年6月12日就已通知安达物流公司取车，且安达物流公司已答应在一周内将车辆取回，该一周时间为其正常的准备时间，依法予以准许。对之后安达物流公司所称的不能取车的理由，明显与其在本案裁判文书作出前就已将车辆取回的事实自相矛盾，依法不予采信。因此，应确定2018年6月19日作为计算营运损失的截止点。起算日至截止日的天数共计138日，故安达物流公司因本案纠纷造成的营运损失应为692元×138

天 =95496 元。安达物流公司过高部分的损失请求，不予支持。安达物流公司因本次评估支付的评估费 2000 元，苗某经营部应予赔偿。据此，判决：

一、苗某经营部赔偿安达物流公司营运损失 95496 元及评估费 2000 元，合计 97496 元，于判决生效后十日内履行完毕；

二、驳回安达物流公司的其他诉讼请求。

【法官后语】

本案涉及的是私力救济和公权力救济的衔接问题。在侵权行为发生时因无法及时通过报警、起诉等获得公权力救济，允许受害人在第一时间采取一定形式的私力救济，这一点在法律上并无争议，但该私力救济持续的时间界限以及和公权力救济如何衔接，并无法律明文规定，在司法实践中认识不一。

第一种观点是私力救济限度应严格控制，无论从行为方式还是时间限度，都应按最低标准掌握，否则容易造成私力救济的无限扩张，造成新的侵权行为发生。例如，本案中的留置车辆行为，受害人在第一时间留置侵权人的车辆属于私力救济，并无不当，但其随即就应报警或提起诉讼，进入公权力救济程序，这个衔接时间应控制在一两天内，不宜过长。

第二种观点是对于私力救济的限度可以从宽掌握，在私力救济和公权力救济之间应留给当事人足够的自行协商时间，在该自行协商期间内不应视为私力救济行为转为违法行为。理由为：私力救济和公权力救济同属解决纠纷的途径，两者相互补充，在选择诉讼之前，双方自行协商、自行和解是化解矛盾解决纠纷的最主要方式，是多数纠纷进入诉讼前当事人的选择，而公权力救济中的诉讼程序，一直是作为最后的救济手段而存在的，不应苛求权利人必须选择诉讼等公权力救济途径，因此在私力救济和公权力救济之间应留给当事人足够的自行协商时间。就本案而言，苗某在事故发生后留置了张某的车辆，但之后双方选择了自行协商的纠纷解决方式，该期间应属于被告自助行为的延续，不宜认定为系其强行留置。当然，这个期限也不应无限延续，在双方对赔偿事宜明显协商不成的情况下，苗某应及时通过诉讼程序等公权力救济途径主张权利，而不应继续采取私力救济手段持续留置对方车辆。

本案最终采纳了第二种观点。但需要说明的是，对于私力救济和公权力救济之间的衔接时间，也要根据具体案件中双方的调解意向而定，如一方明确表示不同意调解，该衔接时间就应从严掌握，不宜过长。另外，对于涉及留置人身的私力救济情形，因限制人身自由时间涉及违法与否问题，应严格按照法律规定处理。

编写人：山东省菏泽经济开发区人民法院　侯明生

15

产权式商铺业主个人的利益需服从业主整体的共同利益

——许某诉江阴市八方浙江商品市场有限公司、华某返还原物案

【案件基本信息】

1. 裁判书字号

江苏省无锡市中级人民法院（2017）苏02民终379号民事判决书

2. 案由：返还原物纠纷

3. 当事人

原告（上诉人）：许某

被告（被上诉人）：江阴市八方浙江商品市场有限公司（以下简称八方公司）、华某

【基本案情】

2012年4月28日，许某以拍卖形式取得江阴市寿山路109号B区某商铺的所有权。2014年6月8日，八方公司与东方巴黎业主委员会（以下简称东方业委会）签订租赁协议，东方业委会将寿山路A、B、C三区整体租赁给八方公司，租期自2014年6月8日起至2020年9月8日止。签订协议时，东方业委会仅取得97%业主授权，未取得部分业主授权（包括许某）。2014年10月15日，江阴市商务局同意设立“八方浙江市场”项目。江阴市寿山路整体商铺已被八方公司重新规划建造出各个独立商铺，并进行重新编号，未按当初建造商铺的平面图进行分割规划。

租赁协议签订后，八方公司向东方业委会支付了租金，东方业委会已将大部分房租付给广大业主，并留足部分资金，供少部分拍卖小业主分配。东方业委会是按照购买（拍卖）价格的比例来分配租金的，购买价格高的租金多，购买价格低的租金少，不考虑商铺地理位置及面积大小。一是由于该租金分配方式已持续十年之久。二是由于各个商铺无物理分界，当初建造时商铺的标注在瓷砖下方，地表没有分界，整体商铺几经装修改造，有的商铺位置在通道上，有的商铺位置在厕所、办公室等地方。如果按照商铺的地理位置、市场价值来确定租金，部分业主就无法拿到租金。三是由于部分业主是以很便宜的价格取得了商铺，且也接受了此种分配方案，如果参照相近位置的租金给拍卖取得的人分配租金，就会引起部分人的不满。

许某以东方业委会签订协议未取得其授权为由，要求八方公司、华某（经商户）返还寿山路商铺并支付占用商铺期间的利息。

【案件焦点】

1. 客观上不具有返还条件的商铺，所有权人如何享有权益；2. 产权式商铺中，个人业主的利益是否需服从整体业主的共同利益。

【法院裁判要旨】

江苏省江阴市人民法院经审理认为：江阴市寿山路整体商铺已被规划、改造，并重新编号，致使法院无法查明许某所有的商铺的具体位置及实际使用人，许某在审理中也自认华某已不再租用商铺。负有返还商铺的责任主体应为实际占有、使用商铺的经营者，许某无法提供具体使用其商铺的侵权人，对其要求八方公司、华某返还商铺使用权的诉讼请求，不予支持。

所有权人对自己的不动产或者动产，依法享有占有、使用、收益和处分的权利。许某对其所有的寿山路商铺依法享有处分和收益的权利。但产权式商铺的特点为业主的所有权与经营权相分离，其决定整个市场只有统一规划、统一布局、统一经营、统一管理，单个商铺业主的利益必须服从广大业主的共同利益，接受整个市场规划布局的限制和约束，业主才能获得稳定的投资回报，以实现投资目的。东方业委会与八方公司签订商城整体租赁协议，不仅符合大多数业主的利益，最充分地发挥了物的效用，也使广大业主能够从商铺投资中受益，最大限度地实现其作为所有权人的利益。现行租金分配方案是东方业委会从商城历史、整体规划、结构改造等多重角度考虑确定的结果，出于对商铺的物尽其用及大多数业主利益考虑，应当认定为并无不当。许某不同意和其他业主同等条件下与八方公司签订的商场租赁协议，但是在东方业委会决定将商城整体出租，绝大多数业主已经同意东方业委会与八方公司签订的商场租赁协议的情况下，从众多业主整体利益出发，许某亦有容忍义务，应尊重并遵守东方业委会与八方公司签订的商场租赁协议。八方公司已将商场租金支付给东方业委会，东方业委会亦同意支付许某相应的商铺租金，许某可向东方业委会主张相应权益。故对许某要求八方公司、华某支付租金的诉讼请求，不予支持。

江苏省江阴市人民法院依照《中华人民共和国物权法》第三十四条、第三十九条，《中华人民共和国民事诉讼法》第六十四条规定，作出如下判决：

驳回许某的诉讼请求。

许某不服一审判决，提起上诉。江苏省无锡市中级人民法院经审理认为：在产权式商铺经营模式中，考虑到单个业主所购商铺在整个商场中只占很小一部分，其对商铺所享有的权利，不能等同于独立商铺，其行使所有权时，不应影响商场整体功能的发挥。开发商或指定的管理公司对外整体出租过程中，有小部分业主主张未经其同意，要求停止侵害、恢复原状的，从个人利益和整体利益的平衡角度出发，不应予以支持。东方业委会与八方公司签订的商场整体租赁协议，符合业主整体利益，应当继续履行。

江苏省无锡市中级人民法院依照《中华人民共和国民事诉讼法》第一百七十条第一款第一项规定，判决如下：

驳回上诉，维持原判。

【法官后语】

产权式商铺，即所有权与经营权分离的房地产商铺产品模式。开发商将所开发的大型商场分割成若干小面积的单元进行出售，各单元之间无物理空间分割或无永久分割围护结构，业主购买并办理登记后享有产权但不直接经营，集中交由开发商或者管理公司进行统一经营，业主按照房款支付比例或者其他约定获得定期、定额回报，系概念性产权或虚拟性产权。其虚拟性产权特征决定了个人商铺业主只能知晓商铺大致位置，但无法描绘商铺具体四至，商铺无封闭空间。物业公司或者管理公司会根据实际经营所需对商场布局重新进行整合和划分，再统一对外招租，寻找实际商业经营者。

产权式商铺模式在大型综合商场中大量存在，产权式商铺的概念性商铺特征极易引发投资者与管理者的矛盾纠纷。商铺的物理属性决定了个人业主对商铺所享有的物权是不完全性的、受限制的，其物权具有限制性，业主负有容忍义务。业主对其商铺所有的权利，不能等同于独立商铺，无法实际使用、占有或者以其所有的商铺独立进行租赁、收益等，业主在行使所有权时，不应影响商场整个功能的发挥。若单独支持个别业主的返还商铺请求，就会影响其他业主的利益，造成整体资源的浪费，无法实现物尽其用。此种情况下，个人业主的利益需要服从整体业主的共同利益。目前，我国法律并无关于产权式商铺的明确规定，但此种新类型纠纷在司法实践中早已存在，也有高级人民法院出台指导性意见。江苏省高级人民法院在2017年的《关于审理房地产合同纠纷案件若干问题的解答（征求意见稿）》第五十五条特别提到产权式商铺纠纷如何处理。该征求意见稿第五十五条规定，在商铺对外整体出租过程中，有小部分业主主张未经其同意，要求停止侵害、恢复原状的，从个人利益与整体利益的平衡角度，不予支持。

法院在类似案件的处理中，既要依法尊重并认定商铺业主享有的物权，又要结合客观实际，充分考虑商场现状，从整体利益出发，平衡单个业主与众多业主的权益。在判断是否符合整体利益时，应遵循多数业主的意思表示，在业主代表或者业委会获得合法授权的情况下，根据不同的决策事项，经过专有部分占建筑物总面积过半数或过三分之二的业主且占总人数过半数或过三分之二的业主同意。这种份额多数决原则也符合产权式商铺中个人意志需服从整体意志、个人利益需服从整体利益的特征。

编写人：江苏省江阴市人民法院　高山

16

动产物权返还请求权诉讼时效的法律适用

——周A等诉绍兴鲁迅纪念馆返还原物案

【案件基本信息】

1. 裁判书字号

浙江省绍兴市中级人民法院（2018）浙06民终709号民事判决书

2. 案由：返还原物纠纷

3. 当事人：

原告（上诉人）：周A、周B、周C、周D、周E、杨A、杨B、杨C、杨D、杨E、杨G、王A、王B、洪某

原告：杨F

被告（被上诉人）：绍兴鲁迅纪念馆

【基本案情】

周作人（1967年去世）与其妻周信子（1961年去世）生有儿子周某一（已去世）、长女周甲女（1984年去世）、次女周乙女（幼年早逝）。周A、周B、周C、周D、周E系周某一的法定继承人，杨A、杨B、杨C、杨D、杨E、杨F、杨G、王A、王B、洪某系周甲女的法定继承人。

周作人收藏的鲁迅先生的“十七封信”于1966年被北京航空学院红卫兵取走后交给北京鲁迅博物馆收藏。1988年6月24日，国家文物局关于周某一要求退还鲁迅致周作人书信手稿一事批复鲁迅博物馆，应将原件作为“文革”期间抄家物资退还。1988年7月19日，周某一从北京鲁迅博物馆将“十七封信”取回。

1990年5月5日，周某一向绍兴鲁迅纪念馆出具《委托书》将涉案信件委托绍兴鲁迅纪念馆保存。该委托书载明：“今将鲁迅致周作人亲笔书函共计十七封廿二页委托绍兴鲁迅纪念馆保存。倘有他人欲作参考时，请馆方领导自行决定。”

1991年9月20日，周某一作为捐献人向绍兴鲁迅纪念馆出具《捐献声明》一份，载明："今将鲁迅致周作人亲笔书信拾柒封贰拾贰页捐献给绍兴鲁迅纪念馆永存，特此声明。"

周作人收藏的"十七封信"现保存在绍兴鲁迅纪念馆处，并已作为国家文物登记造册，其中4件作为一级文物已报国家文物局备案，另13件作为二级文物在浙江省文物局备案。

周A等向法院提起诉讼，请求确认周某一1991年9月20日出具的《捐献声明》无效，判决绍兴鲁迅纪念馆将其代管的"十七封信"全部归还。

【案件焦点】

当事人提起本案诉讼是否已经超过诉讼时效。

【法院裁判要旨】

浙江省绍兴市越城区人民法院经审理认为：根据法律规定，向人民法院请求保护民事权利的诉讼时效期间为三年。诉讼时效期间自权利人知道或者应当知道权利受到损害以及义务人之日起计算。但是自权利受到损害之日起超过二十年的，人民法院不予保护。同时规定，下列请求权不适用诉讼时效的规定：（一）请求停止侵害、排除妨碍、消除危险；（二）不动产物权和登记的动产物权的权利人请求返还财产；（三）请求支付抚养费、赡养费或者扶养费；（四）依法不适用诉讼时效的其他请求权。诉争标的物为"十七封信"，该信件的物权虽属于动产物权但无须经相关部门登记，并不符合不适用诉讼时效的情形，故仍应适用时效的规定。周某一于1991年9月20日捐赠涉案信件之日起至周A等起诉之日，已超过了二十年的诉讼时效，故周A等以周某一的捐赠行为侵犯了共有人权益为由，要求确认周某一1991年9月20日出具的《捐献声明》无效，由绍兴鲁迅纪念馆归还"十七封信"的诉讼请求，不予支持。周A等主张要求绍兴鲁迅纪念馆承担其因本次诉讼所产生的公证费及差旅费，于法无据，亦不予支持。浙江省绍兴市越城区人民法院依据《中华人民共和国民法总则》第一百八十八条、第一百九十六条规定，作出如下判决：

驳回周A等的诉讼请求。

周A等（除杨F外，下同）不服，提起上诉。浙江省绍兴市中级人民法院经审理认为：周A等一审提出的诉讼请求为"请求确认周某一先生1991年9月20日出具的《捐献声明》无效，判决被上诉人绍兴鲁迅纪念馆将其代管的十七封信全部归还”。该诉讼请求中要求确认《捐献声明》无效的最终诉讼目的仍是要求返还十七封信。周A等在一审中提出确认周某一于1991年9月20日出具《捐献声明》无效的理由为周某一未经其他法定继承人同意擅自捐赠十七封信；在二审中又提出当事人请求确认合同无效不应受诉讼时效的限制，在确认合同无效后提出的返还财产请求权亦没有超过诉讼时效的上诉理由。法院认为，确认民事法律行为或合同是否无效，虽不适用诉讼时效的规定，但在确认无效后，当事人提出要求返还财产或赔偿损失的诉讼请求时是否适用诉讼时效，仍然应当依据《中华人民共和国民法总则》的相关规定。根据《中华人民共和国民法总则》第一百九十六条规定，下列请求权不适用诉讼时效的规定：（一）请求停止侵害、排除妨碍、消除危险；（二）不动产物权和登记的动产物权的权利人请求返还财产；（三）请求支付抚养费、赡养费或者扶养费；（四）依法不适用诉讼时效的其他请求权。本案诉争的“十七封信”，性质应为不需经国家相关职能部门登记的动产物权范围，周A等认为“十七封信”应属登记的动产范畴，缺乏充分的法律依据，不予采纳。因此，周A等主张对“十七封信”的返还请求权不属于该条规定的情形，应当适用诉讼时效的规定。从周某一于1991年9月20日出具《捐献声明》之日起至本案提起诉讼之日，显然已超过二十年的诉讼时效，在绍兴鲁迅纪念馆对本案的诉讼时效问题提出抗辩的情形下，一审法院依法认定周A等提起本案诉讼已超过诉讼时效并无不当。鉴于本案已超过诉讼时效，一审判决对于周某一出具《捐献声明》是否无效不再另作评判亦无不妥。对于一审法院是否存在违反审限规定的情形，经查阅一审卷宗并核实相关情况，一审法院在审理过程中，已按程序规定报经该院院长批准后延长审限，一审审限并未违反《中华人民共和国民事诉讼法》第一百四十九条的相关规定。二审作出如下判决：

驳回上诉，维持原判。

【法官后语】

本案的原告均为鲁迅先生的弟弟周作人的后人，周作人是我国现代著名的散文家、文学理论家、评论家，是新文化运动的杰出代表，具有很高的社会地位。涉案标的物均为鲁迅先生的亲笔书信，现已被列为国家文物，不仅具有较高的文化价值，而且近年来名人手札的收藏价值及价格也水涨船高。中国嘉德国际拍卖有限公司曾经对鲁迅先生的一则手札拍出650万元的天价。按此拍卖价格估算，本案所涉的十七封书信价值可达上亿元。巨大的利益驱动，亦是形成本案诉讼的关键诱因。同时，本案的处理可能会对涉及鲁迅先生乃至其他名人的遗产遗物处置在法律上的适用产生示范效应和社会影响。

本案的焦点在于当事人提出的诉讼请求是否适用诉讼时效的规定。周A等提出的诉讼请求为确认周某一向绍兴鲁迅纪念馆出具的捐献声明无效，要求绍兴鲁迅纪念馆返还“十七封信”。对于诉讼请求所依据的理由，周A等在一、二审中的表述不一，一审中系依据《最高人民法院关于贯彻执行〈中华人民共和国民法通则〉若干问题的意见（试行）》第八十九条关于“部分共有人擅自处分共有财产的，一般认定无效”的法律规定提出诉请。在二审中，为了避开诉讼时效的问题，周A等又提出了另一观点，即认为其基础诉求是要求确认捐献声明无效，请求返还原物是附随的诉讼请求，确认之诉不应适用诉讼时效的规定，并引用了最高人民法院（2005）民一终字第104号公报案例中关于“当事人请求确认合同无效，不应受诉讼时效期间的限制，合同经确认无效后，当事人关于返还财产及赔偿损失的请求，应当适用法律关于诉讼时效的规定”的裁判观点。

无论是要求确认合同无效还是出具捐献声明的行为无效，均不应适用诉讼时效的规定，该观点基本无争议。但因周A等提出的诉请中还包括了要求返还原物的相关诉请，且该诉讼请求中要求确认《捐献声明》无效的最终诉讼目的及诉的利益仍是要求返还十七封信。因此，对于当事人提出要求返还财产或赔偿损失的诉讼请求时是否适用诉讼时效，是本案着重考量的问题。

司法实务及理论研究中，对于债权请求权适用诉讼时效的规定基本无争议，但对于物权请求权是否适用诉讼时效的问题，历来争论较大。《中华人民共和国民法通则》第一百三十五条并没有区分债权请求权和物权请求权，仅统一规定当事人向人民法院请求保护民事权利的诉讼时效为2年。最高人民法院在制定关于民事案件诉讼时效的司法解释时，也因上述原因而暂时回避了物权请求权的诉讼时效问题。《中华人民共和国民法总则》实施以前，法律鲜少有规定物权请求权的诉讼时效，物权法中也仅规定了遗失物转让，权利人在二年内可向受让人请求返还原物。在此前的司法实务中，法院一般均采纳物权请求权不适用诉讼时效的观点。但2017年

10月1日起颁布实施的《中华人民共和国民法总则》使上述争议出现了一定的转机。《中华人民共和国民法总则》第一百九十六条对于不适用诉讼时效的请求权情形进行了明确，该条规定，下列请求权不适用诉讼时效的规定：（一）请求停止侵害、排除妨碍、消除危险；（二）不动产物权和登记的动产物权的权利人请求返还财产；（三）请求支付抚养费、赡养费或者扶养费；（四）依法不适用诉讼时效的其他请求权。其中的第二项仅规定了登记的动产物权返还请求权不适用诉讼时效。从该条文的表述来看，对于无须登记的动产物权返还请求权是否适用诉讼时效留出了突破口。就本案而言，讼争的标的物为“十七封信”，其性质当属不需经国家相关职能部门登记的动产物权范围，因此对该十七封信的返还请求权不属于《中华人民共和国民法总则》第一百九十六条规定的情形，应当适用诉讼时效之规定。从周某一于1991年9月20日出具《捐献声明》之日起至本案提起诉讼之日，显然已超过二十年的最长诉讼时效，在绍兴鲁迅纪念馆对本案的诉讼时效问题提出抗辩的情形下，当事人提起本案诉讼已超过诉讼时效。

编写人：浙江省绍兴市中级人民法院　季璐璐

17

对术后脱离人体的器官或组织的定性及处理规则

——金某诉中山大学附属肿瘤医院返还原物案

【案件基本信息】

1. 裁判书字号

广东省广州市中级人民法院（2018）粤01民终11254号民事判决书

2. 案由：返还原物纠纷

3. 当事人

原告（上诉人）：金某

被告（被上诉人）：中山大学附属肿瘤医院

【基本案情】

2015年5月23日，金某因患子宫内膜癌在中山大学附属肿瘤医院进行了腹腔镜下全宫双附件切除术+盆腔淋巴结活检术。术后诊断为子宫内膜癌IA1。术后病理诊断：子宫内膜异型增生，部分区域可见筛状及共壁结构，核仁明显，可见核分裂像，病变符合子宫内膜复杂型不典型增生，局灶癌变，病变局限于子宫内膜层，未见明确脉管及神经束侵犯；子宫平滑肌瘤；宫颈粘膜慢性炎。金某在术前术后均要求医院归还其手术中切除的器官、组织，遭到拒绝，引起本案纠纷。

【案件焦点】

1. 金某对系争子宫及附件是否享有物的所有权；2. 金某请求医方予以返还，是否符合我国现行法律、行政法规的规定。

【法院裁判要旨】

广东省广州市越秀区人民法院经审理认为：我国现行法律并没有对患者在手术诊疗中被切除的人体的组织、器官的归属作出明文规定。因此，根据民法原理，任何脱离人体的器官、组织等都成为与人的身体相独立的客体，具有物的一般属性。金某在手术诊疗中被切除的子宫及附件是金某身体的组成部分，脱离了金某身体就变成了独立的物，该物的所有权由金某原始取得，金某具有处分权和支配权。但该处分权和支配权并不是完全的所有权的处分权和支配权，应受公序良俗等因素限制。参照《医疗废物管理条例》，医疗废物是指医疗卫生机构在医疗、预防、保健以及其他相关活动中产生的具有直接或者间接感染性、毒性以及其他危害性的废物。现金某未能提供证据证明涉案器官不具有直接或者间接感染性、毒性以及其他危害性，金某请求中山大学附属肿瘤医院返还在手术中被切除的子宫及附件违反公序良俗，不予支持。

广东省广州市越秀区人民法院依照《最高人民法院关于民事诉讼证据的若干规定》第二条规定，作出如下判决：

驳回金某全部诉讼请求。

金某持原审起诉意见提起上诉。广东省广州市中级人民法院经审理认为：金某以对系争子宫及附件享有所有权而请求医方予以返还，不符合我国现行法律、行政法规的规定，对其上诉请求不予支持。一审判决认定事实清楚，处理结果并无不当，予以维持。

广东省广州市中级人民法院依照《医疗废物管理条例》第二条、第十三条第一款、第十四条第一款，《医疗废物分类目录》，《中华人民共和国民事诉讼法》第一百七十条第一款第一项规定，作出如下判决：

驳回上诉，维持原判。

【法官后语】

本案是新型的返还请求权案件，争议焦点是术后被切除的子宫及附件能否成为一般意义上的物权客体以及能否认为其属于物从而由患者享有所有权，进而请求医疗机构返还。

关于术后脱离器官或组织，此种特殊“物”的性质认定及处理规则不应适用法无禁止即自由原则，亦不应适用类比推理，而应在公共秩序与善良风俗的基础上，采用有限制条件的承认。目前理论界通说认为有关人体器官或组织，若未与人体脱离则应然地不属于物权范围，而术后脱离的器官或组织，因具有物的一般特征，都是存在于人身之外，能为人力所支配和控制、占有一定的空间，且能为人感觉并感知的有体物，符合物权法中关于“物”的标准。

接下来的问题就是是否所有脱离人体的器官或组织都应纳入我国物权法律规范的保护范围？事实上，我国已有针对器官保护的特别规定。例如，卫生部《关于产妇分娩后胎盘处理问题的批复》中规定产妇分娩后胎盘应当归产妇所有。又如，2007年5月1日起施行的《人体器官移植条例》中列明公民有权捐献或不捐献其人体器官等。上述规定中所指向的人体器官均包含着普遍的生命性、可利用性、有价值性等重要特征，因此仅同时具有普遍的生命性、可利用性、有价值性的脱离器官或组织方能成为保护范畴内的“物”。

本案金某另以涉案器官对其具有重要纪念意义论证其器官的有用性。相应的司法解释规定，当用于满足精神需要的物品具有一定的人格利益时，应当对其予以保护，如过去曾出现过的因损毁纪念品而支付精神抚慰金的判例。但必须明确的是，该精神需要必须是社会一般人普遍予以认可或接受的需求，而某些特殊恋物取向或特别精神需要，则不属于上述情形，不能按照其个人对某物的特别需要而认定其对该物享有人格利益，亦不应将其视为法律意义上的有用性或价值性。故本案中因肿瘤而切除的子宫及附件不应纳入我国物权法律规范的保护范围，亦不能享有我国民法所规定的物权请求权。

需要提示的是，判断某脱离器官是否属于保护范围，应当综合各种因素加以考察，有的案件如待移植器官或因特别需要而冷冻的卵子等很简单就可以认定其属性，有些则不能凭借直觉或者法官的个人感情加以认定，而应该在综合考察的基础上，以社会一般人视角进行认定。对脱离人体组织或器官进行民法保护的泛化将会迷失原有价值取向及公序良俗原则的重要意义，故在个案的审理过程中，应特别问题特别分析，既要考虑到医疗事业的平衡发展，又要考虑到患者个人的合理需求。法官应在审理过程中积极查阅相关法律法规，并进行特定分析，切不可随意类推，原则应是具有普遍的生命性、可利用性、有价值性的脱离器官或组织方具有法律规定的物权，且该物权的行使并非具有绝对的自主性，而应当以遵守公共秩序及善良风俗为前提。

编写人：广东省广州市越秀区人民法院　周梦倩　谢林辉

18

机动车登记并非设权登记仅具有对抗效力

——北京市京诚律师事务所诉北京中建友建筑材料有限公司返还原物案

【案件基本信息】

1. 裁判书字号

北京市第三中级人民法院（2018）京03民终7722号民事判决书

2. 案由：返还原物纠纷

3. 当事人

原告（上诉人）：北京市京诚律师事务所（以下简称京诚律所）

被告（被上诉人）：北京中建友建筑材料有限公司（以下简称中建友公司）

第三人：长治市南垂机动车驾驶员培训有限公司（以下简称南垂公司）

【基本案情】

2008年10月21日，南垂公司出资1263808元购买奥迪越野车一辆。2008年10月22日，该车登记在京诚律所名下。2008年10月25日，甲方南垂公司与乙方京诚律所签订《协议书》，约定：根据业务需要在北京购买奥迪越野车一辆，挂在京诚律所名下。购车款项及各项费用及以后一切责任均属甲方承担，所有权归甲方。乙方不得以任何理由予以处分，办理有关手续乙方积极配合。

2016年12月27日，甲方南垂公司与乙方张某签订《车辆抵账协议》，双方约定甲方将诉争车辆冲抵甲方应付乙方工程款550000元。2017年6月20日，甲方（债权人）中建友公司与乙方（债务人）张某签订《债务抵偿协议书》，约定：乙方用其享有处分权的诉争车辆抵偿乙方欠甲方货款300000元。诉争车辆现由中建友公司占有。

京诚律所起诉中建友公司返还其所占有的属于京诚律所的奥迪越野车。

【案件焦点】

京诚律所作为机动车登记人是否为涉案车辆的实际所有权人，其是否有权要求返还涉案车辆，机动车登记是否具有物权效力。

【法院裁判要旨】

北京市顺义区人民法院经审理认为：无权占有不动产或动产的，权利人可以请求返还原物。为对抗权利人返还原物请求权，占有人应当举证证明其占有不动产或动产并非无权占有。本案的争议焦点为中建友公司占有诉争车辆，是否为无权占有。南垂公司与京诚律所协议将诉争车辆“挂在京诚律所名下”，且诉争车辆由南垂公司实际出资购买后占有使用，应认定南垂公司就诉争车辆具有处分权。其与张某达成的《车辆抵账协议》以及张某与中建友公司达成的《债务抵偿协议书》亦为有效。中建友公司就诉争车辆系合法占有。公安机关办理的机动车登记，是准予或者不准予上道路行驶的登记，并不是机动车所有权登记，因此公安机关登记的车主，不宜作为判断机动车所有权的依据。仅依据涉案车辆登记车主为京诚律所并不能认定机动车的所有权人为京诚律所，且中建友公司占有诉争车辆有法律依据。就京诚律所的诉讼请求，于法无据，不予支持。判决：

驳回京诚律所的诉讼请求。

京城律所不服一审判决，提起上诉。北京市第三中级人民法院经审理认为：本案的主要审查要点为京诚律所是否为涉案车辆的所有权人，其是否有权要求返还涉案车辆。国家对机动车实行登记制度是实施行政管理的一种手段，并不产生物权效力。机动车作为特殊动产，其所有权的设立和转移应当依据动产一般规定以交付为生效要件，机动车登记并非设权登记，仅具有对抗效力。涉案车辆虽登记在京诚律所名下，但京诚律所与南垂公司签订的《协议书》明确约定车辆的所有权归南垂公司，该协议不违反法律法规的强制性规定，应为合法有效。车辆亦由南垂公司出资并实际控制，故涉案车辆的实际所有权人应为南垂公司。京诚律所并非车辆所有权人，京诚律所主张涉案车辆登记在其名下，其就是车辆的所有权人，并依据所有权的权能请求返还车辆，不予支持。二审法院判决：

驳回上诉，维持原判。

【法官后语】

近年来，为实现小客车数量合理有序增长、缓解交通拥堵状况、减少能源消耗和环境污染，北京市出台了小客车数量调控规定。实践中，由于小客车指标的稀缺性，出现了大量的借名买车情况，一系列法律纠纷由此产生。关于借名买车的合同效力以及借名买车事实下机动车辆的所有权问题，司法实务界一直争议不断。

借名买车的合同效力问题。有观点认为，这一行为违反了法律、行政法规和政策性规定。还有观点认为，即使该行为没有违反法律法规强制性规定，客观上也扰乱了对于小客车数量调控管理的公共秩序。笔者倾向于合同有效的观点。首先，《中华人民共和国合同法》第五十二条第五项规定，违反法律、行政法规强制性规定的，合同无效。应当说，以法律、行政法规的强制性规定作为认定合同效力的依据已是近年来司法理论和实务界的共识。而借名买车行为虽然违反了北京市的调控规定，但该规定属于地方政府规章，并未达到法律、行政法规的效力级别，故对合同效力不构成影响。对于扰乱公共秩序的观点，笔者认为，借名买车行为是双方自主实施的民事法律行为，对于双方以外的第三人而言，车辆登记在谁的名下与其无关，也没有增加实际上路车辆的数量，故损害社会公共利益的主张难以成立。

借名买车事实下车辆所有权的判断。有观点认为机动车登记在谁的名下，车辆的所有权就归谁。笔者认为，这是对动产与不动产物权归属判断的错误认识。机动车作为特殊动产，本质上仍然属于动产，其所有权的判断应依据动产的物权判断原则。

《中华人民共和国物权法》第二十三条规定“动产物权的设立和转让，自交付时发生效力，但法律另有规定的除外”；第二十四条规定“船舶、航空器和机动车等物权的设立、变更、转让和消灭，未经登记，不得对抗善意第三人”。根据以上规定，机动车作为特殊动产，其所有权的设立和转移应当依据动产一般规定以交付为生效要件。至于机动车登记的意义，《中华人民共和国道路交通安全法》第八条明确规定“国家对机动车实行登记制度。机动车经公安机关交通管理部门登记后，方可上道路行驶”。《道路交通安全法实施条例》《机动车登记规定》均对机动车登记管理进行了细化规定。从上述三个法律法规的内容看，国家对机动车实行登记制度是实施行政管理的一种手段，并不产生物权效力。《公安部关于确定机动车所有权人问题的复函》亦明确表示“公安机关办理的机动车登记，是准予或者不准予上道路行驶的登记，并不是机动车所有权登记”。机动车登记并非设权登记，仅具有对抗效力，这也是区别于不动产登记生效的重要特点。

具体到本案中，京诚律所与南垂公司签订的《协议书》明确约定车辆的所有权归南垂公司，协议应属合法有效，且车辆也实际由南垂公司占有使用，故车辆的所有权应归南垂公司所有。京城律所仅是车辆登记人，但登记行为并不具有物权效力，仅有对抗效力。故京城律所以其为车辆所有权人为由要求返还车辆，无事实和法律依据。

编写人：北京市第三中级人民法院　于洪群

19

民事法律文书是否当然具有引起物权变动之效力

——福建水泥股份有限公司诉林某返还原物案

【案件基本信息】

1. 裁判书字号

福建省厦门市中级人民法院（2018）闽02民终1347号民事判决书

2. 案由：返还原物纠纷

3. 当事人

原告（上诉人）：福建水泥股份有限公司（以下简称福建水泥公司）

被告（被上诉人）：林某

【基本案情】

1995年8月9日，厦门建福散装水泥联合公司（以下简称建福联合公司）成立评房工作小组，组员为马某等人。1997年7月1日，建福联合公司（甲方）与林某（乙方）签订一份《租赁合同》，约定甲方将讼争房屋租给乙方居住，租赁期限自1997年7月1日起至2010年12月31日止，租金根据市政府相关文件规定，每年议定一次；合同期满，乙方若需继续租赁，应提前两个月通知甲方，由甲方与各股东单位协商后再定，协商的结果应在合同期满前一个月通知乙方。林某于1997年7月10日与建福联合公司签订劳动合同，于2016年10月28日退休。

1998年10月8日，福建省三明市中级人民法院作出（1998）三经初字第68号民事调解书，确认建福联合公司自愿以其左右的位于厦门市某地的住宅七套（门牌号分别为705、706、707、803、804、805、806，其中806号为讼争房屋）等财产抵偿福建水泥公司货款；以上财产应在该调解书生效当日交付，房屋产权变更手续由双方共同到有关部门办理。该民事调解书于1998年10月21日送达双方，已发生法律效力。

福建水泥公司诉至法院，要求林某将806号房屋腾空并将其返还给福建水泥公司。林某辩称：1. 讼争房屋系原工作单位分配的福利住房，林某一直居住至今。2. 本案不属于法院主管的范围。根据最高人民法院1992年11月25日《关于房地产案件受理问题的通知》第三条规定，因单位内部建房、分房等而引起的占房、腾房等房地产纠纷，均不属于人民法院主管工作的范围，当事人为此而提起的诉讼，人民法院应依法不予受理或驳回起诉，可告知其找有关部门申请解决。3. 福建水泥公司不具有原告主体资格。（1998）三经初字第68号民事调解书严重侵害林某的合法权益，该调解书依法无效，福建水泥公司据此主张系讼争房屋所有权人没有依据。即便上述调解书真实、合法，其亦不能作为认定福建水泥公司系讼争房屋所有权人的依据。该调解书属于以物抵债调解书，即给付性文书。何况福建水泥公司未提供讼争房屋的权属证书或其他证据证明其系讼争房屋的登记产权人，建福联合公司亦未向福建水泥公司实际交付讼争房屋，福建水泥公司主张其系讼争房屋所有权人没有依据。

【案件焦点】

（1998）三经初字第68号民事调解书是否具有物权变动的效力。

【法院裁判要旨】

福建省厦门市思明区人民法院经审理认为：民事调解书只有在分割共有不动产或者动产等案件中作出并依法生效改变原有物权关系时才产生物权变动的效力。根据（1998）三经初字第68号民事调解书内容，双方约定的权利义务系以物抵债，该调解书只是对当事人之间以物抵债协议的确认，其实质内容是债务人用以物抵债的方式来履行债务，并非对物权权属的变动。因讼争房屋系不动产，该调解书亦约定房屋产权变更手续由双方共同到有关部门办理，故该调解书不能直接产生物权变动的法律效力，讼争房屋的物权变动仍应以房管部门的登记为准。现讼争房屋未办理房屋产权证，福建水泥公司亦未能证明实际接收该房屋，其非讼争房屋权利人，结合林某因与建福联合公司的租赁关系长期占有使用讼争房屋的事实，福建水泥公司要求林某腾空归还讼争房屋的诉求，于法无据，不予支持。

福建省厦门市思明区人民法院依照《中华人民共和国物权法》第九条、《最高人民法院关于适用〈中华人民共和国物权法〉若干问题的解释（一）》第七条、《中华人民共和国民事诉讼法》第六十四条第一款规定，作出如下判决：

驳回福建水泥公司的诉讼请求。

福建水泥公司不服一审判决，提起上诉。福建省厦门市中级人民法院经审理认为：福建省三明市中级人民法院（1998）三经初字第68号民事调解书确认建福联合公司以包括讼争房屋在内的财产抵偿欠福建水泥公司的货款，房屋产权变更手续由双方共同到有关部门办理，该调解书不属于法律规定的导致物权设立、变更、转让或者消灭的方式，不直接产生物权变动的效力。现讼争房屋的产权未登记在福建水泥公司名下，福建水泥公司主张其对讼争房屋享有返还原物请求权或出租人的权利依据不足，不予采纳。福建水泥公司请求林某腾空并返还讼争房屋不能成立。建福联合公司与本案并无利害关系，福建水泥公司主张一审法院未追加建福联合公司参加诉讼系程序违法缺乏依据，不予采纳。综上所述，福建水泥公司的上诉请求不能成立，应予驳回。一审判决认定事实清楚，适用法律正确，应予维持。

福建省厦门市中级人民法院依照《中华人民共和国民事诉讼法》第一百七十条第一款第一项规定，作出如下判决：

驳回上诉，维持原判。

【法官后语】

《中华人民共和国物权法》第二十八条规定："因人民法院、仲裁委员会的法律文书或者人民政府的征收决定等，导致物权设立、变更、转让或者消灭的，自法律文书或者人民政府的征收决定等生效时发生效力。"法院的法律文书包括民事法律文书、刑事法律文书和行政法律文书。民事法律文书包括民事判决书、民事裁定书以及民事调解书。刑事法律文书包括刑事判决书、刑事裁定书和刑事附带民事调解书。行政法律文书包括行政判决书、行政裁定书与行政调解书。仲裁委员会的法律文书则仅指裁决书。

《中华人民共和国物权法》第二十八条要求法律文书必须能够导致不动产物权变动，而裁定书只是法院针对诉讼程序和执行程序中的程序问题及个别实体问题（如民事诉讼中财产保全的裁定）所作出的效力性判定，不可能导致物权变动。因此，《中华人民共和国物权法》第二十八条中的法律文书仅限于判决书和调解书，包括：（1）直接导致物权变动的民事判决书、民事调解书和刑事附带民事调解书；（2）人民法院作出的没收犯罪分子财产的刑事判决书；（3）人民法院作出的撤销政府征收决定的行政判决书。

但并非所有的民事调解书都能引起物权变动。依诉的种类不同，法院判决有确认之诉、给付之诉和变更之诉。确认之诉是确认当事人间一定的民事法律关系存在与否的诉讼，不能引起物权变动。变更之诉和给付之诉的生效法律文书才能引起物权变动。法律文书送达时即发生物权变动的只有变更文书。给付文书送达时，仅确定了当事人的给付义务，也不能直接引起物权变动。只有在当事人履行给付义务，对方也接受给付的，物权变动始生效。当事人自愿履行给付的行为，毫无疑问属于法律行为。当事人不愿履行给付而由执行机构强制执行时，客观上属于执行机构的命令直接发生物权变动。因此，直接引起且不以公示为要件的物权变动的法律文书只能是变更文书。

本案中，因民事调解书为双方约定的权利义务系以物抵债，该调解书只是对当事人之间以物抵债协议的确认，其实质内容是债务人用以物抵债的方式来履行债务，并非对物权权属的变动。鉴于讼争房屋系不动产，该调解书亦约定房屋产权变更手续由双方共同到有关部门办理，故该调解书不能直接产生物权变动的法律效力，讼争房屋的物权变动仍应以房管部门的登记为准。

编写人：福建省厦门市思明区人民法院　辛鹏

20

物权取得存在瑕疵阻碍权利行使的认定

——李某、常某诉王某返还原物案

【案件基本信息】

1. 裁判书字号

北京市第二中级人民法院（2018）京02民终6109号民事判决书

2. 案由：返还原物纠纷

3. 当事人

原告（上诉人）：李某、常某

被告（被上诉人）：王某

【基本案情】

赵某与王某系夫妻关系，赵某于2017年7月13日去世。案外人赵甲系该二人之女。

2001年8月31日，赵甲（乙方）作为被安置人就北京市原崇文区×楼×单元11－12号房屋与危改单位北京市华城房地产开发公司（甲方）签订《危旧房改造公房回迁购房协议书》。协议约定，乙方自愿购买崇文区×号楼1层102号房屋。2002年12月15日，赵甲取得涉案房屋的所有权证，房屋建筑面积137.64平方米。

2017年4月3日，赵某立遗嘱，内容为赵某自2002年一直居住在涉案房屋中，涉案房屋是其与王某共同购买，用于二人养老所用，该房屋中属于赵某的个人份额归王某所有。

2017 年 9 月 17 日，赵甲与案外人郭某签订《存量房屋买卖合同》，约定赵甲将涉案房屋出售给郭某，房屋成交价格为 276 万元。该合同未约定房屋的交付事宜。之后，郭某取得涉案房屋的所有权证。

2017 年 10 月 26 日，李某、常某（乙方）与郭某（甲方）签订《房屋买卖合同》，约定郭某将涉案房屋出售给李某、常某，房屋总价款为 650 万元整，乙方在合同签订之日起 90 日内支付给甲方全部房价款。双方应于合同签订生效之日起 15 日内到东城区房屋管理局服务大厅办理过户手续。2017 年 12 月 4 日至 12 月 8 日，李某通过银行转账的方式共向郭某支付购房款 640 万元。2017 年 11 月 8 日，涉案房屋登记至李某、常某名下。

关于涉案房屋市场价，承办人当庭登录北京链家房地产经纪有限公司的网站查询，与涉案房屋同一小区建筑面积 135 平方米的房屋，标价 1100 万元；建筑面积 72 平方米的房屋，标价 650 万元。

李某、常某称，李某、常某经朋友介绍购买涉案房屋，已取得涉案房屋的所有权，卖房人郭某未向其交付房屋；故请求判令王某立即将涉案房屋腾空交付给李某、常某。

【案件焦点】

物权存在瑕疵变动的情况下，物权的所有人能否直接请求合法的实际居住人返还原物。

【法院裁判要旨】

北京市东城区人民法院经审理认为：涉案房屋原登记在案外人赵甲名下，王某作为赵甲的母亲居住在涉案房屋。后赵甲将房屋出售给案外人郭某，郭某又将房屋出售给李某、常某。两次房屋转移的过程中，房屋成交价均远低于市场价格。李某、常某从案外人郭某处购买涉案房屋，不仅房价款远低于市场价，而且郭某并未向李某、常某实际交付涉案房屋。因此，李某、常某虽取得涉案房屋的所有权，但该所有权的取得存在瑕疵。从物权角度要求作为实际居住人的王某交付房屋，依据不足。判决：

驳回李某、常某的诉讼请求。

李某、常某不服该判决，上诉至北京市第二中级人民法院。北京市第二中级人民法院经审理认为：涉案房屋原登记在赵甲名下，赵甲的母亲王某自始居住在该房屋，李某、常某知道涉案房屋的居住情况，二人在购买该房屋时对此未提出异议，在购买后主张王某腾空交付该房屋，且王某现不具备腾房条件，故一审法院对李某、常某的诉讼请求未予支持，并无不当，予以维持。综上所述，李某、常某的上诉请求不能成立，应予驳回。

北京市第二中级人民法院依照《中华人民共和国民事诉讼法》第一百七十条第一款第一项规定，判决如下：

驳回上诉，维持原判。

【法官后语】

该案例涉及物权存在瑕疵变动的情况下，物权的所有人能否直接请求合法的实际居住人返还原物的问题。《中华人民共和国物权法》第七条规定，物权的取得和行使，应当遵守法律，尊重社会公德，不得损害公共利益和他人合法权益。该条对物权的取得和行使应遵循的原则作出了规定，但没有对物权的取得存在瑕疵的情况下，权利人相关权利行使的限制作出规定，缺乏对物权取得的合法合理性的原则要求以及对相关利害关系人的保护。

1. 物权的取得和行使应该遵循的原则

我国物权法规定，物权的取得和行使，应当遵守法律、尊重社会公德，不得损害公共利益和他人合法权益。也就是说，权利人无论在取得物权还是行使物权的过程中，均应秉持遵守相关法律、善意进行交易这一原则，而非利用其物权人的身份，滥用法律，行使绝对的排他性的权利，损害他人利益。

本案中，在涉诉房屋的交易过程中，所有参与其中的出卖人与买受人是否是基于合法合理的目的交易房屋，是否利用不动产的登记制度侵害实际居住人的合法权利，是否为实际居住人寻求权利的救济制造了障碍？在存在这些合理疑问的情况下，法官对于物权的取得和行使的过程中是否遵守法律并合乎社会公德的审查显得尤为必要。

2. 关于物权请求权的理解

作为物权保护的一种方式，物权请求权是物权人在其物权的圆满支配状态受到或即将受到侵害时，权利人要求侵害人恢复其圆满状态的权利。具体到返还原物请求权，指的是当物权人的物被他人非法占有时，物权人有请求无权占有人返还该物的权利。行使这一权利的前提应该是侵害人无权占有标的物，《中华人民共和国物权法》第三十四条规定“无权占有不动产或者动产的，权利人可以请求返还原物”，充分体现了权利人请求返还原物的前提要件为他人无权占有。本案中，王某居住于涉案房屋有一定的历史原因，并未侵害原物权人的权利。基于王某在庭审过程中曾辩称其与原权利人之间存在借名买房的关系，故被告与原权利人之间的基础法律关系尚模糊不清，暂时无法得出被告为无权占有人的结论。在审理案件的整个过程中，综合各种因素可知二原告在取得涉案房屋的过程中对房屋的实际居住情况知情，故其主张返还原物缺乏“他人无权占有”这一明确的事实前提，法院对其主张不予支持。

3. 关于公示公信制度的适当突破

在我国，物权变动的公示公信制度是物权法中的重要内容，在市场经济的发展过程中，公示公信制度对于促进市场交易、保护交易的安全稳定意义重大，但这不意味着权利人可以随意利用这一制度侵害他人权利。因不动产的转移不以物的交付为前提，根据物权法定的原则，权利一经登记即发生转移，实践中常常存在占有人与权利人并存的情况，当事人滥用公示公信制度侵害占有人权利的情况也时有发生。本案中，涉案房屋的物权在两次转移过程中均存在权利人无视实际居住人即被告的权利，在短时间内利用物权的公示公信制度以远低于市场价的价格迅速转移物权，最终促使二原告达到以物权人的身份要求被告返还原物的不当目的。公示公信制度在维护交易稳定的同时，也给了当事人侵害实际占有人以可乘之机，因而在必要的情况下需要突破物权的公示公信制度，对其进行适度的限制。

该案例综合考量了各种因素，基于不动产权取得过程中存在的瑕疵问题，考虑了权利人取得物权应受到的实际限制，对物权取得过程的合法性及合理性作出了事实认定，充分保障了利害关系人的合法权益，对于促进物权取得应当遵循的原则作出了回应，对于不动产物权的实际取得人利用物权的公示公信制度恶意转移物权，损害他人合法权益的行为作出了否定的评价。本案对促进权利人合法合理、诚实善良地取得物权，规范物权的交易行为，维护社会的稳定，都具有积极的意义。

编写人：北京市东城区人民法院　范欠歌　武景格

21

虚拟产权商铺统一经营协议限权条款效力的认定

——邓某诉北京海湾京城房地产有限公司等返还原物案

【案件基本信息】

1. 裁判书字号

北京市第一中级人民法院（2018）京01民终2939号民事判决书

2. 案由：返还原物纠纷

3. 当事人

原告（上诉人）：邓某

被告（被上诉人）：北京海湾京城房地产开发有限公司（以下简称海湾公司）、北京新中关摩尔商业管理有限公司（以下简称摩尔公司）、北京肯德基有限公司（以下简称肯德基公司）

【基本案情】

2004年12月，邓某与海湾公司签订商品房买卖合同，海湾公司将新中关大厦×号房屋出售给邓某。合同约定，买受人同意签署并完全遵守《海湾国际中心统一经营公约》（以下简称《公约》）有关规定。2016年8月，邓某取得涉案房屋产权证。邓某所购买的房屋为新中关大厦内的开放式商铺，四周无完整的墙体分割，不构成有墙有顶的封闭空间。

2009年10月，海湾公司（甲方）、邓某（乙方）、摩尔公司（丙方）签订《公约》。第四条约定："统一经营管理。4.1 乙方的合同目的为投资经营，乙方同意将房屋交由管理机构进行统一商业规划、统一经营管理；4.2 乙方成为该房屋实际经营者的情况：乙方如有成为实际经营者的意向，需事先向管理机构提出申请，在获批后签署承租商户需签署的法律文件，遵守统一管理、统一商业规划等全部规定……4.4 以后各届统一经营管理机构的产生方式：第一届管理机构将于第一个经营期限届满前向产权人发出《通知》及《投票函》。乙方应按照《通知》规定的时间地点寄回《投票函》。依据产权人的投票权计算多数票当选原则作为全体产权人选择管理机构的一致意见（即以投票的产权人所拥有的套内建筑面积占总套内建筑面积的比例最多的一致决定为准），参与本公约的产权人均应执行投票结果。”第五条约定，摩尔公司为第一届管理机构。

2006年，摩尔公司与肯德基公司签署租赁合同，租期15年，租赁标的物为涉案房屋等8间商铺。

2016年7月，摩尔公司、海湾公司向新中关大厦业主发出《通知》《投票函》。2016年8月，摩尔公司对收到的《投票函》进行统计，并将结果在报纸上进行公告。依统计结果，摩尔公司成为第二届管理机构。

海湾公司目前持有商铺占总套内建筑面积的70.62%；其余197名业主持有商铺合计占总套内建筑面积的29.38%。

邓某以《公约》到期、其享有所有权为由要求海湾公司、摩尔公司、肯德基公司交还房屋并支付占有使用费。该三公司主张依据《公约》第4.4条，摩尔公司成为第二届管理机构，其不构成无权占有。

【案件焦点】

统一经营协议中，排除少数业主依其意志决定统一经营机构缔约对象的合同条款，是否构成排除对方主要权利的无效格式条款。

【法院裁判要旨】

北京市海淀区人民法院经审理认为：《公约》第4.4条系海湾公司与摩尔公司为了重复使用而预先拟定，在签订时未与邓某协商的条款，属于格式条款。《公约》第4.4条约定商场第二届及此后各届的统一经营管理机构及管理年限由全体产权人以书面投票的方式决定，其核心内容为产权人的投票权以其所拥有的出租单元的套内建筑面积占商场总套内建筑面积的比例为标准计算。从表面上看，产权人海湾公司以其占绝对多数的商铺面积比例所拥有的投票权可以决定此后各届的统一经营管理机构及管理年限，但这并不意味着排除了其他产权人的主要权利。《公约》第4.4条虽系格式条款，但并未限制和排除邓某的主要权利，故邓某的该项主张缺乏事实和法律依据，不予采纳。

邓某虽不同意选任决定，亦未与海湾公司、摩尔公司缔结新公约，但其对涉案房屋的所有权仍应受到上述选任决定的限制，故其以本案之诉讼主张要求海湾公司、摩尔公司、肯德基公司返还涉案房屋并支付占有使用费的诉讼请求，缺乏事实和法律依据。

北京市海淀区人民法院依照《中华人民共和国合同法》第八条、第六十条，《中华人民共和国物权法》第七十一条规定，判决如下：

驳回邓某的全部诉讼请求。

邓某不服一审判决，提起上诉。北京市第一中级人民法院审理后认为，邓某作为商业投资主体，在购买涉案商铺时有能力获知海湾公司持有的面积份额，对于大型商场的经营模式亦应有合理的预期。《公约》第4.4条虽然限制了邓某以自己意愿决定管理机构的权利，但法律允许当事人基于自由意思表示，对相应权利作出限制与安排。即使结果导致邓某无法自由选择缔约对象，亦属于当事人意思自治的范围。同时，《公约》第4.4条并未排除邓某的所有权或其权能。邓某可以依据《公约》成为房屋的实际经营管理者，以实现其对房屋的占有使用，并以自己选择的方式取得收益，亦可以将涉案房屋出售。因此，《公约》第4.4条并未排除邓某对涉案商铺所有权的享有或行使。

北京市第一中级人民法院依照《中华人民共和国合同法》第四十条、《中华人民共和国民事诉讼法》第一百七十条第一款第一项规定，作出如下判决：

驳回上诉，维持原判。

邓某不服二审判决，向北京市高级人民法院申请再审。该院经审查认为，再审期间，邓某未提供新证据。邓某与海湾公司、摩尔公司签订的《公约》系当事人的真实意思表示，内容不违反法律、行政法规的强制性规定。《公约》第4.4条关于经营管理机构产生方式的约定并未排除邓某对涉案房屋所有权的享有或行使，并不构成排除其主要权利的格式条款，故该条款合法有效。摩尔公司作为第二届经营管理机构，有权在符合统一规划、管理目的的范围内行使权利，其对邓某涉案商铺的占有使用并不构成法律意义上的无权占有。邓某的现有证据不足以支持其再审主张，原判并无不当，应予维持。邓某的再审申请不符合《中华人民共和国民事诉讼法》第二百条规定的情形。

北京市高级人民法院依照《中华人民共和国民事诉讼法》第二百零四条第一款、《最高人民法院关于适用〈中华人民共和国民事诉讼法〉的解释》第三百九十五条第二款规定，裁定如下：

驳回邓某的再审申请。

【法官后语】

虚拟产权式商铺，指对于大型开放空间仅进行概念上的分割形成的商铺。对于买受人而言，统一规划布局、统一经营管理，实现经营业态层次定位的合理化，投资者才能够获得更多的投资收益。因此，统一经营模式是投资者实现自身利益的最优选择。实践中，小业主通过签订统一经营协议，让渡部分权利，实现经营机构对商铺的统一经营。统一经营协议作为一种标准化、预先拟定、重复使用的格式合同，本身是对于业主所有权进行限制、实现所有权与经营权分离的合法手段。

本案双方对于《公约》第4.4条的效力产生争议，应依据《中华人民共和国合同法》第四十条对于是否排除对方的“主要权利”作出判断。由于法律及司法解释并未对表达程度的“主要”作出界定，法官须在自由裁量权的范围内予以决定。法律对格式合同效力给予特别关注，是为了避免一方当事人滥用其强势地位，制定对相对人不公平、不合理的条款，对于相对方处于无协商之余地，亦无选择之可能的地位和权利困境给予救济。因此，能否实现契约自由与契约正义的统一、合同双方当事人的利益平衡，应当成为个案判断的主要考量因素。据此，本案的重点在于：如何划定统一经营合同对所有权限制的合理范围？具体而言，小业主无法以自己的意志决定统一经营缔约对象，是否构成了对实质公平的违反？

首先，从被排除权利的性质出发。确定统一经营机构缔约对象的方式和程序，属于统一经营模式的重要内容，对缔约对象的确定方式加以限定，排除业主确定缔约对象的权利，未超出让渡权利的合理范围。

其次，从业主的主要权利出发。对于虚拟产权式商铺，业主最重要的权利并非实际占有使用，而是以其商业利用价值实现收益。以大业主的意志确定缔约对象的权利，并不损害业主取得收益的权利，即确定缔约对象与实现收益的权利之间并不存在必然的因果关系。此外，尽管让渡了部分经营权利，但从所有权的占有、使用、收益、处分四项权能来看，业主仍然可以成为商铺的实际经营者，亲自占有使用房屋或将房屋出租给其指定的经营者，可以将商铺出售，行使处分权能，故《公约》第4.4条并未排除小业主所有权的主要权能。

再次，从合同双方的利益出发。海湾公司持有新中关大厦70%以上的商业面积，其作为大业主与小业主的利益是一致的，均在于通过商场的良好经营，以实现经营收益。以其意志确定的统一经营机构，并不必然损害商场的统一经营或损害其他业主的收益。

最后，从小业主的缔约能力出发。法律对于弱势一方利益的平衡保护，应当与其对待自身权利的态度及行使权利的能力相匹配。小业主作为商业投资者，对于统一经营模式有合理的预期，对于《公约》中确定缔约对象的方式以及权利所受限制，理应有所关注，其亦有能力通过查询公共信息获取海湾公司持有的面积份额。在小业主并未对自己享有的权利行使体现出足够的积极与重视的情况下，法律不应当作出过度保护。

编写人：北京市第一中级人民法院　徐冰

（三）排除妨害纠纷

22

建筑物外墙权属的认定及合理使用原则的适用

——赵某诉王某排除妨害案

【案件基本信息】

1. 裁判书字号

北京市第二中级人民法院（2018）京02民终11180号民事判决书

2. 案由：排除妨害纠纷

3. 当事人

原告（上诉人）：赵某

被告（被上诉人）：王某

【基本案情】

赵某与王某系邻居，赵某住某小区1号楼5层2单元27号房屋，王某住同层同单元28号房屋。王某房屋的南阳台窗户与赵某房屋的南卧室窗户相邻，王某房屋的北面窗户与赵某的房屋不相邻。2015年，王某在其南阳台窗外及北面窗户外均安装了防护栏，防护栏上面有塑料顶棚。2016年，王某将其空调室外机固定安装在南阳台窗外。2016年11月，王某在其房门外的楼道墙上安装了摄像头。经法院现场勘验，王某安装的空调室外机位于赵某南卧室窗户右下方，赵某的两台空调室外机位于其南卧室窗户下方，王某安装的摄像头不能拍摄到赵某房门。王某在其南阳台窗外的护栏上面堆放了一些杂物。

一审诉讼中，赵某提供2016年8月28日其本人的门诊收费票据、2016年8月29日其配偶的门诊收费票据、2016年7月1日其女儿刘某的房屋租赁合同，证明其花费的医疗费及租房费，要求法院判决：1. 王某拆除其安装在赵某主卧室墙外的空调外机；2. 王某拆除其安装在赵某主卧室墙外的大型护栏及护栏上面的板子；3. 王某拆除其安装在楼道里的摄像头；4. 王某赔偿赵某精神损失费、医药费、租房费共计10000元；5. 王某拆除其安装在赵某北面墙体上的护栏；6. 王某将其室内卧室与阳台之间的墙恢复原状。

【案件焦点】

1. 建筑物外墙的权属如何认定；2. 如何适用建筑物外墙的合理使用原则；3. 相邻房屋空调噪声的影响如何判断。

【法院裁判要旨】

北京市丰台区人民法院经审理认为：不动产的相邻权利人应当按照有利生产、方便生活、团结互助、公平合理的原则，正确处理相邻关系。当事人对自己提出的诉讼请求所依据的事实或者反驳对方诉讼请求所依据的事实，应当提供证据加以证明，但法律另有规定的除外。在作出判决前，当事人未能提供证据或者证据不足以证明其事实主张的，由负有举证证明责任的当事人承担不利的后果。赵某主张王某空调室外机的噪声影响了其休息，并要求王某拆除空调室外机的诉讼请求，赵某应对此提供证据予以证明。现赵某未提供证据证明王某的空调室外机产生的声音超出法律规定的标准，故认定王某的空调室外机未对赵某的生活构成妨碍，其要求王某拆除空调室外机的诉讼请求，无事实依据，不予支持。赵某认为王某在南阳台窗外安装的护栏影响其通风采光，并给其带来安全隐患，但该护栏系栅栏通透形，护栏与赵某家窗户之间尚有一段距离，且双方的房屋位于5层，对赵某的通风采光和安全未造成严重影响，故不拆除该护栏为宜。但王某在该护栏顶部安装有塑料顶棚，雨水或空调滴水溅落在塑料顶棚会产生较大噪声而影响赵某的生活，故对赵某要求王某拆除南阳台窗外护栏顶棚的请求，予以支持。关于赵某要求王某拆除其安装在楼道内的摄像头，经法院现场勘验，该摄像头未能拍摄到赵某的房门位置，故赵某以该摄像头侵犯其隐私为由要求拆除的诉讼请求，缺乏事实依据，不予支持。赵某主张的精神损失费、医药费、租房费10000元，缺乏事实和法律依据，不予支持。因王某北面窗户与赵某房屋不相邻，赵某亦未提供证据证明该窗外的护栏对其造成妨害，故其要求王某拆除北面窗外护栏的诉讼请求，不予支持。赵某要求王某将其室内卧室与阳台之间的墙恢复原状的诉讼请求，缺乏事实和法律依据，不予支持。

北京市丰台区人民法院依照《中华人民共和国民法通则》第八十三条、《最高人民法院关于适用〈中华人民共和国民事诉讼法〉的解释》第九十条规定，作出如下判决：

一、王某于判决生效之日起十日内将其安装在某小区1号楼5层2单元28号房屋南阳台窗外护栏上的顶棚拆除；

二、驳回赵某的其他诉讼请求。

赵某不服一审判决，提起上诉。北京市第二中级人民法院经审理认为：当事人对自己提出的诉讼请求所依据的事实或者反驳对方诉讼请求所依据的事实有责任提供证据加以证明。没有证据或者证据不足以证明当事人的事实主张的，由负有举证责任的当事人承担不利后果。不动产的相邻权利人应当按照有利生产、方便生活、团结互助、公平合理的原则，正确处理相邻关系。经现场勘验，王某空调室外机的一部分确在赵某卧室的外墙范围内，且距离赵某卧室的窗户较近，空调室外机的噪声等问题对赵某的生活的确会造成不利的影响，故对于赵某主张王某拆除空调室外机的诉讼请求，予以支持。双方确认涉案住宅楼其他单元也存在空调室外机挂在自家阳台上的实际情况，故王某以小区空调都是在这个位置安装、没有其他地方可以安装为由拒绝移走其空调室外机的抗辩理由不能成立。一审判决不当之处依法予以改正。根据法院现场勘验，王某的护栏并未占用赵某外墙，故赵某上诉对王某的护栏所持异议不能成立。王某的摄像头安装在楼道内且王某现场将摄像头调整到靠近其自家的方向，故赵某要求王某拆除摄像头的上诉请求，依据不足，不予支持。应当指出的是，赵某与王某相邻而居，双方均应当本着互谅互让、互帮互助、文明友善、和谐共处的原则，继承发扬中华民族优良文化传统，从每一个人做起、从每一个家庭做起、从日常生活做起，建立相互尊重、互相关心、和睦友好的正确邻里关系。

北京市第二中级人民法院依照《中华人民共和国民事诉讼法》第一百七十条第一款第二项规定，判决如下：

一、维持北京市丰台区人民法院（2016）京0106民初19243号民事判决第一项；

二、撤销北京市丰台区人民法院（2016）京0106民初19243号民事判决第二项；

三、王某于本判决生效之日起十日内将其安装在某小区1号楼5层2单元27号房屋南卧室外墙的空调室外机拆除；

四、驳回赵某的其他诉讼请求。

【法官后语】

该案以建筑物外墙的权属认定及使用原则、相邻房屋空调噪声影响的判断原则为争议焦点，明确法律适用标准和裁判原则，引导不动产的相邻权利人正确理解建筑物共有部分的权属认定及合理使用原则，正确处理不动产权利人之间的相邻关系，具有积极意义。

1. 建筑物外墙属业主共有

《最高人民法院关于审理建筑物区分所有权纠纷案件具体应用法律若干问题的解释》第三条规定，除法律、行政法规规定的共有部分外，建筑区划内的以下部分，也应当认定为物权法第六章所称的共有部分：（一）建筑物的基础、承重结构、外墙、屋顶等基本结构部分，通道、楼梯、大堂等公共通行部分，消防、公共照明等附属设施、设备，避难层、设备层或者设备间等结构部分……该条款以列举、排除加兜底的方法，定义了共有部分的含义及范围，明确了建筑物外墙属于物权法所称的业主共有部分。在建筑物外墙权属的理解上，业主往往在认识上存在误区，会认为自家外墙的权属归自己，且只有自己有权使用。故在相邻关系纠纷中，应当首先对业主释明外墙权属的相关规定。而且，建筑物任一部分外墙均属于全体业主共有，而不仅是该外墙对应的部分业主所共有；全体业主同意外墙面在商业活动中被无偿使用属于当事人意思自治或“合理使用”的范畴。本案中，案涉的空调安装在相邻他人房屋的外墙面，不是该空调所有者房屋专有部分相对应的外墙面，但该相邻方外墙面及空调所有者房屋外墙面均应属全体业主所共有。

2. 建筑物外墙的使用应遵循合理使用原则

《最高人民法院关于审理建筑物区分所有权纠纷案件具体应用法律若干问题的解释》第四条规定，业主基于对住宅、经营性用房等专有部分特定使用功能的合理需要，无偿利用屋顶以及与其专有部分相对应的外墙面等共有部分的，不应认定为侵权。但违反法律、法规、管理规约，损害他人合法权益的除外。

该条规定明确了建筑物业主对外墙面等共有部分享有合理使用的权利，从文义上可以理解应坚持以下几个使用原则：一是无偿性，业主基于对外墙面共有部分的共有权利，其合理使用无需向全体业主缴纳费用；二是非营利性，业主对外墙面共有部分的使用不得以营利创收为目的，否则侵犯了全体业主的共有利益；三是不得违反法律、规约，业主对外墙面共有部分的使用除应遵守法律法规外，还必须遵守行政管理部门有关对建筑物的管理规约、业主大会或业主委员会有关小区的管理规则，否则涉及侵权或违约；四是不得损害他人合法权益，业主对外墙面共有部分的使用是行使权利的一种体现，行使权利即使是合理、合法的，也不能损害他人的合法权益。

建筑物外墙分为业主专有部分相对应的外墙面及其非专有部分对应的外墙面，二者均属于全体业主所共有，业主均有合理使用的权利。本案中，涉案业主安装空调应当使用自己房屋相对应的外墙，且该使用亦应当坚持合理使用原则，不得损害他人合法权益。现本案中业主将空调外机安装在相邻他方的外墙上，根据“举重以明轻”的原则，一般情况下应当认为已经超出了合理使用的范围，属于侵犯相邻方合法权利的情形。

3. 相邻房屋空调噪声影响的判断原则

当事人对自己提出的诉讼请求所依据的事实或者反驳对方诉讼请求所依据的事实，应当提供证据加以证明，但法律另有规定的除外。对于相邻噪声是否构成侵权的判断，如果业主将空调安装在自己房屋相对应的外墙上，则对该空调安装是否属于合理使用外墙的问题，应当考察涉案空调的噪声是否超过了国家环境噪声标准、是否超过了普通人所能忍受的程度、是否对相邻人的生活造成了妨碍。空调的噪声是否符合国家环境噪声标准，应由相邻权利人即权利主张者承担举证责任，由具备资质的专业检测机构依据国家噪声测量标准或行业标准的规定，出具检测结果。在空调噪声影响明显、损害事实明显又没有噪声检测结果的情况下，法官也可以依生活常识和实际情况进行判断，确定空调噪声是否对相邻业主的生活造成妨碍。本案中，业主将空调外机安装在了相邻人房屋的外墙上，且距离相邻方的窗户较近，基于空调安装位置不当的事实，可以判断该空调安装行为已经超出了对外墙的合理使用范围，属于对相邻人外墙的不合理使用，故法院可以通过现场勘查，结合空调安装位置、房间窗户相邻情况、涉案小区总体现状、日常生活经验、相邻各方的认识及心理感受等因素进行综合判断，确定涉案空调对相邻业主的生活是否造成妨碍，本着物权法规定的有利生产、方便生活、团结互助、公平合理的原则妥善处理相邻关系。

编写人：北京市第二中级人民法院　王平　何海云

23

排除妨害纠纷案件中容忍义务的认定

——江苏泓安物业管理有限公司诉包某等排除妨害案

【案件基本信息】

1. 裁判书字号

江苏省无锡市中级人民法院（2017）苏02民终5367号民事判决书

2. 案由：排除妨害纠纷

3. 当事人

原告（上诉人）：江苏泓安物业管理有限公司（以下简称泓安公司）

被告（被上诉人）：包某、黄某、小黄

【基本案情】

江阴市某小区1502室房屋（以下简称1502室房屋）为复式楼（15－16层），进出该房屋的大门位于15层，包某是该房屋所有权人，黄某、小黄为共有人。黄某与包某原系夫妻，婚后生育女儿小黄。2016年10月18日，包某与黄某登记离婚，离婚协议约定：1502室房屋15层一层（包括花园大厅）归黄某所有，16层一层归包某与小黄所有，15层至16层加层暂时归黄某使用，16层进出重新开门。2016年10月20日，包某在16层非承重墙部位另开门户并于次日在楼内将15层、16层隔断。

泓安公司与江阴市某小区业主委员会签订了《物业管理服务合同》，合同第二章委托管理服务事项第十五条约定：对业主和物业使用人违反业主公约的行为，针对具体行为并根据情节轻重采取报告规劝、制止等措施。第三章委托管理期限第十七条约定：委托管理期限自2016年1月1日起至2018年12月31日止。第四章双方权利义务第十九条泓安公司权利义务约定：对业主和物业使用人违反法规、规章的行为，提请有关部门处理或依照相关法律法规规定的程序处理；按本合同第十五条的约定或相关法律、法规的规定，对业主和物业使用人违反业主公约的行为及时进行处理；对违反规划私搭乱建和擅自改变房屋用途的行为及时劝阻，并报告有关主管部门。

《江阴市某小区业主管理规约》第十三条规定：本物业范围内禁止下列行为：擅自改变房屋设计用途、功能和布局；占用或损坏房屋共用部位、共用设施、公共设施或移装共用设备。

泓安公司认为包某、黄某、小黄擅自在16楼电梯旁的公共部位墙面上私开乱凿，违规搭建大门。泓安公司发现后即通知进行整改，但至今未恢复原样。包某、黄某、小黄的行为妨碍了泓安公司的正常管理秩序，故请求法院判令包某、黄某、小黄立即拆除在江阴市某小区16层公共部位墙面上违规搭建的大门，恢复原状。

【案件焦点】

泓安公司对包某的行为是否负有容忍义务。

【法院裁判要旨】

江苏省江阴市人民法院经审理认为：业主应当遵守法律、法规以及管理规约。业主违反物业服务合同或者法律、法规、管理规约，实施妨害物业服务与管理的行为，物业服务企业可以请求业主承担恢复原状、停止侵害、排除妨害等相应民事责任。泓安公司作为某小区物业管理服务提供者，对小区负有管理之责，对小区业主违反规定的行为有权予以制止，但泓安公司行使物业管理职责负有合理限度内的容忍义务，容忍义务的实质是对权利的限制。不动产所有人的行为，即使给他方造成了侵害或妨碍，只要在正常合理的范围内，他方即负有容忍义务。如何判断是否超出相关主体的忍受限度范围，通常根据所受的妨碍是否逾越了社会一般人的“容忍限度”。从妨碍行为的性质和程度分析，1502 室房屋为复式楼（15－16 层），而与此对应的 15 层、16 层为两户，亦即复式楼的 15 层、16 层在技术上完全可以分割，16 层亦具备开户的条件，不会因为开户而影响房屋的整体安全，而且包某在 16 层非承重墙部位开户，也是因离婚后生活所需，具有必要性，是其维持正常生活秩序的必然要求。因此，虽然包某的行为对泓安公司正常物业管理秩序构成了妨害，但该妨害并未逾越社会一般人的“容忍限度”，也是在合理的可以容忍的范围之内，泓安公司应当予以容忍。综上，对泓安公司的诉讼请求不予支持。

江苏省江阴市人民法院依照《中华人民共和国物权法》第八十三条第一款、《最高人民法院关于审理物业服务纠纷案件具体应用法律若干问题的解释》第四条、《中华人民共和国民事诉讼法》第一百四十四条规定，作出如下判决：

驳回泓安公司的诉讼请求。

泓安公司不服判决，提起上诉。江苏省无锡市中级人民法院经审理认为：包某在江阴市某小区 16 层公共过道墙面上拆墙改门，不符合物业管理服务合同的约定，但 1502 室房屋为复式楼（15－16 层），包某在 16 层非承重墙部位开户，并不影响房屋的整体安全，也未超出使用房屋的合理限度，且包某的行为也是因离婚后生活所需，是其维持正常生活秩序的必然要求。因此，泓安公司对包某的行为应当予以容忍。根据离婚协议书，包某、黄某名下另有滨江中路房产，但该房产非住宅房屋，包某并不存在可合理安置的住房，泓安公司主张包某在公共部位墙体上开门不具有必然性，事实依据不足，不予采信。泓安公司提出即便属生活所需，也应履行相应报批手续的意见，由于相关管理部门就此问题的网上咨询已作出答复，故对泓安公司提出向主管部门调查的申请，不予准许。综上所述，泓安公司的上诉请求不能成立，应予驳回；一审判决认定事实清楚，适用法律正确，应予维持。

江苏省无锡市中级人民法院依照《中华人民共和国民事诉讼法》第一百七十

条第一款第一项规定，作出如下判决：

驳回上诉，维持原判。

【法官后语】

本案是因业主在公共过道墙面上拆墙改门而引发的物业公司诉业主排除妨害纠纷案，其中映射出的法律问题具有一定的典型性，对处理此类排除妨害纠纷案件具有一定的借鉴作用。

一方面，业主违反物业服务合同或者法律、法规、管理规约，实施妨害物业服务与管理的行为，物业服务企业可以请求业主承担恢复原状、停止侵害、排除妨害等相应民事责任。物业服务企业作为小区物业管理服务提供者，对小区负有管理之责，对小区业主违反规定的行为有权予以制止。另一方面，物权制度的目的，在于通过对物权的支配来实现对物的利用。为了充分发挥不动产的效能，有效利用和实现不动产的价值，所有人或使用人在行使不动产权利时，有权根据相邻关系的法律规定，要求他方提供必要的便利。即使是给他方造成了侵害或妨碍，只要这种侵害或妨碍仍然在正常合理的范围内，他方即负有容忍义务。判断是否超出相关主体的忍受限度范围，通常根据所受的妨碍是否逾越了社会一般人的“容忍限度”，妨碍如果逾越社会一般人的忍受限度，即属违法，构成侵害；反之，如果没有逾越社会一般人的忍受限度，受害人则负有容忍义务，即阻却违法，不构成侵害。

如何裁量相关主体容忍义务的限度，是审理此类案件的难点。民法上针对相邻关系的处理规定了基本原则，即有利于生产、方便生活、团结互助、公平合理，但该原则化的规定在具体案件适用上存在困难，审判实践中于一方有利、方便、合理的，于另一方往往是相反的，面对不同当事人的利益诉求如何寻得平衡，需要法官依据相邻关系的立法本意、民法精神以及社会妥当性等基本原则，就案件事实认定及法律适用事项进行权衡、裁量。本案中，包某在公共过道墙面上拆墙改门的根本目的，是满足其离婚后能够与黄某分别独立使用1502室的上、下层，该目的具有正当性、合理性，在房屋拆改行为不影响公共安全的前提下，业主基于所有权而产生的对房屋正当、合理、现实的使用需求与物业管理秩序相衡量，应优先保护业主对房屋的有效利用之需求。因此，泓安公司对包某的行为应当予以容忍。

编写人：江苏省江阴市人民法院　沈金锋　顾成竹

24

物业公司对非其修缮义务范围内的“妨害”不承担排除妨害责任

——袁海某诉北京某物业公司、毕红某排除妨害案

【案件基本信息】

1. 裁判书字号

北京市昌平区人民法院（2018）京0114民初17262号民事判决书

2. 案由：排除妨害纠纷

3. 当事人

原告：袁海某

被告：北京某物业公司、毕红某

【基本案情】

2005年4月15日，袁海某与案外人签订《房屋买卖合同》，袁海某购买案外人坐落在昌平区某小区32号楼6单元502室楼房（以下简称502室）。房屋成交价30万元。2005年4月1日，袁海某入住该小区，同日与北京某物业公司签订《物业服务合同》。合同约定，袁海某将502室委托北京某物业公司实行物业管理。委托管理事项约定，房屋建筑公共部位的日常维修、养护和管理。公用部分包括楼盖、屋顶、外墙面、承重墙体、楼梯间、走廊通道。公共设施和附属物建筑物、构建物的日常维护和管理；公共区域的绿化养护和管理；公共环境等。负责向物业使用人收取物业管理费、供暖费等。合同还约定，物业使用人房屋自用部位，自用设施及设备的维修、养护由当事人提出委托时，北京某物业公司应接受委托并合理收费。物业服务收费的主要内容是，生活垃圾清运费、统收服务费、门卫保安费、保洁费、小区设施维修费、绿化费等。同年10月24日，袁海某取得502室《房权

证》并居住至今，房屋建筑面积86平方米。

2005年9月16日，毕红某（乙方）与北京市昌平区某镇人民政府（甲方）签订《房屋买卖协议》。甲方向乙方按成本价出售位于昌平区某小区32号楼6单元602室房屋（以下简称602室），建筑面积69.32平方米。2006年1月9日，毕红某取得602室《房权证》。2016年9月，毕红某将房屋出租他人，由他人占有使用至今。602室顶楼有一约10平方米露台。《房屋买卖协议》未约定归属，毕红某认为买房时由开发商赠送其使用。以前该楼房的开发商曾对包括露台等建筑物进行过防水工程施工。因该露台防水处理已经超过保质期，遇到雨季会出现漏水情况。

经法院现场勘验，602室的露台地面铺有地砖，毕红某的承租人在露台摆放少许物品，无水迹，亦无使用不当问题。漏水的主要原因是该栋楼房年久老化。602室露台下面是袁海某502室北面的卧室，该卧室屋顶天花板有水印，但不潮湿，也不漏水。

因昌平区某小区32号楼房龄已超过十年，屋顶漏雨严重，需要申请启动公共维修基金维修，该楼房业主曾向有关部门进行反映未果。

袁海某诉请北京某物业公司及毕红某尽快对漏水屋面做防水处理，并修缮502室受损屋面。北京某物业公司辩称，袁海某所诉不属于物业服务合同范围，修缮露台是公共部位大修范围，应申请使用公共维修基金。毕红某辩称，该露台不属于其维修范围，其不存在使用不当问题，没有责任。

【案件焦点】

北京某物业公司及毕红某是否应承担对602室露台进行维修的责任。

【法院裁判要旨】

北京市昌平区人民法院经审理认为：袁海某以排除妨害请求权为由，要求北京某物业公司及毕红某对漏水屋面做防水处理，并修缮受损的房面。但其诉讼请求实际是请求对受损的房面即露台进行修理。

根据《最高人民法院关于审理建筑物区分所有权纠纷案件具体应用法律若干问题的解释》第二条第二款规定，规划上专属于特定房屋，且建设单位销售时已经根据规划列入该特定房屋买卖合同中的露台等，应当认定为物权法第六章所称专有部分的组成部分。依据现有证据，502室北面卧室屋顶对应的602室露台在销售时规划并未明确专属于602室，属于公共部分，应属于北京某物业公司的日常维修范围。袁海某认为需要对露台上的地砖拆除后重新做防水即大修处理才能解决问题。而《物业服务合同》约定，北京某物业公司只是对房屋建筑共用部位的日常维修、养护和管理，此项维修属于大修，超出了《物业服务合同》的范围，故对袁海某要求北京某物业公司承担民事责任的诉讼请求，无法支持。当事人均认可602室露台漏水主要是因为该建筑年久老化，超过保质期，非日常维修，需要申请启动公共维修基金进行大修，而使用公共维修基金需要有关部门协调。袁海某与毕红某系不动产相邻权利人。依照法律规定，应当按照有利生产、方便生活、团结互助，公平合理的原则，正确处理相邻关系。根据毕红某《房屋买卖协议》及现场勘验笔录，602室露台并非毕红某的专有部分，漏水并非毕红某使用不当或损坏引起。故对原告起诉要求毕红某承担民事责任的诉讼请求，亦无法支持。北京市昌平区人民法院依照《中华人民共和国民事诉讼法》第六十四条规定，作出如下判决：

驳回袁海某的诉讼请求。

【法官后语】

排除妨害是物权保护的重要方法，是针对物权行使的行为或者事实状态而采取的一种保护措施，当物权的行使受到现实或者紧迫的妨害时，物权人可以请求妨害人排除妨害。排除妨害纠纷是指因为物权的行使受到他人的妨害而引发的以排除这种妨害为目的的纠纷。

1. 关于“妨害”

《中华人民共和国物权法》第三十五条规定，妨害物权或者可能妨害物权的，权利人可以请求排除妨害或消除危害。该条实际包含两种含义；第一种是尚未实际发生的但将来必然会发生的一种妨害，即消除危险；第二种是现实的妨害即排除妨害。排除妨害请求权是权利人对已经造成妨害的行为或设施请求排除妨害的权利。本条的“妨害”有其特定含义，是指以非法的、不正当的行为，或者无权施加的设施对权利人的物或物权造成侵害或妨害，现实地阻碍了特定的物的权利人行使权利。

2. 关于排除妨害请求权的行使

权利人因享有的物权内容不同，在行使排除妨害或消除危险请求权时，请求权的行使有一定区别。当特定物未设有他物权时请求权由所有人行使，当特定物设有他物权时，如果特定的物交给他物权人占有，一般由他物权人行使请求权。这是因为妨害特定的物对占有人的权益影响最直接，关系最密切，可能最先知道物权被妨害的情况。但权利人在行使请求权时没有先后顺序。

3. 关于排除妨害纠纷案件的举证

权利人请求排除妨害或消除危险，不需要证明相对人具有过错，只需要证明：（1）其享有物权的特定物被他人妨害或遭受危险即可；（2）相对人的妨害非法或不正当。相对人可基于自己的行为合法、具有正当性或妨害来源于其他因素而非自己的行为进行抗辩。

本案中，袁海某享有502室的专有权，其卧室上方对应的602室旁的露台并不专属于毕红某，按照设计规划属于共有部分，因此妨害袁海某专有部分使用权的相对人并非毕红某。此外，根据物业服务合同，修复其房屋漏水并不属于合同义务范围，因为物业公司无法对房屋漏水进行维修，所以袁海某的诉讼请求缺乏事实和法律依据。

宣判后，法院针对602室旁的露台年久失修而造成漏水影响居民生活问题及时向相关部门发出司法建议，有关部门亦表示将采取措施加以解决，当事人均表示满意。

编写人：北京市昌平区人民法院　梁永胜

25

对未经析产的拆迁安置房屋要求确认排他性居住使用权利的应否支持

——马立秋、顾秋分诉马立春等排除妨害案

【案件基本信息】

1. 裁判书字号

北京市第二中级人民法院（2018）京02民终2755号民事判决书

2. 案由：排除妨害纠纷

3. 当事人

原告（上诉人）：马立秋、顾秋分

被告（被上诉人）：马立春、方某、马夏至、马立夏、李某

【基本案情】

马立春与方某系夫妻关系，马立夏、马立秋分别系二人子女。马立夏与李某系夫妻关系，马夏至系二人之女。顾某与马立秋系夫妻关系，婚后育有一女顾秋分。

2010年，方某与政华公司、北京市丰台区花乡郭公庄村村民委员会就位于丰台区郭公庄村×号院拆迁事宜签订《安置协议》，被安置人口包括：顾某、马立秋、顾秋分、马立春、方某、马立夏、李某、马夏至。其中第六条约定“回迁安置人口8人，优惠购楼指标每人46平方米，回购楼单价每平方米5000元，购楼款合计1840000元”。签订上述协议后，方某认购丰台区某小区6号楼3单元201号房屋（83.69平方米）、202号房屋（64.75平方米）、403号房屋（64.75平方米）、404号房屋（83.83平方米）。

2014年11月10日，马立秋、顾秋分、方某、马立春、顾某、马夏至、李某出具《授权委托书》，受托人为马立夏。委托事项为“授权受托人代表委托人办理北京市丰台区回迁安置房选房过程中与委托人相关的全部选房（含车位）手续，包括选定回迁安置房房号；签订《郭公庄回迁房认购确认单》《郭公庄回迁房认购协议书》……”。当日，方某与政华公司签订《郭公庄回迁房认购协议书》（以下简称《认购协议书》），其中第二条约定“现房认购情况：……1. 马立秋、顾秋分，201号房屋……”。现201号房屋尚未取得房屋所有权证书。

经询问，马立夏、李某、马夏至、马立春否认曾经委托方某对安置房屋进行分配，亦否认曾经就安置房屋的分配问题达成协议。马立秋、顾秋分以201号房屋应由其二人排他性地居住使用为由，提出诉讼请求：1. 方某等被告将201号房屋腾空并返还；2. 方某等被告给付占有使用费，按照每月4000元的标准，自2015年6月1日起至返还房屋之日止。

【案件焦点】

1. 农村宅基地拆迁补偿中，未经析产确认拆迁利益（房屋）归属，是否能支

持当事人对安置房屋的排他性居住使用权利；2. 安置房购房认购协议书由被拆迁人签字确认，能否作为所有被安置人口析产确认的依据。

【法院裁判要旨】

北京市丰台区人民法院经审理认为：妨害是指以非法的、不正当的行为，对权利人的物或物权造成侵害或者妨碍，现实地阻碍了特定的物的权利人行使权利。相对人的妨害，须以非法或不正当为前提。因双方均认可马立夏、李某、马夏至并未占有 201 号房屋，故对马立秋、顾秋分要求上述三人腾退房屋、给付占有使用费，不予支持。

马立春、方某自 2014 年 12 月占有 201 号房屋，关于二人是否应当腾退房屋、给付占有使用费，认定如下：首先，截至法庭辩论终结时，马立秋等原告并未取得 201 号房屋所有权；其次，依据安置政策，被安置人口每人有 46 平方米安置指标，基于上述指标所购买的安置房在析产前权利应当属于全体被安置人口；再次，虽然方某与政华公司签订了《认购协议书》，但依照《授权委托书》全部被安置人口并未委托方某进行选房，亦没有证据证明被安置人口已经就安置房的分配达成协议；最后，依照每人 46 平方米的安置指标，方某等八人应得 368 平方米购房指标，大于四套安置房屋总面积，即不能直接认定 201 号房屋未包含方某等被告的指标。因此，在现有证据下，无法认定马立秋等原告对 201 号房屋享有排他的居住使用权。现阶段，《安置协议》中列明的全体被安置人口对 201 号房屋均有权居住、使用。综上，因马立春、方某亦对 201 号房屋有权居住、使用，故对马立秋等原告要求二人腾退房屋不予支持。同时，对马立秋等原告基于其二人对 201 号房屋的排他性居住、使用权，马立春、方某无权占有 201 号房屋所主张的占有使用费，亦不予支持。

北京市丰台区人民法院依照《中华人民共和国物权法》第三十五条规定，判决：

驳回马立秋、顾秋分的诉讼请求。

马立秋、顾秋分不服一审判决，提起上诉。北京市第二中级人民法院经审理认为：马立秋、顾秋分主张依据《认购协议书》，201 号房屋应由其二人排他性地居住使用，故要求马立春、方某、马立夏、李某、马夏至腾退房屋并给付占有使用费。首先，现马立秋、顾秋分并未取得 201 号房屋所有权，双方当事人对该房屋产权的归属亦存在争议。另，依据安置政策，被安置人口每人有 46 平方米安置指标，基于上述指标所购买的安置房在析产前权利应当属于全体被安置人口。因现没有充分证据证明被安置人口已经就安置房的分配达成协议，故不能在本案中直接认定201号房屋未包含马立春、方某、马立夏、李某、马夏至的指标，亦无法认定马立秋、顾秋分对201号房屋享有排他的居住使用权。故马立秋、顾秋分以其享有排他的居住权为由要求马立春等人腾退房屋并给付占有使用费的请求缺乏充分法律依据，不予支持。原审法院根据查明的事实及法律规定所作判决正确，应予维持。

北京市第二中级人民法院依照《中华人民共和国民事诉讼法》第一百七十条第一款第一项规定，判决：

驳回上诉，维持原判。

【法官后语】

农村宅基地涉及拆迁时，通常有三种补偿方式：一是货币安置，二是货币加安置房安置，三是安置房安置。本案中方某就被拆迁院落与拆迁公司，村委会签订的安置协议，采取的是货币加安置房的补偿方式，具体为给予货币补偿以及每位安置人口46平方米的优惠购房指标。通过上述的优惠购房指标，双方当事人共认购4套楼房，其中201号的认购协议书确认为马立秋、顾秋分，双方当事人就房屋价值无法协商确定，因房屋尚未取得房产证书，在不能通过评估来确定房屋价值时，马立秋、顾秋分以自身享有排他性居住使用的权利主张马立春等人腾退房屋并给付房屋使用费，不能得到法院支持。理由如下：

第一，农村宅基地腾退补偿协议中的全部被安置人口，对本次拆迁中所获得全部利益享有权利，在未进行析产之前，上述拆迁利益属于共有物，当事人需经过协议处理或者提请诉讼处理确认每人享有哪些权利。本案中，依照拆迁政策，每人经本次拆迁所获得的优惠购楼指标虽然一致，但是在货币补偿方面，因户口、年龄等多方面因素的不同，每人所取得的货币补偿是不同的；选房时，会将购楼款折抵货币补偿后，发还给被安置人，同时安置房屋面积大小及批次期限也有所不同，致使未经过详细计算就无法确认各个当事人所享有的权利。未经过评估作价或者当事人不能协商一致致使无法计算出房屋确权后的折价金额，故现阶段不具备房屋确权的条件。无房屋确权的条件，就无法确认马立秋，顾秋分排他性的居住权利，更遑论马立秋、顾秋分跳过析产确认之诉直接起诉要求腾退房屋及给付房屋使用费。

第二，认购单不能作为确认拆迁安置房屋权属的证明。马立秋、顾秋分、方某、马立春、顾某、马夏至、李某出具《授权委托书》，受托人为马立夏，委托马立夏签订认购协议书，然而实际签订认购协议书的是方某，而非马立夏。即使认定马立秋、顾秋分以提起诉讼的形式对方某受托选定201号房屋作出追认的意思表示，其他六位被安置人也未对委托方某进行选房一事进行确认。同时，四套安置房的面积总和，低于八人的优惠购房面积，以后有进一步进行房屋安置的可能性，在新的安置房确定前，以现有安置房面积及货币补偿相互折算并加以析产似有不妥，不具备计算房屋价值进行折价补偿的客观条件。

编写人：北京市丰台区人民法院　辛明明　高原

26

以雇主欠劳务报酬为由占有雇主房产不属于合法自力救济

——张某、李某诉冯某、司某排除妨害案

【案件基本信息】

1. 裁判书字号

山东省淄博市中级人民法院（2017）鲁03民终3013号民事判决书

2. 案由：排除妨害纠纷

3. 当事人

原告（被上诉人）：张某、李某

被告（上诉人）：冯某、司某

【基本案情】

张某与李某系夫妻关系。坐落于淄博市周村区萌山水库西首的产权证为周村区字第×号、第××号两处房产归张某、李某共同所有。自1998年起，张某雇用冯某、司某到前述两处房产内看家。一审庭审中，张某称已与冯某、司某解除了劳务关系，而冯某、司某称因张某未支付劳务报酬且双方未解除劳务关系，故二人继续

在前述房产内进行看家。从张某、李某提交的照片可以看出，上述两处房产中标有“小码头”的一处大门被上锁并用钢丝缠住，一卷帘门处堆放有门板等杂物，一窗户处堆积着三块废旧床板。张某、李某起诉，请求判令冯某、司某排除对涉案两处房产的妨害并赔偿经济损失10000元。冯某、司某辩称截至2015年12月31日张某、李某共拖欠冯某、司某劳务报酬563005元，双方劳务关系一直未解除且张某、李某一直拖欠劳务报酬，冯某、司某才继续在涉案房产为对方看家。

另，冯某、司某在二审期间表示其与张某、李某双方未约定在劳务费未支付的情况下其就可以占有涉案房屋；关于张某、李某欠其劳务费的问题，冯某、司某均已另案诉讼。

【案件焦点】

冯某、司某以张某、李某欠其看家劳务费为由占有对方房产是否属于合法的自力救济。

【法院裁判要旨】

山东省淄博市周村区人民法院经审理认为：无权占有不动产或者动产的，权利人可以请求返还原物。张某、李某系位于淄博市周村区萌山水库西首的产权证为周村区字第×号、第××号两处房产的所有权人。张某、李某在诉状及庭审中陈述已与冯某、司某解除劳务关系，冯某、司某继续占有、使用张某、李某的房屋，没有合法的依据，属于无权占有。故张某、李某要求冯某、司某返还占有使用的上述两处房产的诉讼请求，于法有据，予以支持。至于冯某、司某辩称张某未足额支付劳务报酬的意见，系另外一种民事法律关系，其引起的纠纷可通过其他合法途径解决，其通过占有使用张某、李某房产的方式为法律所不允许，故对其上述意见不予采信。张某、李某要求冯某、司某支付经济损失10000元的诉讼请求，因其未提交任何证据予以佐证，依法不予支持。据此，依照《中华人民共和国物权法》第三十四条、《中华人民共和国民事诉讼法》第六十四条规定，判决：

一、冯某、司某于判决生效之日起十日内将其占有使用的周村区字第×号、第××号两处房产返还给张某、李某；

二、驳回张某、李某的其他诉讼请求。

冯某、司某不服一审判决，提起上诉。山东省淄博市中级人民法院经审理认为：张某、李某作为涉案房产的所有权人有权对涉案房产请求排除妨害。张某、李某虽曾雇用冯某、司某在涉案房产内看家，但张某、李某作为涉案房产的所有权人，其有权不再要求冯某、司某看家。张某、李某在本案中主张其已与冯某、司某解除劳务关系，即表示其已不再要求冯某、司某看家，故在此情况下冯某、司某继续占有、使用张某、李某所有的涉案房产已无合法依据。冯某、司某主张张某、李某拖欠其劳务费至今未付，但双方并未约定在劳务费未支付的情况下其就可以占有涉案房屋，且拖欠劳务费问题系另一法律关系，冯某、司某对此也已另案起诉主张权利。故冯某、司某以此为据认为其占有涉案房产系有权占有的上诉理由，无事实和法律依据，依法不予采信。据此，二审判决：

驳回上诉，维持原判。

【法官后语】

本案主要涉及对自力救济的正确认定问题，具体而言就是看房人以雇主欠其看房的劳务报酬为由占有雇主房产是否属于合法的自力救济，其是否属于有权占有。

根据《中华人民共和国物权法》第二条第三款规定，物权是指权利人依法对特定的物享有直接支配和排他的权利，包括所有权、用益物权和担保物权。《中华人民共和国物权法》第三十九条则规定，所有权人对自己的不动产或者动产，依法享有占有、使用、收益和处分的权利。涉案两处房产的所有权人为张某、李某。而根据《中华人民共和国物权法》第三十五条规定，妨害物权或者可能妨害物权的，权利人可以请求排除妨害或者消除危险。据此，张某、李某作为涉案两处房产的所有权人有权对该两处房产请求排除妨害。故张某、李某虽曾雇用冯某、司某在涉案房产内看家，但张某、李某作为涉案房产的所有权人，其有权不再要求冯某、司某看家。然而本案中容易引发争议和值得探讨的问题在于，张某、李某确实欠冯某、司某看家的劳务费，双方并未约定在劳务费未支付的情况下冯某、司某可以占有张某、李某所有的涉案房屋，故冯某、司某占有涉案房屋并无合同法上的依据，但冯某、司某以张某、李某欠其劳务费为由主张其住在涉案房屋中系自力救济而属于有权占有。因此，要对本案作出正确的认定和处理，需要对自力救济问题予以正确理解和把握。

自力救济又称私力救济，是指纠纷主体在没有中立的第三者介入的情形下，依靠自己的力量捍卫自己权利的行为。自力救济具有悠久的历史传统，是市民社会普遍采取的一种社会纠纷解决方式。作为一种社会纠纷解决方式，自力救济自身存在许多难以克服的弊端，很容易导致社会混乱。因此，由国家提供公力救济，以代替私力救济，逐渐成为一切文明国家普遍采取的社会治理方式。随着国家公力救济的不断深化、普遍化，自力救济开始逐步退出物权保护的历史舞台。但应看到，自力救济作为一种权利保护方式具有救济及时、维权成本低等显著优势，这恰好弥补了公力救济在这些方面的不足。直至今日，自力救济在法律制度中仍是现代法治社会的一种重要而有益的补充。① 从目前我国的法律制度和司法实践来看，自力救济的合法措施主要包括正当防卫②、紧急避险③和自助行为三种。本案中，冯某、司某占有涉案房屋显然不是正当防卫或紧急避险。至于自助行为，我国法律尚无明文规定，但理论和实践对此均予认可。其是指在紧急情况下，为了保护自己的权利，避免或减轻损害，对他人的自由或财产施以拘束、扣押或毁损的行为。自助行为的条件相对严格，通说一般认为自助行为应同时具备以下四个条件：一是为保护自己的权利，二是情势紧迫来不及请求公力救济，三是采取的手段适当，四是事后及时请求有关部门处理。冯某、司某占有涉案房屋貌似自助行为，但就张某、李某欠冯某、司某看家劳务费这一原因而言，其显然不能算是紧急情况，即其并不属于情势紧迫而来不及请求公力救济，故其并不符合自助行为的构成要件。因此，在张某、李某拖欠冯某、司某的劳务费的情况下，冯某、司某以此为由占有涉案房产，该行为显然不属于合法的自力救济行为。而且拖欠劳务费本身属于另一法律关系，冯某、司某对此完全可以依法提起民事诉讼来向张某、李某主张债权请求权，事实上

---

① 汤勇：《试论和谐社会视野下物权私力救济的内在底蕴》，载《福建论坛（社科教育版）》2008 年第 6 期。

② 《中华人民共和国民法总则》第一百八十一条规定："因正当防卫造成损害的，不承担民事责任。正当防卫超过必要的限度，造成不应有的损害的，正当防卫人应当承担适当的民事责任。"

③ 《中华人民共和国民法总则》第一百八十二条规定："因紧急避险造成损害的，由引起险情发生的人承担民事责任。危险由自然原因引起的，紧急避险人不承担民事责任，可以给予适当补偿。紧急避险采取措施不当或者超过必要的限度，造成不应有的损害的，紧急避险人应当承担适当的民事责任。"

二审中冯某、司某对此已另案诉讼。因此，冯某、司某在本案中主张其住在涉案房屋中属于有权占有依法不能成立。

编写人：山东省淄博市中级人民法院　荣明潇

（四）损害赔偿纠纷

27

民事诉讼中法官对来源于相关刑事案件的鉴定报告具有自由裁量权

——张某诉陶某等财产损害赔偿案

【案件基本信息】

1. 裁判书字号

北京市密云区人民法院（2018）京03民终15068号民事判决书

2. 案由：财产损害赔偿纠纷

3. 当事人

原告（上诉人）：张某

被告（上诉人）：王某

被告（被上诉人）：陶某

被告：北京市密云区溪翁庄镇石马峪村民委员会（以下简称石马峪村委会）、北京市密云区溪翁庄镇人民政府（以下简称溪翁庄镇政府）

【基本案情】

2016年4月8日，陶某在北京市密云区溪翁庄镇石马峪村二甲峪自然村内，未经行政主管部门批准，在一级防火区内燃烧杂草、树叶等，引发森林火灾。陶某持有中国残疾人联合会颁发的智力三级残疾证，王某系其监护人。

2017年4月13日，北京中林资产评估有限公司出具【2017】18-1号鉴定意见，对过火林木价值进行评估，其中第八条有关说明中第二项记载，因该案件的鉴定时间点是2016年4月8日，截至意见出具日，涉案现场已灭失，故对涉案过火林木的株数、产量、径阶树高等数据的确认是依据北京市密云区果树技术开发中心出具的《涉案果树产量鉴定意见书》及溪翁庄镇林业站的《证明》作出的。该鉴定意见中涉及张某的部分包括栗子树396棵（估值73920元）、柿子树150棵（估值31500元）、花椒树10棵（估值100元），林木总价值105520元。

2017年9月29日，北京中林资产评估有限公司出具【2017】18-10号鉴定意见，对过火被损坏财产价值进行评估，其中涉及张某的部分包括彩钢板房屋195.08平方米（估值4097元）、木门、钢窗8个（估值480元）、砖木房屋36.48平方米（估值1824元），被损坏财产总价值6401元。

2017年12月29日，北京市西城区人民法院出具（2017）京0102刑初748号刑事判决书，认定陶某犯失火罪，判处有期徒刑二年六个月，缓刑三年。民事部分未涉及。

张某请求根据鉴定报告的鉴定数额，由王某、石马峪村委会、溪翁庄镇政府赔偿果树及财产损失111921元。

2018年10月19日，法院组织双方进行现场勘查，经双方现场及在庭审中确认，过火林木中部分树木存活并已结出果实。

【案件焦点】

被鉴定为损失的树木有部分仍存活时，鉴定报告如何适用。

【法院裁判要旨】

北京市密云区人民法院经审理认为：侵害他人财产应当依法承担赔偿责任。限制民事行为能力人造成他人损害的，由监护人承担侵权责任，监护人尽到监护责任的，可以减轻其侵权责任。有财产的限制民事行为能力人造成他人损害的，从本人财产中支付赔偿费用。不足部分，由监护人赔偿。陶某燃烧杂草、树叶引发森林火灾，造成张某财产损失，应承担赔偿责任，财产不足部分，应由其监护人王某负责赔偿。王某未举证证明其已尽到了监护责任，故对张某要求陶某、王某赔偿其林木及房屋等损失请求的合理部分，予以支持，对过高部分，不予支持。具体数额，结合烧毁、烧伤树木的数量、种类、直径、生长状况及房屋损毁等情况，并参考评估价格综合予以酌定。陶某、王某所作辩解，缺乏事实和法律依据，不予采纳。关于张某要求石马峪村委会及溪翁庄镇政府承担连带责任一节，张某的财产损失是由陶某燃烧杂草、树叶引发森林火灾造成的，与石马峪村委会及溪翁庄镇政府不存在因果关系，故对张某要求其承担连带责任的诉讼请求，不予支持。综上，依据《中华人民共和国侵权责任法》第二条、第十五条、第三十二条规定，判决如下：

一、陶某、王某于本判决生效之日起七日内赔偿张某财产损失59161元；

二、驳回张某其他诉讼请求。

张某、王某不服一审判决，均提起上诉。二审法院经审理同意一审法院裁判意见。

【法官后语】

民事审判中的自由裁量权是指在民事诉讼过程中，法官在法律规则的限度内，或者是在没有既定的法律规则可供适用的情况下，根据案件的具体情形，运用自身的法律知识，对案件进行衡量并作出公正合理的裁判的权利。自由裁量权是法官对法律不能根据具体情况而进行适用的补救措施，在克服制定法的局限性，实现个案公正方面具有重大意义。

为防止自由裁量权的滥用，自由裁量权只有在以下情形方可适用：法律没有规定；法律不明确；规定明显不合时宜；法律和司法解释有规定或合同有约定，但表述为“酌情考虑”“根据实际情况处理”类；法律、司法解释直接规定或者合同直接约定可以适用自由裁量权并规定了适用范围。在具体适用过程中应遵循合法性、合理性、公开性的原则。

就本案而言，在陶某犯失火罪的刑事案件案卷材料中，相关鉴定意见提及张某的林木总价值105520元。在开庭审理过程中，承办法官仔细询问了涉案树木的具体位置、过火面积、种植密度等情况，并于庭后在当事人的见证下进行了现场勘查，双方均确认了现场过火面积及现场部分树木存活并结果的情况。故在已被鉴定为损失的树木仍有部分存活并结出果实，鉴定人员并未进行实际现场勘查，而是依据有关部门出具的意见作出价格鉴定的情况下，如果按刑事案件中的鉴定报告作为损失赔偿的依据，会显失公平。于是，庭后承办法官又通过向林业部门咨询并查阅了相关文件，详细了解涉案果树的种植密度、结果及盛果期、过火后的存活能力及对结果的影响等情况，得知果树过火后，即使部分树木能够存活并结果，但是对结果量也会造成较大影响。承办法官又结合在案的《房前果树租赁协议》了解到陶某家过火树木所在土地的位置及租赁时的果树种类、数量、租赁期等情况。在此情况下，承办法官在参考树木种植密度指导性意见，并结合现场勘查中树木过火面积、枯死的树木数量、砍伐后的树根情况、树木的现状、生长规律等因素后，结合租赁协议中宜林地数量，承办法官运用自由裁量权，以合法、合理、公开的原则，从立法目的和公平公正义角度出发，从保护双方当事人合法权益的角度综合衡量，对刑事案件的鉴定报告关于树木损失的鉴定意见酌情进行了采用。

编写人：北京市密云区人民法院　李娜

二、用益物权纠纷

28

不符合条件的人借用他人名义申请宅基地建房的协议无效

——何某诉李某、张某物权确认案

【案件基本信息】

1. 裁判书字号

重庆市第一中级人民法院（2018）渝01民终3519号民事判决书

2. 案由：物权确认纠纷

3. 诉讼双方

原告（上诉人）：何某

被告（被上诉人）：李某

第三人：张某

【基本案情】

何某与张某系再婚夫妻，双方于2002年12月27日登记结婚，于2005年4月4日生育一子小何，于2017年11月28日经法院判决离婚，小何由张某抚养。何某户籍在重庆市綦江区，婚后居住在张某名下的位于重庆市合川区云门街道办事处花朝村18社（以下简称花朝村18社，原云门街道办事处林庵村3组）的房屋中，该房屋楼层为一层、建筑面积为112.52平方米。李某生于1989年8月26日，系张某与其前夫之子。约在2009年，李某在花朝村18社申请宅基地修建房屋一幢，楼层为二层，建筑面积为191.52平方米，该房屋于2010年8月3日取得产权证，登记权利人为李某。现何某认为，登记在李某名下的房屋是张某用何某与张某的夫妻共同财产出资修建的，遂起诉请求确认该房屋归何某与张某共同所有。

庭审中，何某认可李某于 2007 年年初即辍学外出务工，从事电焊工，工资收入约 2800 元/月。一位证人也证实了李某辍学务工的情况。

【案件焦点】

1. 何某、张某是否与李某存在借名申请宅基地建房的法律关系；2. 若存在借名关系，如何评价何某、张某借名申请宅基地建房的法律效力。

【法院裁判要旨】

重庆市合川区人民法院经审理认为：《中华人民共和国民事诉讼法》第六十四条第一款规定，当事人对自己提出的主张，有责任提供证据。《最高人民法院关于民事诉讼证据的若干规定》第二条规定，当事人对自己提出的诉讼请求所依据的事实或者反驳对方诉讼请求所依据的事实有责任提供证据加以证明。没有证据或者证据不足以证明当事人的事实主张的，由负有举证责任的当事人承担不利后果。争议房屋登记在李某名下，系李某申请宅基地修建，在修建该房屋时李某已经外出务工两年多，从事电焊工作，有固定收入来源，何某主张争议房屋是张某用何某与张某的夫妻共同财产出资修建的，但并未举示相应的证据予以佐证，应该承担举证不能的法律后果，故对何某的诉讼请求，不予支持。依照《最高人民法院关于民事诉讼证据的若干规定》第二条、《中华人民共和国民事诉讼法》第六十四条第一款规定，判决：

驳回何某的诉讼请求。

何某不服，提起上诉。重庆市第一中级人民法院经审理认为：根据《中华人民共和国物权法》第九条第一款规定，不动产物权的设立，经依法登记，发生效力。张某在（2017）渝 0110 民初 10037 号民事案件审理中虽陈述该房屋系用李某名义申请登记，但并未陈述张某或者何某有出资行为，且张某也系本案诉讼的利害关系人，其对李某不利的陈述内容并不能直接作为判断房屋出资的证明。诉争房屋的宅基地系李某以本人名义申请所得，诉争房屋所有权也登记在李某名下，何某与李某之间也无对房屋实际权属的约定。根据《中华人民共和国土地管理法》第六十二条第一款规定，农村村民一户只能拥有一处宅基地。在修建诉争房屋时，张某因名下已有宅基地，何某因不属于本集体经济组织成员，二人均不符合花朝村18社的农村宅基地的申请条件。因此，何某请求确认诉争房屋为何某与张某共有，既缺乏事实依据，也缺乏法律依据。依据《中华人民共和国民事诉讼法》第一百七十条第一款第一项规定，判决：

驳回上诉，维持原判。

【法官后语】

本案中，何某以借名申请宅基地建房为由请求确认诉争房屋产权归其与张某所有，涉及何某、张某是否与李某存在借名申请宅基地建房的法律关系；若存在借名关系，又该如何评价何某、张某借名申请宅基地建房的法律效力。

1. 借名申请宅基地建房的认定

借名申请宅基地建房，是指行为人借用他人名义申请宅基地修建房屋并登记在该他人名下的法律行为。通常，借名人并无使被借名人取得所有权之意思，而仅为借用名义申请宅基地修建房屋并办理登记。一般而言，借名申请宅基地建房的流程是“以被借名人名义申请宅基地——借名人实际出资修建房屋——产权登记在被借名人名下”。考虑到宅基地申请人与产权登记人通常系同一人，对借名申请宅基地建房的认定至少应当审查以下两个方面：

第一，主张存在借名事实的当事人应当提供证据证明其有实际出资。本案中，何某主张诉争房屋系由其与张某的共同财产出资修建，并提供了张某在（2017）渝0110民初10037号张某与何某离婚纠纷一案中的陈述作为证据，辅之以李某外出务工工资较低不足以修建房屋的基本事实。李某以诉争房屋系用其本人打工收入和借款修建为由予以反驳。从何某提供的证据与待证“实际出资”事实之间的关系看，何某的证据属于间接证据，且无法构成一个完整的证据链条：首先，张某在离婚案件中虽陈述该房屋系用李某名义申请登记，但并未陈述张某或者何某有出资行为；其次，张某系本案诉讼的利害关系人，其在另案中不利于李某的陈述从法律上讲并不具有客观性。李某同样也未能提供足够证据证明其出资和借款情况，致使本案诉争房屋由谁出资的待证事实不明。根据《最高人民法院关于适用〈中华人民共和国民事诉讼法〉的解释》第九十一条第一项规定，应当由何某承担举证不能的法律后果。

第二，主张存在借名事实的当事人应当证明其与权利登记人之间存在借名申请宅基地建房的合意。所谓合意是指合同当事人意思表示一致。由于主张存在借名法律关系的当事人多具有亲属关系或曾经具有亲属关系等，当事人往往并无书面协议证明其借名合意。实务中对无书面协议时借名合意的认定存在不同做法，有直接根据出资认定的，有根据出资、使用和对相关权利凭证的持有状况等综合认定的。笔者认为，由于出资行为可能涉及赠与、借贷等多种法律关系，仅凭出资事实并不足以证明当事人之间存在借名合意。在不存在书面协议的情况下，应当结合出资和使用等状况予以证明。本案中，当事人之间并不存在书面的借名协议，且诉争房屋一直由李某实际居住，不能认定何某与李某之间存在借名申请宅基地建房的合意。

可见，何某既不能证明其有实际出资，也不能证明其与李某之间存在借名合意，无法认定何某、张某与李某之间存在借名申请宅基地建房的法律关系。

2. 借名申请宅基地建房的法律效力

进一步来说，即使何某、张某与李某之间存在借名申请宅基地建房的法律关系，是否确认诉争房屋属何某与张某所有还需进一步分析借名申请宅基地建房的法律效力。

根据《中华人民共和国物权法》第一百五十二条“宅基地使用权人依法对集体所有的土地享有占有和使用的权利”之规定，宅基地使用权具有人身依附性，以权利人具有农村集体经济组织成员的身份作为基础，非本集体经济组织成员不能申请宅基地使用权。何某户籍地一直在重庆市綦江区，再婚期间虽跟随张某生活在花朝村，但未取得该集体经济组织成员身份。《中华人民共和国土地管理法》第六十二条第一款规定，农村村民一户只能拥有一处宅基地；第四款规定农村村民出卖、出租住房后，再申请宅基地的，不予批准。农村宅基地土地资源的稀缺性，决定了农村村民一户只能拥有一处宅基地，出卖、出租住房后不得再申请宅基地，否则“一户一宅”的分配原则即不复存在。2009 年，张某名下已有一处宅基地。按照上述规定，即使张某对其名下的宅基地予以转让，张某仍然不具有申请宅基地的资格。

根据《中华人民共和国合同法》第五十二条规定，有下列情形之一的，合同无效：（一）一方以欺诈、胁迫的手段订立合同，损害国家利益；（二）恶意串通，损害国家、集体或者第三人利益；（三）以合法形式掩盖非法目的；（四）损害社会公共利益；（五）违反法律、行政法规的强制性规定。对因借名申请宅基地建房而引发的确权之诉，如果借名人于借名时并不具备农村宅基地使用权申请条件，确认该房屋为借名人所有，将违背国家有关宅基地管理的法律法规，助长不符合宅基地申请条件的个人通过借名的方式骗取农村集体经济组织有限的土地资源，侵害农村集体经济组织及其成员的利益。本案中，在何某与张某不符合宅基地申请条件的情况下，即使其与李某之间存在借名申请宅基地建房的协议，该协议也违反了《中华人民共和国物权法》第一百五十二条“非本集体经济组织成员不能申请宅基地使用权”和《中华人民共和国土地管理法》第六十二条“一户一宅”的法律规定，属于《中华人民共和国合同法》第五十二条第五项“违反法律、行政法规的强制性规定”的情形，应当依法认定合同无效。

编写人：重庆市第一中级人民法院　杨红平

29

侵犯农村相邻房屋宅基地使用权的认定

——张某萍、高某峰诉高某业宅基地使用权案

【案件基本信息】

1. 裁判书字号

山东省淄博市中级人民法院（2018）鲁03民终994号民事判决书

2. 案由：宅基地使用权纠纷

3. 当事人

原告（上诉人）：张某萍、高某峰

被告（上诉人）：高某业

【基本案情】

张某萍、高某峰与高某业系东西邻居，张某萍、高某峰在东居住，高某业在西居住。张某萍、高某峰一方的集体土地建设用地使用证载明：土地使用者为高甲，土地面积173.82平方米，其中建筑占地105.62平方米，四至中西至本户墙外0.00米，邻高乙住宅。高甲系张某萍之夫、高某峰之父，于2008年去世。高某业一方

的集体土地建设用地使用证载明：土地使用者为高乙，土地面积243.90平方米，其中建筑占地170.45平方米，共有使用权面积220.34平方米，其中分摊面积73.45平方米。高乙村民宅基地宗地籍图标注高乙北侧地基界点J1至J2即自西往东高某业至张某萍、高某峰宅基之间距离为24.98米，高乙北屋东山墙至东边界点之间距离为14.88米。高乙系高某业之父。2016年7月，在高某业拆除猪栏后翻建小东屋过程中，张某萍、高某峰认为高某业所建小东屋东墙侵占其地基，为此双方发生纠纷并经过淄川区昆仑镇苏王村、淄川区昆仑镇两级调解组织多次调解。2016年8月，经苏王村调解委员会工作人员于某等6人前往调解，并按高某业土地证上所载尺寸进行丈量。丈量结果为从高某业北屋东山至小东屋后墙为15.03米，东山至小东屋内墙14.79米。高某业不认可此丈量结果。张某萍、高某峰起诉要求高某业立即停止侵害并恢复原状。高某业辩称其盖的房子原来是一猪栏，这个猪栏是其所有，其没有侵占张某萍、高某峰宅基地。

【案件焦点】

高某业所建涉案小东屋东墙所占地基的权属应如何认定。

【法院裁判要旨】

山东省淄博市淄川区人民法院经审理认为：本案争议焦点是高某业所建小东屋东墙所占地基的权属问题。法院自苏王村村民委员会调取土地登记审批表，载明的高乙四至情况为：北至本户墙外0.46米，邻孙某住宅；东至本户墙外0.24米；从高乙村民宅基地宗地籍图标注高某业到张某萍、高某峰宅基界点距离为界点J1至J2即东西之间距离为24.98米，高乙北屋东山墙至东边界点的距离为14.88米。2016年8月，苏王村调解委员会工作人员实地丈量情况是，从高某业北屋东山至小东屋后墙为15.03米，东山至小东屋内墙14.79米。即高某业所建小东屋东墙所占地基侵占张某萍、高某峰宅基15.03米－14.88米＝0.15米。该行为对张某萍、高某峰宅基地使用权造成了侵害，应承担侵权责任。张某萍、高某峰起诉要求高某业停止侵害并恢复原状的诉讼请求，予以支持。高某业应自行拆除其建在张某萍、高某峰宅基地范围内的小东屋东墙。高某业虽对苏王村调解委员会工作人员的丈量结果不认可，但其未提供证据反驳。故对高某业辩称未侵犯张某萍、高某峰宅基地使用权的答辩意见和不认可苏王村调解委员会工作人员丈量结果的质证意见不予采纳。据此，一审判决：

高某业自行拆除其建在张某萍、高某峰宅基地范围内的小东屋东墙。

张某萍、高某峰、高某业均不服一审判决，持原审意见提起上诉。山东省淄博市中级人民法院经审理认为：在张某萍、高某峰、高某业均无相反证据的情形下，一审采信自苏王村村民委员会调取的051296号高乙土地登记审批表作为认定事实的依据并无不当。根据该表记载和2016年8月苏王村调解委员会工作人员的实地丈量数据，一审认定高某业所建小东屋东墙所占地基侵占张某萍、高某峰宅基0.15米（15.03米－14.88米＝0.15米），并判令高某业自行拆除其建在张某萍、高某峰宅基地范围内的小东屋东墙，并无不当。据此，二审判决：

驳回上诉，维持原判。

【法官后语】

本案主要涉及对侵犯农村相邻房屋的宅基地使用权的认定问题。

宅基地是农村的农户或村民个人用作住宅基地而占有使用的本集体所有的土地。宅基地使用权则是指农村村民在集体所有的土地上所享有的建造房屋以使用居住的一种物权。其作为农村村民住宅用地的使用权，系农村村民所专有的物权，在农民土地权利中处于基础性地位，受到我国法律的专门保护。《中华人民共和国物权法》第十三章“宅基地使用权”部分对此有专门规定。其中第一百五十二条规定：“宅基地使用权人依法对集体所有的土地享有占有和使用的权利，有权依法利用该土地建造住宅及其附属设施。”

简言之，宅基地使用权就是农村村民建设住宅房屋的集体土地使用权。既然农村村民住宅房屋建设离不开宅基地使用权，那么农村中住宅相邻的两户因房屋建设使用问题而发生争议的，则通常会涉及其房屋的宅基地使用权问题，具体而言就是宅基地使用权的权属问题。本案就是如此。

本案中，张某萍、高某峰与高某业两家房院相邻，高某业拆除猪栏翻建小东屋，张某萍、高某峰认为高某业所建小东屋东墙侵占其地基，双方发生纠纷。该纠纷经村、镇两级调解组织调解，双方对高某业所建小东屋东墙所占地基的权属各执一词。故高某业所建小东屋东墙所占地基的权属问题无疑就是本案双方的争议焦点。具体来说，如果高某业所建小东屋东墙所占地基属于其拥有的宅基地范畴，那么其在自己的宅基地范围内建设小东屋显然属于对自己拥有的宅基地的正常使用，并不存在侵犯张某萍、高某峰宅基地使用权问题；反之，如果高某业所建小东屋东墙所占地基已经进入了张某萍、高某峰的宅基地范畴，那么其该建设行为显然侵犯了张某萍、高某峰的宅基地使用权。所以说，对宅基地权属的认定无疑是正确处理农村相邻房屋的宅基地使用权纠纷的关键。而宅基地权属的认定又涉及宅基地的合法取得等问题，对此，《中华人民共和国物权法》第一百五十三条规定："宅基地使用权的取得、行使和转让，适用土地管理法等法律和国家有关规定。"《中华人民共和国土地管理法》第十三条规定："依法登记的土地的所有权和使用权受法律保护，任何单位和个人不得侵犯。"据此，宅基地使用权依法应当经登记取得使用。对此，《中华人民共和国土地管理法》第六十二条更是明确规定："农村村民一户只能拥有一处宅基地，其宅基地的面积不得超过省、自治区、直辖市规定的标准。农村村民建住宅，应当符合乡（镇）土地利用总体规划，并尽量使用原有的宅基地和村内空闲地。农村村民住宅用地，经乡（镇）人民政府审核，由县级人民政府批准；其中，涉及占用农用地的，依照本法第四十四条的规定办理审批手续。农村村民出卖、出租住房后，再申请宅基地的，不予批准。"因此，宅基地的面积和范围依法应以政府的审核批准的内容为准。故在审判实践中，法院对此应首先查明争议双方的由政府审批的宅基地面积和范围，这一点通常都可由双方持有的政府颁发的集体土地建设用地使用证予以证明。在此基础上则应对被告建设的涉案房屋所占宅基进行测量以确定其是否侵犯了原告的宅基地使用权。

当然，本案中双方的纠纷在进入诉讼程序前已经过苏王村、淄川区昆仑镇两级调解组织多次调解，苏王村调解委员会工作人员于2016年8月按照高某业的集体土地建设用地使用证上所载尺寸进行了测量，该测量结果系调解双方纠纷的第三方调解组织依法作出，具有客观性和公正性。高某业对此虽不认可，但其对此无反驳证据加以推翻。故该测量结果在本案诉讼中完全可以作为定案证据从而认定本案侵权事实成立。如果此类案件中双方没有客观公正的测量结果作为证据提供的，为查清是否存在宅基地侵权事实，法院依法应进行现场勘验，即根据双方集体土地建设用地使用证所记载的宅基地使用权面积和范围到现场进行测量，从而确定案件中是否存在宅基地侵权的事实。

编写人：山东省淄博市中级人民法院　荣明潇　周树学

三、担保物权纠纷

30

不动产抵押权善意取得的司法认定

——叶某诉孙某、梁某抵押权案

【案件基本信息】

1. 裁判书字号

广东省广州市越秀区人民法院（2018）粤0104民初12493号民事判决书

2. 案由：抵押权纠纷

3. 当事人

原告：叶某

被告：孙某、梁某

【基本案情】

2011年11月28日，孙某与叶某共同出资280000元向广州市盈毅房地产有限公司（以下简称盈毅公司）支付了1101房的首期款，盈毅公司向孙某开具首期售房款发票。2012年2月4日，孙某向盈毅公司支付1101房的购房款475504元，盈毅公司向孙某开具了购房款发票。2012年3月6日，孙某向中国银行股份有限公司广州珠江支行贷款500000元用来支付1101房的按揭贷款。2012年4月16日，孙某与盈毅公司签订《职工福利购房认购书》，认购1101房。

2013年1月4日，孙某与叶某登记结婚。2013年4月3日及29日，梁某分别以转账形式向孙某出借款项100000元、550000元。2014年2月10日，梁某以现金形式向孙某出借款项125400元，孙某向梁某出具借条，约定2014年5月1日前还款。2014年5月12日，孙某与梁某签订《借款合同》，载明梁某给孙某上述三次借款合计838100元，孙某以1101房为上述借款抵押，保证该抵押之房产无第三人主张权利。抵押期间，未经过抵押权人书面同意，抵押人不得变卖、赠与或以其他方式处分抵押物等。2014年7月9日，叶某与孙某协议离婚，离婚协议书约定涉案1101房归叶某与婚生子所有。2015年7月24日，孙某取得涉案1101房的房地产权证，载明房屋共有情况为单独所有。2015年12月21日，孙某将涉案1101房抵押给梁某，并办理了抵押登记。

孙某在庭审中表示为向梁某隐瞒其婚姻状况和涉案1101房的处置情况，其将房产证原件交给梁某；为向叶某隐瞒其向梁某借款及涉案1101房办理抵押登记的事实，其伪造了假房产证交给叶某。

叶某因得知涉案1101房上存在梁某的抵押权，因此向法院起诉要求确认该抵押权无效并解除梁某的抵押登记手续。

【案件焦点】

1. 孙某对涉案1101房的抵押行为是否构成无权处分；2. 梁某能否善意取得涉案1101房的抵押权。

【法院裁判要旨】

广东省广州市越秀区人民法院经审理认为：涉案1101房由叶某与孙某在结婚前共同出资购买，系夫妻共同财产，双方经民政部门备案的离婚协议合法有效，协议约定涉案1101房归叶某及婚生子所有，应确认叶某系涉案1101房的真实权利人，孙某对于该房无实质处分权。争议焦点在于梁某是否构成善意第三人，能否依法善意取得涉案1101房的抵押权。

为证明涉案债权已实际发生，梁某向法院提交了相应转账凭证、借条及借款协议，结合庭审中梁某的陈述，对孙某与梁某之间借款的真实性应予以确认。本案应从债权人梁某是否构成善意取得的角度去审查。根据《最高人民法院关于适用〈中华人民共和国物权法〉若干问题的解释（一）》第十五条规定，受让人受让不动产或者动产时，不知道转让人无处分权，且无重大过失的，应当认定受让人为善意。真实权利人主张受让人不构成善意的，应当承担举证证明责任。涉案1101房由孙某认购且房产证显示为孙某单独所有，梁某有理由相信孙某系涉案1101房的所有权人。关于梁某是否存在重大过失，首先，不动产物权适用物权公示原则，但叶某未在房产证上记名，梁某无法通过法律规定形式得知事实；其次，梁某与孙某系朋友，借款初衷并非谋利，鉴于双方信赖基础仅作形式审查合情合理，孙某恶意隐瞒婚姻状态及房屋权属，梁某对此无过错；最后，梁某并非专业放贷或法律人士，已尽到债权人的一般审查义务。综上，梁某构成善意第三人，依法善意取得涉案1101房的抵押权，叶某的主张依据不充分，不予支持。

综上所述，广东省广州市越秀区人民法院依照《中华人民共和国物权法》第一百零六条、《最高人民法院关于适用〈中华人民共和国婚姻法〉若干问题的解释（二）》第八条第一款、《最高人民法院关于适用〈中华人民共和国物权法〉若干问题的解释（一）》第十五条规定，判决如下：

驳回叶某的全部诉讼请求。

【法官后语】

本案处理的重点在于受让人能否善意取得涉案不动产抵押权的认定。在现代社会，物、权发生分离状态时有发生，物权的存在以占有或登记为其表征，对信赖该表征而进行交易的第三人之权利进行保护，具有维护交易秩序与安全，发挥审判职能营造公平透明、稳定、可预期的市场环境的重要意义。

因为抵押权的设立不以相对人是否支付对价为要件，所以对善意取得不动产抵押权的要求少了“合理价格”的内容。不动产抵押权善意取得的要件是：（1）债权人是善意的；（2）已经进行不动产抵押权登记。孙某在婚姻存续期间未征得妻子叶某同意，因个人借贷将涉案房产抵押给梁某的行为属无权处分，抵押行为无效。而无权处分行为是适用善意取得的前提条件。因此，梁某就涉案房屋主张抵押权应适用善意取得的法律规定。

而“善意”是一个抽象概念，最早来源于罗马法上的占有时效。《优士丁尼法》中，时效取得的要件之一就是占有人在实现占有时抱着正直人的态度。司法实践中通常需要结合过错这一概念来认定。关于善意取得中受让人“善意”的认定，笔者认为，产权证记载的内容是否真实、准确，系由国家行政机关依法定程序审查后作出确认，该行政行为一旦作出，即具有物权公示公信效力及权利推定效力，非依法定程序不得撤销。无论其记载的内容是否与实际相符，相对人均有理由相信该产权证的真实性。本案中，涉案房产购于叶某与孙某婚前，认购书、购房发票均显示该房以孙某名义购买且两人离婚后孙某取得涉案房屋的产权证，梁某有理由相信该房屋为孙某所有，即便抵押合同无效，仍应当认定梁某为善意第三人，已依法办理抵押登记手续的受让人梁某善意取得涉案房产的抵押权。叶某未能举证证明梁某不构成善意，因此应承担举证不能的法律后果。虽然其作为房屋共有人享有所有权，但因其权利未公示致使第三人无从了解标的物的真实权属情况，故叶某的房屋所有权不得对抗善意第三人梁某的抵押权。

本案对受让人因重大过失而不知转让人无处分权的判断亦考虑了受让人所掌握的信息、所处的地位以及交易背景等因素。在处理此类案件时，承办法官可以从受让人与真实权利人、转让人之间的关系，转让人的基本情况，受让人的文化程度、职业、知识背景、交易经验等信息着手，结合个案实际情况作出裁量。但务必遵循的原则是，如若真实权利人能举证证明受让人在尽到一般人通常情况下起码的注意义务即可得知登记错误，但其却因消极注意而未能知晓，即可认定受让人存在重大过失。本案中孙某伪造假房产证，对叶某与梁某双边隐瞒真实信息，明知无权处分而行之，具有严重的恶意，梁某对合同、发票及房产证作出审查后已尽到相应注意义务。综上，叶某要求确认抵押权无效、涂销抵押权的诉讼请求不能得到支持，对叶某因此遭受的损失，其有权向孙某另行主张赔偿。

编写人：广东省广州市越秀区人民法院　郭雪

31

对同一汽车合格证，银行基于浮动抵押合同的占有保护请求权不能对抗消费者的物上请求权

——严某诉云南东特汽车销售服务有限公司、昆明星长征实瑞汽车销售有限公司返还原物案

【案件基本信息】

1. 裁判书字号

云南省昆明市中级人民法院（2017）云01民终7518号民事判决书

2. 案由：返还原物纠纷

3. 当事人

原告（被上诉人）：严某

被告：云南东特汽车销售服务有限公司（以下简称东特公司）、昆明星长征实瑞汽车销售有限公司（以下简称星长征公司）

第三人（上诉人）：中信银行股份有限公司昆明南亚支行（以下简称中信南亚支行）

第三人：上汽大众汽车有限公司

【基本案情】

严某与东特公司于2015年10月28日签订《上汽大众汽车产品购销合同》，约定严某向东特公司购买大众轿车一辆。严某向东特公司支付了全部车款，东特公司交付了车辆，但至今未交付合格证。2015年4月30日，上海上汽大众汽车销售有限公司（甲方）、中信银行股份有限公司昆明分行（乙方）、东特公司（丙方）、中信银行股份有限公司上海分行（丁方）签订了《上海上汽大众汽车销售有限公司·中信银行股份有限公司汽车销售金融服务网络协议从属协议》，约定丙方向甲方购买车辆时，可向乙方申请办理银行承兑汇票业务，用于向甲方支付购车款。并约定在丙方将汽车销售收入存入保证金账户后，乙方释放相应已售车辆的合格证。东特公司（甲方）与中信银行股份有限公司昆明分行（乙方）另签订了《银行承兑汇票承兑额度协议》《最高额抵押合同（汽车金融业务浮动抵押专用）》等相关协议，其中约定乙方根据甲方申请，为甲方核定最高汇票承兑额度为叁仟万元。甲乙双方确认，甲方以现有的以及将有的车辆（包括位于第三人处但所有权属于甲方的车辆）和其他全部动产作为抵押财产抵押予乙方。乙方实际享有抵押权的车辆和动产为实现抵押权时甲方所有的全部车辆和动产。2014年9月15日，中信银行昆明分行、东特公司在西山区工商行政管理局办理了动产抵押登记，抵押人东特公司将价值3750万元的现有以及将有的所有品牌商品车（包括但不限于上海大众等品牌），为在抵押权人的融资设定抵押担保。数量在乙方实现抵押权进行优先受偿时由抵押权人确定，价值按乙方指定的评估机构进行认定。东特公司未履行相关协议的还款义务，现中信南亚支行持有严某所购车辆合格证。严某起诉请求：1. 判令中信南亚支行向严某交付车辆合格证，并协助严某办好牌照相关手续；2. 判令东特公司、星长征公司赔偿严某购车以来因到昆明办理牌照事务产生的过路费2000元、加油费3000元、误工费6000元及未落户期间的滞纳金2000元。

【案件焦点】

中信南亚支行应否将涉案车辆合格证交付严某。

【法院裁判要旨】

云南省昆明市呈贡区人民法院经审理认为：严某和东特公司签订汽车销售合同系双方真实意思表示，双方之间存在合法有效的买卖合同关系，严某依约向东特公司支付了购车款，东特公司也将车辆实际交付给了严某，根据《中华人民共和国物权法》第二十三条规定，动产物权的设立和转让，自交付时发生效力。严某已经获得了涉案车辆的所有权。同时根据《中华人民共和国合同法》第一百三十六条规定，出卖人应当按照约定或者交易习惯向买受人交付提取标的物单证以外的有关单证和资料。车辆合格证是机动车生产企业印制并随车配发的唯一证明汽车整车合格的法定文件，是车辆的配套单证资料，与其对应的车辆不可分，东特公司作为出卖人不仅应向严某履行交付车辆的义务，还应当交付车辆合格证。但因东特公司需要向中信南亚支行贷款买车，现涉案车辆合格证由中信南亚支行实际控制，东特公司无法履行交付合格证的义务。虽然中信南亚支行根据与东特公司签订的浮动抵押合同对东特公司的全部车辆办理了浮动抵押登记，但严某作为买受人已经在车辆交易中支付了合理价款并已占有诉争车辆，根据《中华人民共和国物权法》第一百八十一条规定，经当事人书面协议，企业、个体工商户、农业生产经营者可以将现有的以及将有的生产设备、原材料、半成品、产品抵押，债务人不履行到期债务或者发生当事人约定的实现抵押权的情形，债权人有权就实现抵押权时的动产优先受偿。中信南亚支行所做抵押不能对抗严某，严某作为车辆所有权人有权要求中信南亚支行交付车辆合格证，故对于严某要求中信南亚支行交付涉案车辆合格证的诉请，应当予以支持。

云南省昆明市呈贡区人民法院依照《中华人民共和国物权法》第二十三条、第一百八十一条、第一百八十九条，《中华人民共和国合同法》第一百三十六条，《最高人民法院关于审理买卖合同纠纷案件适用法律问题的解释》第七条，《中华人民共和国民事诉讼法》第一百四十四条规定，作出如下判决：

一、中信南亚支行于本判决生效之日起十日内向严某交付车辆的合格证；

二、驳回严某的其他诉讼请求。

中信南亚支行不服一审判决，提起上诉。云南省昆明市中级人民法院经审理认为：首先，严某基于其与东特公司签订的销售合同，支付合理购车款并受让东特公司交付的车辆后，已依法取得涉案车辆的所有权。因车辆合格证是与车辆不可分割的特定物，是机动车整车出厂合格的证明及车辆落户时必备的证件，严某对该合格证享有物上请求权。其次，汽车合格证是机动车整车出厂合格证明，它既不属于动产，不属于有价证券、知识产权的范畴，也并非机动车的法定所有权证书，不具有拟制财产性，其本身并不具备交换价值和商品流通性，不能单独流通转让。如经销商到期不能如期偿还贷款，则银行既不能将汽车合格证变现抵债，也不能对合格证所对应的汽车进行处置。因此，汽车合格证不属于物权法和担保法规定的担保财产。最后，汽车合格证融资担保未经公示程序，不能产生担保物权的法律效力。物权公示原则是物权法的基本原则之一，民事主体对物权的享有与变动均应采取可取信于社会公众的外部表现方式，其价值在于对交易安全的保护。物权经过公示才能产生对抗第三人的效力。严某在购买汽车时并不知晓也无从知晓合格证被中信南亚支行“质押”的消息，属于善意第三人。因此，银行基于合同关系产生的对汽车合格证的占有因未经物权公示而不具有对世性，不能对抗善意第三人。综上，中信南亚支行的上诉请求和上诉理由均不能成立，应当予以驳回。

云南省昆明市中级人民法院依照《中华人民共和国物权法》第二条、第五条、第六条、第三十四条、第一百零八条，《中华人民共和国民事诉讼法》第一百七十条第一款第一项、第一百七十五条规定，作出如下判决：

驳回上诉，维持原判。

【法官后语】

由于汽车经销属于重资产运营行业，对资金需求量大，当前大多数经销商都采取签订动产浮动抵押合同，将汽车合格证交由银行持有，用以融资保证库存，在售卖车辆后，将特定比例的款项支付给银行以“赎回”合格证，交付给消费者。该融资方式更是各银行开展金融融资创新模式的一大亮点。但近年来，部分经销商资金链断裂不能“赎回”合格证，导致众多消费者不能正常办理车辆的落户、上牌手续，引发了要求经销商、银行交付合格证的案件。本案作为合格证返还请求权问题的典型案例，详细分析了银行对汽车合格证的占有保护请求权是否能对抗消费者的物上请求权。

1. 汽车合格证是何性质？有何作用？

汽车合格证系机动车整车出厂的合格证明，由机动车生产企业印制并随车配发，为汽车必备的附属资料。产品质量法规定，产品质量应当检验合格才能出售，在消费者提车时此证缺失，将无法证明该汽车为合格商品。根据道路交通安全法的要求，机动车须经公安机关交通管理部门登记后，方可上道路行驶。而申请机动车登记，汽车合格证（原件）是申请者必须提交的一份文件。换言之，如果消费者未从经销商处获得汽车合格证，在机动车临时号牌过期后，车辆将面临无法上路的尴尬境地，强行上路行驶不仅违法，而且发生交通事故后也无法正常理赔。另外，二手车交易时，汽车合格证亦为过户必备文件，若合格证缺失，机动车亦不能作为二手车交易。

2. 消费者对汽车合格证享有何种权利？消费者购买车辆未获取汽车合格证如何救济？

针对《中华人民共和国合同法》第一百三十六条的规定，《最高人民法院关于审理买卖合同纠纷案件适用法律问题的解释》第七条规定：“合同法第一百三十六条规定的‘提取标的物单证以外的有关单证和资料’，主要应当包括保险单、保修单、普通发票、增值税专用发票、产品合格证、质量保证书、质量鉴定书、品质检验证书、产品进出口检疫书、原产地证明书、使用说明书、装箱单等。”消费者在依法取得车辆的所有权后，因汽车合格证与其对应车辆具有不可分割的对应关系，消费者对所购车辆对应的合格证享有物上请求权。正常情况下消费者应依据合同的相对性以汽车经销商为被告提起买卖合同之诉，要求经销商交付汽车合格证，但在经销商无力向银行归还借款从而“赎回”合格证的情况下，合格证实际上为银行占有，即使法院判决由经销商返还也不能有效化解双方的实际矛盾，且很难执行。消费者直接以银行为被告提起占有物返还之诉或返还原物之诉，更有利于实现其合法权益。对此，应赋予消费者选择适用请求权基础的权利。

3. 汽车合格证是否可以作为担保财产？

本案中，汽车经销商与银行签订浮动抵押合同，将现有及将来所有的车辆作为抵押，向银行融资贷款，并在合同中约定将汽车合格证交由银行持有，待归还相应比例的款项后才能“赎回”对应的合格证。银行与经销商之间的融资担保合同其实是一种自然债形式的合同，在这种合同中，银行通过控制汽车合格证，利用汽车合格证与所对应汽车的唯一性、法定性以及汽车合格证在登记公示形式上的不可或缺性，进而控制和监督经销商对汽车的销售，经销商虽然实际占有车辆，但非经银行提供合格证购买该车辆的消费者无法完成车辆的所有权登记。但汽车合格证是机动车整车出厂的合格证明，它既不属于动产、有价证券、知识产权的范畴，也并非机动车的法定所有权证书，不具有拟制财产性，其本身并不具备交换价值和商品流通性，不能单独流通转让。如经销商到期不能如期偿还贷款，则银行既不能将汽车合格证变现抵债，也不能对合格证所对应的汽车进行处置。因此，银行对汽车合格证的占有不属于担保法上的抵押、质押或留置。然而在民事法律关系中，法无禁止即许可，银行基于担保合同虽不享有对汽车合格证的担保权利，但其基于合同关系占有合格证并未违反法律强制性规定，需要强调的是此处的“占有”并非物权法意义上的占有权，而是一种占有保护请求权。

4. 银行对汽车合格证的占有保护请求权是否能对抗消费者对汽车合格证所享有的物上请求权？

首先，银行对汽车合格证所谓的“担保权”未经公示，不得对抗善意第三人。物权公示原则是物权法的基本原则之一，物权经过公示才能产生对抗第三人的效力。汽车虽是特殊动产，但其公示方式仍应为交付。经销商在消费者支付合理价款后已将车辆交付消费者使用，消费者自接收车辆时起已经取得了车辆的所有权，合格证作为车辆的特定附属物，不得单独转让，也应为消费者所有，消费者有权请求占有者返还。而银行在工商部门办理的浮动抵押登记系针对经销商现有的以及将有的车辆，并非汽车合格证的“担保”登记，该“担保”未经登记，不具有公示公信效力，消费者在购买汽车时并不知晓也无从知晓合格证被“担保”的消息，属于善意第三人。因此，银行基于合同关系产生的对汽车合格证的占有因未经物权公示而不具有对世性，不能对抗善意第三人。其次，浮动抵押不得对抗正常经营活动中已支付合理价款并取得抵押财产的买受人。浮动抵押是抵押人以现有以及将来所有的全部财产或者部分财产设定的担保，其与普通抵押不同，在抵押权人实现抵押权之前，抵押人对抵押财产保留在正常经营过程中的处分权，抵押人可以以通常的方法继续经营，且抵押不得对抗正常经营活动中已支付合理价款并取得抵押财产的买受人。本案中，即使银行系通过对汽车合格证的控制进而确保汽车浮动抵押的实现，在对应的汽车转让问题上也不具有法定的限制效力，银行持有的合格证所对应的汽车转让时，这种担保方式不能对抗第三人，不能阻却汽车销售商对于汽车的转让。消费者在经销商向其交付车辆时即取得了车辆的所有权，故银行对汽车合格证的占有保护请求权不能对抗消费者所享有的物上请求权，消费者有权要求合格证占有者银行向其返还合格证。

编写人：云南省昆明市中级人民法院　何永伦

32

劳动者能否基于劳动关系对用人单位的动产行使留置权

——郭某诉李某返还原物案

【案件基本信息】

1. 裁判书字号

四川省成都市中级人民法院（2018）川01民终17450号民事判决书

2. 案由：返还原物纠纷

3. 当事人

原告（被上诉人）：郭某

被告（上诉人）：李某

【基本案情】

郭某为扬中市厦华塑电有限公司四川分公司某股东之子，李某就职于扬中市厦华塑电有限公司四川分公司，任销售经理。案涉捷达牌小汽车自2012年11月9日归郭某所有。2012年年底，郭某将该车交给李某使用。2017年5月，李某从扬中市厦华塑电有限公司四川分公司离职。李某认为扬中市厦华塑电有限公司四川分公司单方解除劳动合同且未向其支付其在职期间的销售提成，于2017年11月23日向成都市劳动人事争议仲裁委员会申请仲裁，请求对其与扬中市厦华塑电有限公司四川分公司劳动关系纠纷进行仲裁。2017 年 11 月 29 日，成都市劳动人事争议仲裁委员会作出成劳人仲委不字（2017）第 03968 号仲裁裁决书，以当事人主体不适格为由作出不予受理通知书，李某随后起诉，请求法院对双方劳动争议纠纷进行审理，该案截至本案庭审时尚在审理中。案涉汽车至庭审时仍在李某处，该车在交通管理部门的查询状态为“违法未处理”。

【案件焦点】

李某能否以其与用人单位之间存在劳动债权为由对诉争汽车享有留置权。

【法院裁判要旨】

四川省成都市青羊区人民法院经审理认为：《中华人民共和国物权法》第二百三十一条规定，“债权人留置的动产，应当与债权属同一法律关系，但企业之间的留置的除外”，留置权行使条件之一即留置的动产应与债权属于同一法律关系。本案中，李某曾就职于扬中市厦华塑电有限公司四川分公司，郭某为该公司某股东之子，与李某之间并不存在劳动合同关系。因此，李某基于郭某出借占有案涉汽车与其向扬中市厦华塑电有限公司四川分公司主张工资、社保金等劳动报酬的债权并非同一法律关系；而郭某是基于所有权要求李某返还案涉小汽车。故郭某可依法要求无权占有其财产的李某返还原物。

而对于要求李某归还机动车登记证及行驶证、处理案涉汽车的违法违章记录的诉求，郭某不能提供证据证明车辆登记证及行驶证交付给李某，且郭某提交的所有人机动车查询不能查看该车违章的详细情况及违章时间，不能证明违章由李某造成，故对前述诉请不予支持。

四川省成都市青羊区人民法院依照《中华人民共和国物权法》第三十四条、第二百三十一条、第二百四十三条，《中华人民共和国民事诉讼法》第六十四条规定，作出如下判决：

一、李某于本判决生效之日起十日内将案涉汽车返还郭某；

二、驳回郭某的其余诉讼请求。

李某不服一审判决，提起上诉。二审法院同意一审法院裁判意见。

【法官后语】

随着社会经济的发展，在现代劳动关系中，为了更好地发挥劳动者的价值，用人单位向劳动者提供劳动工具（如汽车、电脑等）的情形已经极为普遍。但在劳动者与用人单位的劳动关系存续期间或者当劳动者与用人单位解除劳动合同关系后，如果用人单位未能按时向劳动者支付相应的劳动报酬，劳动者往往会选择将用人单位为其配置的劳动工具先行留置、拒不返还。本案中，李某实质上就是认为诉争汽车是其合法占有的、扬中市厦华塑电有限公司四川分公司为其配备的劳动工具，在其与该公司存在劳动争议尚未解决的情形下，其对诉争汽车依法享有留置权。本案涉及一个理论界有所争议的问题，即留置权能否在劳动债权中适用。本案的处理有利于引导劳动者选择正确的、合法有效的途径保护自己的劳动债权。

1. 关于留置权

留置权是一种动产担保物权、占有性担保物权，具有留置效力和优先受偿效力。我国法律对留置权作出了明确规定，以往在《中华人民共和国合同法》《中华人民共和国担保法》等相关法律规定中，留置权的适用主要存在于保管、运输、承揽、行纪等特定的合同关系中，适用范围较窄，一定程度上影响了留置权法定担保作用的发挥；但2007年10月1日起施行的《中华人民共和国物权法》对留置权的适用范围予以了扩张。

留置权不同于动产质权，留置权是法定的担保物权，其产生不以当事人之间协商一致、约定为条件，除非当事人约定排除适用留置权，在符合法定条件时，留置权则当然产生。根据《中华人民共和国物权法》第二百三十条、第二百三十一条规定，留置权的构成要件包括：(1) 作为留置权主体的债权人、债务人应为平等的民事主体；(2) 债权已届清偿期，债务人未履行到期债务。但作为例外，根据《最高人民法院关于适用〈中华人民共和国担保法〉若干问题的解释》第一百一十二条规定，债权人在债务人出现宣告破产等明显无支付能力的情形下，即使债权人的债权未届清偿期，债权人也可行使“紧急留置权”；(3) 留置的标的物为动产；(4) 债权人因合法原因占有债务人的动产；(5) 债权人所留置的动产原则上应与其债权属于同一法律关系，但企业之间的留置除外。

2. 关于留置权构成要件中几个重点问题的认定

在保障债权人利益的同时，要避免债务人的财产权利遭受过分干涉，故对于留置权构成要件中“债权人因合法原因占有债务人的动产”以及“债权人所留置的动产原则上应与其债权属于同一法律关系”的认定极为重要。

根据《最高人民法院关于适用〈中华人民共和国担保法〉若干问题的解释》第一百零八条规定并结合学术通说，对于“债务人的动产”，应作宽泛解释，债务人所有的、债务人有处分权的以及由债务人送交债权人占有的动产均属于债务人的动产，债权人只要是因正常的业务活动而占有与其债权具有牵连关系的债务人动产，即可产生留置权。

留置权作为一种法定担保物权，其行使目的在于担保特定债权的实现，对其适用范围应有所限制，如果允许债权人任意留置债务人的与债权无关的动产，则显失公平，甚至会导致法律秩序的混乱，故对于“同一法律关系”的理解不应扩大，有观点认为应当严格解释为动产系法律关系的标的物或因法律关系而占有标的物，即债权人留置的动产应嵌入债权所述的法律关系中，为该法律关系不可分割的一部分。实务中，对于留置权的行使主要表现在保管、运输、加工承揽等特定合同关系以及因不当得利、无因管理或者侵权所生的债权关系中。

3. 留置权是否适用于劳动债权

那么在劳动法律关系中，劳动者能否以其与用人单位之间存在劳动争议为由不返还用人单位的财物呢？答案是否定的。

首先，留置权的成立要遵循平等原则，债权人、债务人应当为平等的民事主体，是一种私力救济方式。而在劳动关系中，劳动者和用人单位是在平等主体身份基础上缔结的，但劳动者在履行劳动合同过程中必须服从用人单位的管理，故劳动者与用人单位之间事实上建立的是一种管理与被管理的不平等关系。

其次，在劳动合同的基础法律关系中，劳动者接受用人单位的管理并向用人单位提供劳动，同时有权要求用人单位依约支付劳动报酬，用人单位的权利义务则与之相对应。在司法实践中，劳动者向用人单位主张支付劳动报酬等劳动债权是基于双方当事人之间的劳动法律关系，建立在劳动合同的基础上；而用人单位为劳动者提供工作便利，更多的是基于内部管理规定，其行使返还原物请求权、要求劳动者返还其提供的动产则是基于其对该动产享有所有权。可见，二者的请求权基础并非产生于同一法律关系，故用人单位为工作便利向劳动者提供的动产，并不是劳动法律关系的标的物，与劳动债权不属同一法律关系。故劳动者以存在劳动争议为由进行抗辩，拒不返还他人财物、行使留置权无合法依据。

除此以外，在劳动者与用人单位之间的劳动关系已经解除、劳动者因用人单位未向其完全支付劳动报酬而留置用人单位财物的情形中，因为一般用人单位向劳动者提供的相关动产，劳动者获得的是劳动期间使用该动产的权利，那么在解除劳动合同关系后，劳动者已经丧失合法占有用人单位财产的依据，所以其继续留置该动产并不符合留置权成立要件中“合法占有”的要求，甚至可能构成侵权。

与此同时，在劳动法律关系中，基于劳动者与用人单位之间管理与被管理的不平等关系，我国相关法律法规对居于弱势地位的劳动者的合法权益设置了倾斜性保护条款，劳动者可以通过调解、仲裁等相关的合法途径保护自己的劳动债权。劳动者以存在劳动争议、行使留置权为由进行抗辩，拒不返还他人财物，会导致劳动管理秩序的混乱，不但不能达到主张合法权利的目的，还会导致其他纠纷的产生。

编写人：四川省成都市青羊区人民法院　袁丽雅

33

善意取得房屋抵押权可构成撤销房屋登记的阻却事由

——郑某敏诉丁某华、王某璇抵押权案

【案件基本信息】

1. 裁判书字号

北京市第三中级人民法院（2018）京03民终11583号民事判决书

2. 案由：抵押权纠纷

3. 当事人

原告（上诉人）：郑某敏

被告（被上诉人）：丁某华、王某璇

【基本案情】

2008年2月14日，北京市住房和城乡建设委员会向郑某敏颁发《房屋所有权证》，将位于北京市朝阳区某小区17号楼1层7－102号房屋（即涉案房屋）登记在郑某敏名下。2014年3月31日，案外人王某荣以郑某敏代理人的名义将涉案房屋转移登记至丁某华名下，2014年8月12日，丁某华作为抵押人、王某璇作为抵押权人签订了《借款抵押合同》，当日，丁某华对涉案房屋办理了抵押登记，王某璇作为房屋他项权利人取得了房屋他项权利证书。双方还经公证处办理了《借款合同》的强制执行公证。

2015年4月14日，北京市方正公证处出具执行证书，王某璇为申请执行人，丁某华为被申请执行人；公证机构对执行证书所涉及的债权债务进行了核查，王某璇提出申请之日丁某华尚有借款合同约定本金100万元及相应利息、滞纳金未偿还。

2015年，郑某敏作为原告将被告北京市规划和国土资源管理委员会、第三人丁某华、王某璇诉至法院，要求撤销北京市规划和国土资源管理委员会为丁某华核发的《房屋所有权证》。2016年9月19日，法院作出（2015）朝行初字第759号行政判决书，查明：郑某敏与丁某华系母子关系；2008年2月14日，北京市住房和城乡建设委员会向郑某敏颁发了《房屋所有权证》，将涉案房屋的所有权人登记为郑某敏；2014年3月31日，"郑某敏代理人"王某荣与丁某华共同申请办理涉案房屋所有权转移登记，后丁某华领取了《房屋所有权证》。该判决认为：虽然北京市住房和城乡建设委员会尽到了行政登记中合理审慎的审查职责，但根据司法鉴定意见及公证处出具的证明，作为房屋所有权转移登记行为之基础的《存量房屋买卖合同》中郑某敏签字非本人所签，委托书的《公证书》系伪造，委托书中"郑某敏"的签字亦非本人所签，故争议房屋所有权转移登记行为的合法性的基础存在缺失，应当予以撤销；同时指出虽然涉案房屋的所有权转移登记应予撤销，但本判决效力不自然及于对涉案房屋抵押登记行为的合法性。后判决撤销北京市住房和城乡建设委员会2014年3月31日将涉案房屋的所有权人由郑某敏转移登记为丁某华的行政行为，同时撤销为丁某华颁发的《房屋所有权证》。该判决已生效。

【案件焦点】

王某璇对涉案房屋的抵押权是否构成善意取得。

【法院裁判要旨】

北京市朝阳区人民法院经审理认为：关于《借款抵押合同》的效力，合同法规定，有下列情形之一的，合同无效：（一）一方以欺诈、胁迫的手段订立合同，损害国家利益；（二）恶意串通，损害国家、集体或者第三人利益；（三）以合法形式掩盖非法目的；（四）损害社会公共利益；（五）违反法律、行政法规的强制性规定。丁某华向王某璇借款并签订《借款抵押合同》后，王某璇实际出借款项，现没有证据证明丁某华与王某璇之间签订上述合同存在合同无效的法律规定的情形，故双方签订的《借款抵押合同》合法有效。郑某敏要求确认《借款抵押合同》无效的诉讼请求，没有依据，不予支持。

关于王某璇对涉案房屋抵押权是否构成善意取得，《中华人民共和国物权法》第一百零六条规定，无处分权人将不动产或者动产转让给受让人的，所有权人有权追回；除法律另有规定外，符合下列情形的，受让人取得该不动产或者动产的所有权：（一）受让人受让该不动产或者动产时是善意的；（二）以合理的价格转让；（三）转让的不动产或者动产依照法律规定应当登记的已经登记，不需要登记的已经交付给受让人；受让人依照前款规定取得不动产或者动产的所有权的，原所有权人有权向无处分权人请求赔偿损失；当事人善意取得其他物权的，参照前两款规定。首先，丁某华与王某璇签订《借款抵押合同》时，丁某华拥有北京市住房和城乡建设委员会颁发的涉案房屋的《房屋所有权证》，虽然此后该房屋所有权证通过判决形式予以撤销，但在签订合同当时，王某璇无法预知该后果，也无从知晓丁某华是以其他手段非法获得该房屋所有权证。其次，丁某华向王某璇借款，王某璇亦实际出借了100万元，并进行了相应的公证，从借款流程上看并无瑕疵；也没有证据证明丁某华与王某璇之间是恶意串通。最后，在出借款项后，王某璇及时办理了涉案房屋的抵押登记，取得了房屋他项权利证书。综合以上情形，丁某华对涉案房屋的无权处分不影响王某璇取得相应的抵押权，王某璇对涉案房屋的抵押权构成善意取得。综上，郑某敏要求确认《借款抵押合同》无效并请求丁某华、王某璇协助办理解除抵押登记手续的诉讼请求，没有法律依据，不予支持。

北京市朝阳区人民法院依据《中华人民共和国合同法》第五十二条、《中华人民共和国物权法》第一百零六条、《中华人民共和国民事诉讼法》第一百四十四条规定，判决如下：

驳回郑某敏的全部诉讼请求。

郑某敏不服一审判决，提起上诉。北京市第三中级人民法院经审理认为：郑某敏上诉主张丁某华与王某璇签订的《借款抵押合同》无效，应当就该合同存在《中华人民共和国合同法》第五十二条有关合同无效的情形承担举证证明责任。丁某华签订《借款抵押合同》时对于抵押财产虽然没有处分权，但无权处分并不必然导致合同无效，郑某敏以《借款抵押合同》违反了《中华人民共和国物权法》第四十条为由主张合同无效，但上述法律规定并非效力性强制性规定，对郑某敏该项主张不予采纳。郑某敏以《借款抵押合同》属于"以合法形式掩盖非法目的"为由主张合同无效，但其未能说明丁某华与王某璇签订《借款抵押合同》确实存在双重目的，亦未就"非法目的"的内容举证证明，对郑某敏的该项主张不予采纳。签订《借款抵押合同》后，王某璇实际向丁某华出借了合同约定的款项，现有证据难以认定双方存在恶意串通的情形。故一审法院认定《借款抵押合同》有效并无不当，二审法院予以确认。

抵押权的善意取得，应当满足四个条件，即抵押权人不知道抵押人没有处分权、抵押权人没有重大过失、抵押权人履行了主合同义务、已办理抵押登记。真实权利人主张抵押权人不构成善意的，应当承担举证证明责任。因丁某华取得的《房屋所有权证》系办理完毕抵押登记后由生效判决撤销，现有证据亦不能证明王某璇在签订《借款抵押合同》时即知晓丁某华没有处分权或系以非法手段取得《房屋所有权证》，王某璇亦按照借款合同的约定向丁某华支付了借款，故一审法院认定王某璇善意取得抵押权并无不当。郑某敏以王某璇未实地考察房屋状况为由主张王某璇并非善意，依据不足，不予采纳。

北京市第三中级人民法院依照《中华人民共和国民事诉讼法》第一百七十条第一款第一项规定，判决如下：

驳回上诉，维持原判。

【法官后语】

本案处理重点在于善意取得房屋抵押权能否构成撤销房屋登记的阻却事由，即无处分权人处分他人房屋并办理了登记，在真实的房产权利人主张撤销房屋登记，第三人主张善意取得房屋抵押权时，能否构成撤销房屋登记的阻却事由？

1. 抵押权是否适用善意取得

善意取得制度旨在保护无权处分情况下善意第三人的权利，主要针对无权处分人处分他人财产的情形，也有少部分欠缺处分权而擅自处分财产的情形。根据《中华人民共和国物权法》第一百零六条规定："无处分权人将不动产或者动产转让给受让人的，所有权人有权追回；除法律另有规定外，符合下列情形的，受让人取得该不动产或者动产的所有权：（一）受让人受让该不动产或者动产时是善意的；（二）以合理的价格转让；（三）转让的不动产或者动产依照法律规定应当登记的已经登记，不需要登记的已经交付给受让人。受让人依照前款规定取得不动产或者动产的所有权的，原所有权人有权向无处分权人请求赔偿损失。当事人善意取得其他物权的，参照前两款规定。"根据上述规定，善意受让人取得权利的类型不仅限于动产和不动产所有权，还包括其他物权，而抵押权亦包含于他物权范畴，因此也应当适用善意取得制度。

2. 抵押权善意取得的构成要件

参照《中华人民共和国物权法》第一百零六条规定，认定抵押权的善意取得应以所有权善意取得的三个要件为基本依据。

第一，无权处分人擅自将不动产或动产抵押给第三人。主要存在两种情形，一种是共有人未经其他共有人同意抵押不动产或动产，另一种是假冒他人名义抵押他人房产。学界有观点认为假冒他人名义抵押他人房产的，抵押权不应适用善意取得。暂不论是否认同该观点，本案中，郑某敏称其儿子丁某华窃取了房屋所有权证书后办理了转移登记，将涉案房屋登记在丁某华自己的名下。也就是说，在房屋被办理抵押登记当时，丁某华为房屋所有权登记的所有权人。因此，在这一点上，至少在抵押登记当时不存在假冒他人名义抵押他人房产的问题，而是在处分权利时存在瑕疵。最高人民法院办公厅2011年10月9日印发的2011年《全国民事审判工作会议纪要》中，对第三人利益的保护问题，也明确"转让人转让登记在其个人名下的房地产不符合法律规定或者当事人约定转让条件的，如果受让人是善意，且支付了合理对价并已经办理了房地产转移登记手续，可以依据物权法第106条第1款的规定处理"。这一规定的精神是合理的，就是说即便登记的权利人处分权利不符合规定或约定的情形，也应当保护善意第三人的利益，更进一步明确了保护善意第三人的出发点。

第二，支付了合理的对价。这也是基于维护正常市场交易秩序的考量。对于是否合理，《最高人民法院关于适用〈中华人民共和国物权法〉若干问题的解释

(一)》第十九条提出的判断标准为“应当根据转让标的物的性质、数量以及付款方式等具体情况，参考转让时交易地市场价格以及交易习惯等因素综合认定”。具体到本案，借款实际支付及抵押登记并无太大争议。

第三，抵押权人在抵押当时是善意的。这也是本案的主要焦点，通常也是审理中的难点，即不动产抵押权人“善意”的认定。《最高人民法院关于适用〈中华人民共和国物权法〉若干问题的解释（一）》第十五条第一款规定：“受让人受让不动产或者动产时，不知道转让人无处分权，且无重大过失的，应当认定受让人为善意。”鉴于物权法对不动产确立了“不动产登记的公示原则”及“不动产登记簿具有权利推定效力”，充分赋予抵押权人在举证责任上，只要能证明是基于对不动产登记簿的信赖，可直接推定其“善意”。本案中，丁某华与王某璇签订《借款抵押合同》时，丁某华当时拥有涉案房屋的《房屋所有权证》，虽然此后该《房屋所有权证》被法院通过判决形式予以撤销，但在签订合同当时，王某璇无法预知该后果，亦无从知晓丁某华系以其他手段非法获得该房屋所有权证。因此，本案中的抵押权善意取得成立。

3. 抵押权的善意取得是否构成撤销房屋登记的阻却事由

根据《房屋登记办法》第八十一条规定：“司法机关、行政机关、仲裁委员会发生法律效力的文件证明当事人以隐瞒真实情况、提交虚假材料等非法手段获取房屋登记的，房屋登记机构可以撤销原房屋登记，收回房屋权属证书，登记证明或者公告作废，但房屋权利为他人善意取得的除外。”该条明确规定，如果存在善意取得的情形，则构成撤销房屋登记的阻却事由。

编写人：北京市朝阳区人民法院　李方　周剑彬

四、共有关系纠纷

34

部分继承人要求确认对被继承人名下房屋之权属证书享有共同共有、共同使用权利的，法院不予支持

——周甲诉周丙共有权确认案

【案件基本信息】

1. 裁判书字号

北京市第一中级人民法院（2017）京01民终4243号民事判决书

2. 案由：共有权确认纠纷

3. 当事人

原告（上诉人）：周甲

被告（被上诉人）：周丙

【基本案情】

曹某系周甲、周乙、周丙之母。曹某于2003年3月去世。位于西安市碑林区红会路××号××号楼××单元××号房屋登记在曹某名下。曹某去世后，周甲、周乙、周丙未对该房屋进行继承分割，房屋由周甲占有使用。周丙在曹某去世后，重新领取了该房屋的所有权证并持有至今。周甲主张周丙串通周乙威胁其不许过问曹某房屋的房产证，并拒绝其承担曹某房屋的物业管理费，剥夺其行使维护、修缮房屋，使用曹某房产证的合法权利。周甲以其是曹某名下房产的共同共有的合法权利人，有权享有直接支配和使用该房屋房产证的各项权利为由，要求法院确认周甲

对曹某名下房屋的不动产权属证书，享有共同共有、共同使用的权利。周丙认为，周甲起诉的理由本质是想借修缮管理房屋之名行独霸房本之实并企图将其排除在房产继承之外，故不同意周甲的诉讼请求。

【案件焦点】

1. 不动产权属证书是否属于物权法意义上物权的客体；2. 部分继承人以共有权确认纠纷为案由提起诉讼，要求确认其对被继承人名下房屋之不动产权属证书享有共同共有、共同使用权利的，法院是否支持。

【法院裁判要旨】

北京市昌平区人民法院经审理认为：物权是指权利人依法对特定的物享有直接支配和排他的权利，包括所有权、用益物权和担保物权。不动产权属证书是权利人享有不动产物权的证明。对于不动产权属证书的占有和使用应该建立在对该不动产享有物权的基础之上。涉案房屋登记在曹某名下，曹某死亡后，相关继承人并未通过继承程序对该房屋进行析产分割。故，对于周甲要求确认其对涉案房屋的不动产权属证书享有共同共有、共同使用的权利的诉讼请求，没有事实及法律依据，不予支持。

北京市昌平区人民法院依照《中华人民共和国物权法》第二条、第十七条、第三十九条，《中华人民共和国民事诉讼法》第六十四条第一款规定，判决如下：

驳回周甲的全部诉讼请求。

周甲不服一审法院判决，提起上诉。北京市第一中级人民法院经审理认为：物权法保护的物，包括不动产和动产。法律规定权利作为物权客体的，依照其规定。不动产权属证书是权利人享有该不动产物权的证明。周甲要求确认共有的客体为诉争房屋的权属证书，该权属证书是权利人对诉争房屋享有所有权的证明，并非物权法意义上可作为共有权客体的物。故周甲要求确认其对房屋不动产权属证书享有共同共有、共同使用的权利的请求，缺乏法律依据，不能成立，不予支持。一审判决认定事实清楚，适用法律正确，应予维持。

北京市第一中级人民法院依据《中华人民共和国物权法》第二条、第十七条，《中华人民共和国民事诉讼法》第一百七十条第一款第一项规定，判决如下：

驳回上诉，维持原判。

【法官后语】

权利有其主体，必有其客体。“人”是权利的主体，“物”是权利的客体。“物”有广义与狭义之分。传统民法理论采用狭义“物”的概念，强调“物”应具有有体性、独立性、可支配性、可满足性、特定性。作为物权法意义上的“物”应具备可支配性、独立性等特点已成为学界、实务界的共识。因此，在判断某一物是否是物权法意义上的“物”时可以从是否具备可支配性、独立性等方面进行分析。

不动产权属证书是权利人享有该不动产物权的证明，但不属于物权法意义上的可以作为物权客体的“物”。从不动产权属证书的来源看，不动产权属证书系基于不动产登记机构在不动产登记簿上完成登记后向相关权利人颁发的，具有权利凭证或权利载体的性质。从物权客体要求的独立性来看，不动产权属证书虽然是有形、有体的，从物理上独立于不动产而单独存在，但其不具有法律意义上的独立性且不具有独立的价值，不动产权属证书是依附于不动产而存在的，具有附属性。因此，不动产权属证书系权利人对某一物享有物权的权利凭证或权利载体，不等同于物权本身，不动产权属证书不属于物权法意义上可作为共有权客体的物。

实践中，存在很多被继承人去世后，继承人之间争夺房产证的现象。在被继承人去世后，相关继承人未对被继承人名下房屋进行继承分割的情况下，对于不动产权属证书的使用和管理，相关继承人可以通过友好协商的方式予以解决。若无法通过协商的方式解决，相关继承人可以向被继承人死亡时住所地或主要遗产所在地法院提起诉讼，要求对被继承人名下的房屋进行继承分割。通过诉讼取得全部或部分遗产的继承人可以持法院出具的生效裁判文书到不动产登记机构办理过户手续。实践中，还存在部分继承人基于各种原因不提起继承纠纷，而是提起返还原物的诉讼，要求持有不动产权属证书的其他继承人返还不动产权属证书。对于该类案件，法官可以向当事人释明提起继承纠纷诉讼，通过诉讼程序完成房屋的继承分割。若当事人坚持原诉请，因不动产权属证书不属于物权法意义上可以作为物权客体的“物”，法院应判决驳回其诉讼请求。

编写人：北京市昌平区人民法院　刘明

35

对因遗嘱继承而按份共有的房产如何进行分割

——杨某琼诉王某共有物分割案

【案件基本信息】

1. 裁判书字号

山东省淄博市中级人民法院（2018）鲁03民终2045号民事判决书

2. 案由：共有物分割纠纷

3. 当事人

原告（被上诉人）：杨某琼

被告（上诉人）：王某

【基本案情】

涉案房产位于淄博市张店区某小区7号楼4单元2层，该房屋产权证下包含面积不等的东西两户，杨某琼、王某分别居住使用。后经当事人协商重新进行改造，间隔为面积相等的东西两户。涉案房产原系被继承人王某敏与杨某琼在夫妻关系存续期间通过房改取得，之所以两户办理一个产权系受王某敏行政级别及房改政策所限，目前两户无法办理独立产权。杨某琼与王某敏在取得涉案房产后，其夫妻二人在东户居住，王某在西户居住，后王某另行购买房屋，现在另购房屋中常住。杨某琼与王某分别以50%份额的方式对涉案房产按份共有。涉案房产经过评估市场价值为56.55万元。杨某琼起诉请求依法分割东户、西户房屋，确认该房屋归杨某琼所有，杨某琼根据市场价格补偿给王某50%房屋折价款。

【案件焦点】

涉案房产是否具备分割条件，如何确定其分割方式。

【法院裁判要旨】

山东省淄博市张店区人民法院经审理认为：杨某琼与王某并非因继承发生纠纷，而是在确定继承份额后就涉案房产的分割产生争议形成本诉，因此本案应为共有物分割纠纷。根据《中华人民共和国物权法》第九十九条规定，本案遗嘱继承已经就遗产继承完毕，双方对涉案房产系按份共有，且双方并未约定不得分割共有物，因此双方均有权随时请求分割，王某关于涉案房产不得分割的抗辩缺乏依据，不予采信。双方曾就涉案房产的实物分割多次进行协商，但均因不合乎行政管理规定而不具可行性，无法进行实物分割，应依法对涉案房产折价进行分割，关于涉案房产价值已经司法鉴定确定，根据《中华人民共和国物权法》第一百条规定，应就涉案房屋的产权归属依法进行裁判。关于涉案房屋产权的归属问题，从涉案房屋所有权取得方式来看，涉案房屋系在杨某琼与被继承人王某敏婚姻关系存续期间通过房改取得，属于原始取得，涉案房屋的取得包含杨某琼的身份因素；从涉案房屋的居住使用情况来看，杨某琼自该房屋取得时至今一直在涉案房屋中居住，且无其他住房，而王某在继承取得涉案房屋所有权份额前并非基于其对涉案房屋的所有权而居住使用，且王某目前已另购房屋居住。故涉案房屋产权归杨某琼所有而由其按照评估价值及王某所占份额向王某支付补偿款更具合理性。依照《中华人民共和国物权法》第九十九条、第一百条规定，判决：

一、涉案房产归杨某琼所有，杨某琼支付王某房屋折价补偿款282750元（涉案房屋总价565500元×50%）；

二、驳回杨某琼的其他诉讼请求。

山东省淄博市中级人民法院经审理同意一审裁判意见。

【法官后语】

本案涉及的主要问题在于，对于因遗嘱继承而由共有人按份共有的房产，其中一方要求对该房产进行分割的应如何处理。

《中华人民共和国物权法》第九十三条规定："不动产或者动产可以由两个以上单位、个人共有。共有包括按份共有和共同共有。"共有可以基于法律的规定产生，也可基于法律行为而产生。本案中杨某琼与王某对涉案房产的共有是基于对被继承人王某敏的遗嘱继承而产生，二人各以50%份额的方式对涉案房产按份共有。如果共有人一直维持对共有物的共有状态，则共有关系一直存在。但如果其中某一共有人要求对共有物进行分割，其应否分割和如何分割就成为不可回避的问题。杨某琼起诉要求分割涉案房产，对于实践中此类要求分割按份共有房产的案件，需要把握好两个方面的问题：一是共有人能否要求分割共有房产；二是若共有人有权要求分割，应如何分割。而这主要涉及对《中华人民共和国物权法》第九十九条和第一百条的正确理解适用。

《中华人民共和国物权法》第九十九条规定："共有人约定不得分割共有的不动产或者动产，以维持共有关系的，应当按照约定，但共有人有重大理由需要分割的，可以请求分割；没有约定或者约定不明确的，按份共有人可以随时请求分割，共同共有人在共有的基础丧失或者有重大理由需要分割时可以请求分割。因分割对其他共有人造成损失的，应当给予赔偿。"从该条规定的基本要义来看，就按份共有而言，对于共有物分割问题没有约定或者约定不明确的，按份共有人是可以随时请求分割的，并没有附加其他任何条件。本案就是如此。本案中，遗产已根据遗嘱继承完毕，双方因此对涉案房产系按份共有，且双方并未约定不得分割共有物，双方对于涉案房产均有权随时请求分割，而不论涉案房产是否能办理产权相关手续。所以杨某琼起诉要求分割涉案房产是符合法律规定的。

在明确共有人对涉案房产能够要求分割的前提下，案件处理的重点就转向了如何分割。关于此问题，《中华人民共和国物权法》第一百条第一款规定："共有人可以协商确定分割方式。达不成协议，共有的不动产或者动产可以分割并且不会因分割减损价值的，应当对实物予以分割；难以分割或者因分割会减损价值的，应当对折价或者拍卖、变卖取得的价款予以分割。"根据该规定，对于像房产这样难以直接进行分割的不动产而言，其一般可采取一方取得房产并由取得房产的一方按市场价格向另一方进行补偿的方式。具体到本案中，首先确认涉案房产由杨某琼或王某一方所有，取得涉案房产的一方按市场价格补偿给对方房屋总价 50% 的款项。对于应由哪方共有人取得涉案房产，则应综合考虑涉案房产的取得方式或者说来源、居住使用情况、双方的实际需要等因素综合确定。无论是从涉案房屋的原始取得还是从涉案房屋的居住使用而言，杨某琼与涉案房屋的关联程度更为紧密，且其生存居住的权利是直接通过涉案房屋而实现的。因此，认定涉案房屋产权归杨某琼所有并由杨某琼按照评估价格及王某所占份额向王某支付补偿款显然更具有合理性。

编写人：山东省淄博市中级人民法院　荣明潇　周树学

36

非继承人能否作为遗产共有权确认纠纷中的第三人

——崔甲诉崔乙共有权确认案

【案件基本信息】

1. 裁判书字号

山东省日照经济技术开发区人民法院（2018）鲁1191民初79号民事判决书

2. 案由：共有权确认纠纷

3. 当事人

原告：崔甲

被告：崔乙

【基本案情】

崔某与杨某于1949年结婚，婚后育有一女崔甲、一子崔乙，并于1950年共同在日照市东港区北京路街道小石场村建造房屋四间。杨某于1956年去世，其遗产未分割。1958年，崔某与丁某结婚，婚后未生育子女，丁某于1980年死亡。1990年，尹某至小石场村与崔某一起生活一段时间。1999年，经小石场村民委员会与崔某协商，将其上述四间房屋拆除，由村委出资后为崔某建造四间新房（即涉案房屋）用于安置，崔某迁往该房居住。崔某于2004年去世。

2007年4月28日，尹某之女董甲、董乙以崔乙为被告就涉案房产的继承问题诉至法院，要求分割遗产。生效民事判决书载明“被告（崔乙）辩称，原告（董甲、董乙）之母尹某与被告之父崔某不构成事实婚姻关系，且原告所称遗产系崔某与崔乙、崔甲的共同财产，原告的诉讼请求无事实根据及法律依据”，并驳回了董甲、董乙的诉讼请求。

2017年4月26日，小石场村民委员会与崔乙就涉案房屋签订拆迁安置补偿协议，约定采用“产权置换”安置补偿方式，共置换楼房面积180平方米，另外可自愿以每平方米3200元的基准价格（根据楼层差价上下浮动）购买18平方米。后涉案房屋被拆除，小石场村民委员会尚未履行拆迁补偿协议中交付楼房的义务。

【案件焦点】

1. 拆迁补偿利益能否确认由继承人共同共有；2. 非继承人能否以尽了主要赡养义务为由作为本案第三人参加诉讼。

【法院裁判要旨】

山东省日照经济技术开发区人民法院经审理认为：《中华人民共和国继承法》第二条、第二十五条规定，继承从被继承人死亡时开始。继承开始后，继承人放弃继承的，应当在遗产处理前，作出放弃继承的表示。没有表示的，视为接受继承。崔甲提交的证据能够证实涉案《小石场村房屋拆迁安置补偿协议》对应的原位于日照市东港区北京路街道小石场村房屋四间系由小石场村对其父母崔某、杨某生前的夫妻共同财产房屋四间安置而来，杨某1956年去世时未进行遗产分割，该安置房屋四间系崔某、杨某的遗产，小石场村民委员会就该四间房屋与崔甲签订的安置补偿协议中的拆迁安置补偿利益亦为崔某、杨某的遗产。

继承开始后，按照法定继承办理；有遗嘱的，按照遗嘱继承，被继承人崔某、杨某未立遗嘱，按法定继承办理。《中华人民共和国继承法》第十条规定："遗产按照下列顺序继承：第一顺序：配偶、子女、父母。第二顺序：兄弟姐妹、祖父母、外祖父母……"崔甲提供的证据能够证实其与崔乙系崔某、杨某的第一顺序继承人。根据《最高人民法院关于贯彻执行〈中华人民共和国民法通则〉若干问题的意见（试行）》中"继承的诉讼时效按继承法的规定执行。但继承开始后，继承人未明确表示放弃继承的，视为接受继承，遗产未分割的，即为共同共有。诉讼时效的中止、中断、延长，均适用民法通则的有关规定"的规定，崔甲要求确认崔乙与小石场村民委员会签订的《小石场村房屋拆迁安置补偿协议》项下拆迁安置补偿利益为其与崔乙共同共有，符合法律规定，应予以支持。

根据《最高人民法院关于适用〈中华人民共和国民事诉讼法〉的解释》第九十条规定，当事人对自己提出的诉讼请求所依据的事实或者反驳对方诉讼请求所依据的事实，应当提供证据加以证明，但法律另有规定的除外。在作出判决前，当事人未能提供证据或者证据不足以证明其事实主张的，由负有举证证明责任的当事人承担不利的后果。崔乙主张对涉案拆迁前的房屋中三间因分家取得所有权，其提供的证据不能充分证实其主张，亦未在指定时间内提起分家析产诉讼，应承担举证不能的法律后果，且本案系共有权确认纠纷，并非遗产继承纠纷，崔乙对其上述请求可另案主张权利。

综上所述，崔某的遗产自其死亡时已转化为崔甲、崔乙共同共有的财产，本案系共有权确认纠纷，案外人崔丙非崔某的继承人，其以对崔某尽了较多赡养义务为由要求作为本案有独立请求权第三人参加诉讼，应不予准许。崔丙可在崔某的遗产进行分割时另案主张权利。

山东省日照经济技术开发区人民法院依照《中华人民共和国继承法》第二条、第五条、第十条、第二十五条，《最高人民法院关于贯彻执行〈中华人民共和国民法通则〉若干问题的意见（试行）》第一百七十七条，《最高人民法院关于适用〈中华人民共和国民事诉讼法〉的解释》第九十条规定，作出如下判决：

确认崔乙与小石场村民委员会签订的《小石场村房屋拆迁安置补偿协议》项下拆迁安置补偿利益为崔甲与崔乙共同共有。

【法官后语】

近年来，随着城市化进程的不断推进，越来越多的近郊土地转化为国有，集体土地上的房屋在拆迁后出现了很多法律问题。类似于本案拆迁房屋因继承而处于共有状态的情况下，由于拆迁工作大多时间紧、任务急，实践中拆迁人仅与房屋的部分继承人签订安置补偿协议，其他继承人主张权利的纠纷时有发生。

本案房屋拆迁安置补偿协议所涉房屋系崔某、杨某生前的夫妻共同财产，其二人死亡后，该房屋转化为遗产，最终由其子女崔甲、崔乙继承。该房屋拆迁前未进行分割，为崔甲、崔乙共同共有。

《中华人民共和国合同法》第五十一条规定：“无处分权的人处分他人财产，经权利人追认或者无处分权的人订立合同后取得处分权的，该合同有效。”拆迁人仅与部分共有人签订协议的，在该部分共有人无其他共有人授权的情况下，该协议为可追认的合同。本案崔甲诉请要求确认对拆迁安置补偿协议项下的拆迁利益与崔乙共同共有，应视为其对崔乙与小石场村委会签订的拆迁安置补偿协议的追认。据此，崔甲、崔乙共同共有标的由继承所得的房屋转化为拆迁利益。因拆迁安置的房屋尚未建成，具体位置、面积尚不确定，无法进行实物分割，崔甲要求确认与崔乙共同共有拆迁利益，应予支持。

共同共有，是指各共有人根据共同关系，不分份额地共同享有对共有财产的权利。因崔甲、崔乙都是崔某、杨某的第一顺序继承人，才发生遗产分割前对遗产的共同共有关系。即如果没有同为继承人这个共同关系基础，就不会产生共同共有关系。本案系共有权确认纠纷，案外人崔丙非崔某的继承人，不存在共同关系基础，其以对崔某尽了较多赡养义务为由要求作为有独立请求权第三人参加本案诉讼，应不予准许。

同时，继承人对继承开始至遗产分割之前这段时间遗产的共同共有是一种暂时的状态，并非既定状态。《中华人民共和国继承法》第十四条规定："对继承人以外的依靠被继承人扶养的缺乏劳动能力又没有生活来源的人，或者继承人以外的对被继承人扶养较多的人，可以分配给他们适当的遗产。"崔丙可在涉案遗产转化而来的共有财产进行分割时另案主张分得遗产的权利。

编写人：山东省日照经济技术开发区人民法院　潘维莉

37

《中华人民共和国物权法》第九十九条的理解与适用

——徐甲诉梁甲等共有物分割案

【案件基本信息】

1. 裁判书字号

北京市第二中级人民法院（2018）京02民终11550号民事判决书

2. 案由：共有物分割纠纷

3. 当事人

原告（被上诉人）：徐甲

被告（上诉人）：梁甲、王某

被告：梁乙

【基本案情】

张某系梁甲之母，于2010年去世。梁甲与王某系夫妻，梁乙系梁甲与王某之女。徐甲与梁乙原系夫妻，现已离婚，生育一女徐乙。

张某原在北京市西城区贾家胡同31号承租北房两间，现场另有自建房。2013年，北京中信房地产有限公司（以下简称中信公司）在该地区实施拆迁。2013年9月3日，梁甲、梁乙、王某向中信公司提交《具结书》，内容为：我们是贾家胡同31号实际居住人梁甲、梁乙、王某、徐甲、徐乙，房屋承租人为张某（已故）。张某生前承租贾家胡同31号公房2间，使用面积22.6平方米。另有自建房2间，使用面积约15平方米。我家在本址有2个户籍，其中一个户籍为：户主梁甲（张某之子）、之妻王某。张某于2010年1月29日去世，现场房屋一直由张某之子梁甲、儿媳王某、孙女梁乙、孙女婿徐甲、曾孙女徐乙共5人实际居住。2013年9月3日，梁乙受梁甲、王某委托，作为被拆迁人、乙方，与拆迁人、甲方中信公司签订了《拆迁补助协议》。协议主要相关内容约定：根据京建宣拆许字第141号《房屋拆迁许可证》，需要拆迁乙方在拆迁范围内贾家胡同31号符合北京市人民政府《关于北京市城市房屋拆迁补助费有关规定的批复》规定的单独立户、长期居住的全部自建房屋（以下简称自建房屋）。甲乙双方同意，甲方向乙方支付拆迁补助费70925元，其中包括符合政策规定住自建房居民拆迁安置补助费70000元；电器移机费925元。乙方应在签订本协议之日起7日内完成搬迁，完成搬迁指将自建房屋腾空交付甲方予以拆除，并在《拆除房屋通知单》及附图上签名确认。

上述协议签订后，梁甲、王某、梁乙按约定将正式房和自建房交付给了中信公司。中信公司将70925元拆迁补助费发放给梁甲、王某、梁乙，并另行支付了拆迁补助费8929075元（两项合计900万元）。此外，梁甲、王某、梁乙还领取了中信公司发放的特殊困难补助160万元。为申请特殊困难补助，梁乙于2013年9月3日向中信公司提交了《特殊困难补助申请表》，申请事由为："我父亲母亲患多种疾病，常年就医。我本身及丈夫工作不稳定，为照顾父母一起和孩子居住，造成生活困难。父亲因原厂倒闭，从2000年至2007年一直没有收入，母亲因病退休，双方退休金很少，大部分花销都是就医吃药。我和我丈夫工资相对也属于较低级别，孩子也小，经济压力很大。"

中信公司拆迁一组在2013年9月3日《关于贾家胡同31号张某（故）承租公

房按自建房拆迁补助的情况说明》中记载："贾家胡同31号原公房承租人张某于2010年病故，生前承租公房2间……现场居住人为张某之子梁甲、之儿媳王某及同户籍之孙女梁乙一家三口。"

梁甲之弟梁丙等人于2014年起诉梁甲、梁乙、王某，要求分割包括困难补助款在内的拆迁补助款1060万元。该案经两审终审，法院判决梁丙等人分割了拆迁补助费900万元中的部分款项。对于困难补助款，生效判决以该款系梁乙以自身家庭困难为由申请所得，未予分割。

2015年，法院就徐甲诉梁乙离婚纠纷作出准予双方离婚的生效判决。在该案审理过程中，对于贾家胡同31号房屋拆迁款一节，徐甲表示：对该款分配，家庭没有协商过，没有分割清楚；梁乙表示：家庭没有协商过，我认为该款系梁甲、王某的钱，没有我和徐甲的份额。

【案件焦点】

1. 涉案补助款是否含有徐甲的份额；2. 如果含有徐甲的份额，徐甲具体应分得多少份额。

【法院裁判要旨】

北京市西城区人民法院经审理认为：梁甲、梁乙、王某向中信公司提交的《具结书》自认，贾家胡同31号实际居住人为梁甲、梁乙、王某、徐甲、徐乙，这其中包含徐甲。梁甲之弟等人于2014年起诉本案三被告，要求分割包括困难补助款160万元在内的拆迁补助款时，法院的生效判决认定160万元系梁乙以自身家庭困难为由申请所得。中信公司拆迁一组在2013年9月3日《关于贾家胡同31号王某（故）承租公房按自建房拆迁补助的情况说明》中记载的现场居住人及同户籍之孙女梁乙一家三口中，包含了徐甲。梁乙于2013年9月3日向中信公司申请特殊困难补助的申请事由为："……我本身及丈夫工作不稳定，为照顾父母一起和孩子居住，造成生活困难……"由此可知，中信公司根据该申请支付的困难补助款，考虑了原告的因素。综上，该160万元困难补助款，系梁甲、梁乙、王某、徐甲之共同共有财产。

我国物权法的相关条款规定，共有人约定不得分割共有的不动产或者动产，以维持共有关系的，应当按照约定，但共有人有重大理由需要分割的，可以请求分割；没有约定或者约定不明确的，按份共有人可以随时请求分割，共同共有人在共有的基础丧失或者有重大理由需要分割时可以请求分割。现徐甲与梁乙已经离婚，双方共有的基础已不存在，故对原告请求分割家庭共同共有财产 160 万元困难补助费的诉讼请求，予以支持。

民事活动应当遵循公平原则。虽然 160 万元的困难补助款属于家庭共同共有财产，在共有的基础丧失后应当分割，但原告的应得份额应综合考虑历史沿革和被拆迁房屋的客观情况等因素酌情予以确定，对原告的过高要求，不予支持。从历史沿革的角度考虑，被拆迁公房的原承租人系梁甲之母王某；在被拆迁地有户籍，并长期居住的人员为梁甲、王某。对此，根据公平原则并考虑梁甲、王某取得该困难补助款确实存有徐甲的因素等，酌情确定该款的持有人梁甲、王某支付给徐甲困难补助款 10 万元。

由于梁乙系受其父母委托办理拆迁事宜，并且已将领取的困难补助款给付了委托人（父母），且梁甲、王某表示收到了该款，故对原告要求梁乙给付困难补助款的诉讼请求，不予支持。

综上，一审法院判决：

一、自判决生效后三十日内，梁甲、王某支付给徐甲困难补助款 10 万元；

二、驳回徐甲的其他诉讼请求。

梁甲、王某不服，提起上诉。北京市第二中级人民法经审理认为：因徐甲与梁乙已经离婚，共有的基础已经丧失，故徐甲有理由要求分割原家庭共有财产。从梁乙向中信公司提交的《特殊困难补助申请表》及中信公司拆迁一组出具的《关于贾家胡同 31 号王某（故）承租公房按自建房拆迁补助的情况说明》均表明 160 万元的补助款考虑到了徐甲的因素，且特殊困难补助针对的是困难家庭，徐甲在拆迁当时为家庭的一员，故上述 160 万元中应有徐甲的份额。一审法院在考虑徐甲应得的份额时已经充分考虑到被拆迁房屋的历史沿革和其在申请困难补助时所占因素的比重，故一审法院酌定梁甲、王某从 160 万元困难补助中给付徐甲 10 万元并无不妥。

北京市第二中级人民法院依照《中华人民共和国民事诉讼法》第一百七十条第一款第一项规定，判决如下：

驳回上诉，维持原判。

梁甲、王某仍不服，申请再审。北京市第二中级人民法院经审理同意两审裁判意见，依照《中华人民共和国民事诉讼法》第二百零四条第一款、《最高人民法院关于适用〈中华人民共和国民事诉讼法〉的解释》第三百九十五条第二款规定，裁定如下：

驳回梁甲、王某的再审申请。

【法官后语】

本案系共有物分割纠纷，审理中主要依据为《中华人民共和国物权法》第九十九条。该条规定，共有人约定不得分割共有的不动产或者动产，以维持共有关系的，应当按照约定，但共有人有重大理由需要分割的，可以请求分割；没有约定或者约定不明确的，按份共有人可以随时请求分割，共同共有人在共有的基础丧失或者有重大理由需要分割时可以请求分割。因分割对其他共有人造成损害的，应当给予赔偿。依据本条规定，分割共有财产的基本原则有三：

1. 依据共有人约定分割的原则

共有人有约定时，依约定处理分割问题为一般原则，有重大理由的则应例外。无论是按份共有，还是共同共有，共有人对共有财产的分割有约定的依其约定。共有人约定不得分割共有的不动产或者动产以维持共有关系的，应当按照约定，但共有人有重大理由需要分割的，可以请求分割。例如，没有经济收入的某个共有人的扶养权利人如父亲病重，需要分割共有财产，获得给父亲看病的费用。在这种情形下，因人身利益高于共有人的财产利益，属于本条规定的有重大理由需要分割共有财产的情形。

2. 依法分割的原则

共有人对共有财产是否可以分割，在什么情况下可以分割没有约定，或者约定不明确的，应当依据本条的规定予以分割。即按份共有人可以随时请求分割，共同共有人在共有的基础丧失或者有重大理由需要分割时可以请求分割。

（1）按份共有人可以随时请求分割。按份共有是各共有人按照确定的份额对共有财产享有权利承担义务的共有。按份共有人对其应有份额享有相当于分别所有的权利。因此，按份共有关系存续期间，按份共有人有权请求从共有财产中分割出属于自己的份额。这种请求不需要征得其他共有人的同意，只要共有人提出请求，就会产生分割的后果。

(2) 共同共有人在共有的基础丧失或者有重大理由需要分割时可以请求分割。共同共有是共有人对全部共有财产不分份额地享有权利承担义务的共有。在共有关系存续期间，各共有人对共有财产没有确定的份额，无论在权利的享有上还是在义务的负担上都无份额或比例之分。那么，在共有人对共有财产的分割没有约定的情况下，共有人通常只有在共同共有关系消灭时才能协商确定各自的财产份额，对共有财产予以分割。因此，本条规定共同共有人在共有的基础丧失或者有重大理由需要分割时可以请求分割共有财产。共同共有人共有的基础丧失，如夫妻财产的共同共有，因婚姻关系的解除而失去了共有的基础，在这种情况下，夫或者妻一方可以请求分割共有的财产。有重大理由需要分割，如在婚姻关系存续期间，夫妻二人约定由原来的夫妻共同财产制，改变为夫妻分别财产制，在这种情况下，夫或者妻一方可以请求分割共有的财产。上述“1”所举的能够引起共有物分割的“重大理由”亦属于这类重大理由。

3. 损害赔偿的原则

共有财产关系的客体为一项特定的统一的财产，其功能、作用、价值是确定的。因某些法定的特殊原因，共有人分割共有财产，会使共有财产的功能丧失或者削弱，降低它的价值，有可能给其他共有人造成损害，因此本条规定，因分割对其他共有人造成损害的，应当给予赔偿。

本案中，案涉补偿款的补偿对象是当时实际居住于被拆迁房屋的家庭成员，补偿所考虑的因素亦包含了徐甲的实际情况，故徐甲属于补偿款的共有人。因徐甲与梁乙已经离婚，共有的基础已经丧失，故徐甲有理由要求分割原家庭共有财产。

编写人：北京市西城区人民法院　石博

38

对家庭成员共有房屋变价分割的适用

——梁某某诉麻某甲分家析产案

【案件基本信息】

1. 裁判书字号

广西壮族自治区南宁市良庆区人民法院（2018）桂0108民初814号民事判决书

2. 案由：分家析产纠纷

3. 当事人

原告：梁某某

被告：麻某甲

第三人：麻某乙、麻某丙

【基本案情】

梁某某与丈夫麻某某共生育有三个子女，分别为麻某甲、麻某乙、麻某丙，麻某某于2002年去世。南宁市良庆区某小区21号房屋所在宗地使用权人原登记为麻某某、梁某某、麻某甲。2003年9月11日，南宁市大沙田经济开发区规划建设局批准在该宗地上建设六层私人住宅。2012年3月19日，麻某乙、麻某丙作出《放弃继承权声明书》，声明放弃对涉案土地使用权的继承份额；同日，南宁市邕江公证处作出（2012）桂邕证字第68号《公证书》，证明麻某某对涉案土地使用权的份额由梁某某、麻某甲二人共同继承。2012年5月29日，梁某某、麻某甲办理新国有土地使用权证书，涉案土地使用权人登记为梁某某、麻某甲。2014年7月24日，梁某某、麻某甲办理房屋所有权证书，房屋所有权人登记为梁某某、麻某甲，共有情况为共同共有。

梁某某起诉请求：依法变价分割案涉房产，由梁某某、麻某甲各取得50%的变价款。

【案件焦点】

1. 能否认定梁某某、麻某甲已丧失共有基础，是否应分割二人共有房屋；2. 如分割，应采取何种方式分割。

【法院裁判要旨】

广西壮族自治区南宁市良庆区人民法院经审理认为：讼争房产的土地使用权及房屋所有权现均登记为梁某某、麻某甲二人所有。梁某某主张由其与麻某甲各占50%份额，麻某甲表示同意，法院予以确认。梁某某、麻某甲母子关系恶化，家庭矛盾难以化解，已丧失共有基础，梁某某主张分割共有房产，麻某甲同意分割，法院予以确认。

分割方式上，讼争房屋是一栋六层楼房，内部设有楼梯，如从“田”字形纵向分割，一楼需要在中间砌墙将房屋纵向隔开，一、二楼楼梯需要部分拆掉改建，一、二楼间的部分楼板和二楼部分墙体也要拆改，无楼梯一侧的房屋还需要加建楼梯，每层楼原有楼梯与新建楼梯间也要砌墙隔开，改建后形成长 15.02 米、宽 3.25 米、两房共用一面墙体的狭长房屋。如从“田”字形横向分割，虽一楼无需重新砌墙，但因房屋正面是一条较宽的街道，背面是一条窄巷，前后两部分的使用价值和经济价值不一，双方均不愿意要靠窄巷一侧的房屋，且仍无法避免楼梯和部分墙体的加建、改建问题。麻某甲提出的实物分割方案不可避免地会影响房屋整体结构、使用价值和经济价值，且对改建方案的争议及对楼房公用部分的使用等问题也容易引发新的纠纷，故不宜采用。经询问当事人的意愿，麻某甲虽主张保留房屋，但明确表示不同意采取由自己取得整体房屋的折价分割方式；梁某某优先选择变价分割，明确表示如果采取折价分割方式则在判决生效前不申请评估。双方对讼争房产价值未形成一致意见。综合考虑，以拍卖、变卖方式进行变价分割更有利于本案案结事了。

广西壮族自治区南宁市良庆区人民法院依照《中华人民共和国物权法》第九十九条、第一百条第一款规定，判决如下：

一、确认梁某某与麻某甲对位于南宁市良庆区某小区 21 号房产各占 50% 份额；

二、自本判决发生效力之日起三十日内，梁某某和麻某甲共同将上述该房屋予以拍卖或变卖，所得价款由梁某某与麻某甲各取得二分之一。

【法官后语】

梁某某、麻某甲之间积怨已久。当事人的家庭曾经营一家草帽厂，在梁某某的丈夫麻某某去世后，工厂交由麻某甲经营，但工厂很快倒闭，麻某甲因此成了母亲和其他家人责备的对象。随着麻某甲结婚生育，婆媳、祖孙矛盾又加入其中。在长期的共同生活中，梁某某、麻某甲之间的亲情几乎消磨殆尽。因该案涉及母子亲情，主办人反复多次组织各方进行调解，甚至安排专业婚姻家庭咨询师开展咨询，双方各自倾诉，但仍无法相互谅解，对共有财产处理各执己见，无法达成统一意见。

在传统观念、亲情因素、养老需求、财产继承等共同影响下，父母与子女之间对共有财产的处置意见通常比较一致，即使有分歧各方也比较克制，因此分家析产纠纷大多发生在兄弟姐妹之间，父母子女之间的较少。本案为母亲起诉儿子要求分割共有房屋的分家析产纠纷。除两个女儿麻某乙、麻某丙外，梁某某只有麻某甲一个儿子。母亲起诉独子要求分割共有房屋更为少见。对于本案，在能否认定丧失共有基础、是否应予分割问题、如何分割这一系列问题上，合议庭都曾产生过分歧。

关于能否认定丧失共有基础、应否分割问题。有观点认为，原告与被告之间的母子关系是血缘关系，无法切断，在母子关系尚存的情况下，不宜认为丧失共有基础，应驳回原告诉讼请求。笔者认为，麻某甲早已结婚生育，组成自己的家庭，在个体独立性上，原告与被告早已分别开伙，家庭收支不再混同；在对共有房屋利益取向上，原告与被告也有显著分歧，原告急需将财产变现以一次性取得大额资金享受晚年，告别共有状态下强行捆绑的种种不顺心，而被告因收入不高，则希望保留房屋用于出租，补贴家用，细水长流。此外，原告与被告也一致同意结束共有状态，被告仅对分割方式存在异议，应认为双方已丧失共有基础。从双方关系现状看，继续维持共有状态，于亲情修复无益，也不当限制了财产所有人应有的权利。因此，本案共同房屋应予分割。

关于采取何种方式分割问题。在程序上，分割共有物的方法有协议分割和裁判分割两种；具体方法包括三种，即实物分割、变价分割和折价分割。本案属于请求分割财产之诉，首先应考虑可否实物分割，但实物分割的前提条件是：第一，从物理属性看，共有财产可以进行实物分割；第二，从经济价值看，不会因为分割而减损共有财产的价值。即共有财产虽然从物理属性来看可以分割，但分割会造成财产失去效用或大幅贬值的话，不得进行实物分割。因涉案房屋为一整体，内部结构又牵连交叉，并不能简单地一分为二。按原告主张的实物分割方式，一方面拆楼板、拆墙、加建楼梯等均会影响房屋主体结构和安全性能；另一方面该房屋进深15.02米、宽6.5米，纵向分割后变成两座进深15.02米、宽3.25米的房屋，房屋狭长、楼梯狭窄，麻某甲亦自认改成这样后肯定不如原来一整套的经济价值高，也不好出售。综合考虑，涉案房屋不宜进行实物分割。变价分割是指在共有人达不成确定分割方式的协议，共有的不动产或者动产又难以分割或者因分割会减损价值的，应当对拍卖、变卖共有财产的价款予以分割。折价分割是指由共有人中的一人或者数人取得共有财产，对其他共有人给予金钱，或者实物，或者金钱加实物以补偿。梁某某主张变价或折价分割，符合法律规定。因麻某甲无力支付补偿款，经询问银行后表示银行亦不接受自建房抵押借款，故明确表示不同意采取由自己取得整体房屋的折价分割方式；梁某某虽表示可以按折价补偿方式由自己取得房屋并支付麻某甲折价款，但其目的仍是将房屋出售后以售房款进行补偿。加之双方对房屋价值未形成一致意见，麻某甲亦担心评估价值与市场价值不一致导致自己利益受损，综合考虑，本案共有房屋应以双方共同拍卖、变卖方式进行变价分割。

编写人：广西壮族自治区南宁市良庆区人民法院　黄艳芳

五、相邻关系纠纷

39

眺望权司法保护的认定

——韩某诉朱某相邻关系案

【案件基本信息】

1. 裁判书字号

北京市第一中级人民法院（2018）京01民终5223号民事判决书

2. 案由：相邻关系纠纷

3. 当事人

原告（上诉人）：韩某

被告（被上诉人）：朱某

【基本案情】

韩某系8228号别墅业主，朱某系8233号别墅业主。8228号别墅在8233号别墅的东南方向。朱某于2012年前对8233号别墅进行了改建，其建设行为未取得规划审批手续。北京博宇嘉物业管理有限公司于2011年7月15日、11月28日、11月30日分别作出《整改通知书》，要求朱某进行停工、整改。2013年7月9日，北京市昌平区城市管理监察大队送达了《谈话通知书》《责令停止建设通知书》，要求工人立即停止施工行为，并要求朱某携带相关材料到该监察大队接受调查处理。

法院依法委托司法鉴定中心对8233号别墅在其设计建筑外增建、加建部分是否使与其相邻的8228号别墅日照标准降低、是否对8228号别墅采光、通风、窗外视野产生影响及改变后的排水是否对8228号别墅产生影响进行了鉴定。在鉴定过程中，韩某放弃了采光、通风、排水的相关鉴定内容。北京市建筑工程研究院建设工程质量司法鉴定中心根据韩某变更后的鉴定事项出具了司法鉴定意见书，载明：1. 8233号别墅在其设计建筑外增建、加减部分对其相邻8228号别墅日照标准无影响。2. 8233号别墅在其设计建筑外增建、加建会对8228号别墅的窗外视野范围造成一定的影响。

【案件焦点】

1. 韩某的眺望权是否能够得到司法保护；2. 一审撤回鉴定申请后，二审中所提鉴定申请是否应当得到支持。

【法院裁判要旨】

北京市昌平区人民法院经审理认为：根据北京市建筑工程研究院建设工程质量司法鉴定中心出具的鉴定结论，朱某在其设计建筑外增建、加建部分对韩某所有的房屋日照标准无影响。故韩某主张朱某加建、扩建的房屋对韩某房屋的日照标准造成影响的主张，依据不足，不予支持。公民请求法律保护的民事权益，必须是现行法律明确规定的合法权益，虽然鉴定检验报告书指出朱某增建、加建的房屋会对韩某房屋的窗外视野范围造成一定的影响，但韩某提出朱某妨碍其视野权，尚无明确应予法律保护的规定，因此其该项主张缺乏法律根据，不能成立，不予支持。

北京市昌平区人民法院依照《中华人民共和国民法通则》第八十三条，作出如下判决：

驳回韩某的所有诉讼请求。

韩某不服一审判决，提起上诉。北京市第一中级人民法院经审理认为：眺望权是房屋的所有权人和用益物权人从其房屋向外眺望一定景观，从中获得精神利益和物质利益的权利。物权法明确规定了用水、排水、通行、相邻土地或建筑利用、通风、日照、采光等相邻权利内容。在法律没有明确规定相邻权利中包括眺望权的情况下，不宜将眺望权归属于相邻关系权利项下加以保护。眺望权的客体本质是良好视野或美好景观所带来的一种精神上健康愉悦的体验，超出了满足正常生活最低需要的限度，将之作为一种法定的相邻关系权利给予强制性保护是不现实的。结合物权法的基本理论来看，眺望权应当属于地役权保护的范畴，并非法定权利，而是约定权利，权利形成的前提在于存在当事人自愿订立的地役合同。根据本案一审中的鉴定意见，8233 号别墅影响 8228 号别墅的正常眺望属于客观事实。但韩某与朱某之间并不存在针对眺望权进行约定的地役合同，因此韩某主张朱某侵犯其眺望权故应当拆除相应建筑的上诉请求，缺乏法律和事实依据，对此不予支持。

二审中，韩某申请对“8233 号别墅是否对 8228 号别墅采光、通风、排水、消防安全产生影响”进行鉴定。韩某曾在一审期间提起该申请，法院依其申请启动了鉴定程序。在鉴定过程中，经法官询问，韩某及其委托诉讼代理人曾明确表示放弃对采光、通风、排水及防火安全的鉴定申请，并明确指出仅申请对日照和窗外视野进行鉴定。韩某上诉称撤销对上述事项的鉴定是受到误导，并非其真实意思表示。但韩某在一审中的委托诉讼代理人是掌握法律专业知识的律师，其应当对鉴定程序启动及鉴定事项放弃的法律后果具有清楚的认识，而且经过审核，韩某的委托诉讼代理人具有对鉴定事项发表意见的权限，故对韩某该项上诉理由不予采信。韩某在一审放弃对通风、采光、消防安全等事项进行鉴定的情况下，二审中再次申请启动相关鉴定，此种前后矛盾的诉讼行为有违民事诉讼诚实信用原则，亦会造成司法资源不必要的浪费，且本案相关鉴定意见不存在需要补充鉴定或重新鉴定的情况，故对其申请不予准许。

韩某对于 8228 号别墅的空气无法流通或正常流通受到较大影响、在相应的天气环境下 8233 号别墅对 8228 号别墅造成的采光影响、8233 号别墅如何妨碍 8228 号别墅的消防安全及 8233 号别墅与 8228 号别墅之间的道路给韩某带来的损害以及排水受到的影响等主张未提供充分证据加以证明，故无法认定韩某上述相邻权益受到损害。

北京市第一中级人民法院依照《中华人民共和国民事诉讼法》第一百七十条第一款第一项规定，作出如下判决：

驳回上诉，维持原判。

【法官后语】

1. 关于眺望权的法律性质

本案中，韩某以相邻关系纠纷为由提起诉讼，要求根据相邻关系保护的原则对其眺望权加以保护。为此，眺望权的权利属性和权利特点是首先要解决的问题。眺望权是房屋的所有权人和用益物权人从其房屋向外眺望一定景观，从中获得精神利益和物质利益的权利。其中精神利益主要是指通过眺望获得的精神愉悦，物质利益是指该房屋因可以给人带来精神享受而产生的房屋价值或市场潜力的提升。一般来说，在义务不确定、权利界限不清晰的地方往往容易发生权利冲突。眺望权因与房屋这一不动产存在无法分割的密切联系，将其归属于相邻权还是地役权进行保护易产生理解上的误区。《中华人民共和国物权法》采取了相邻关系和地役权分立的立法模式。结合物权法的基本理论来看，眺望权应当属于地役权保护的范畴：

(1) 法律性质维度的分析。相邻关系属于因所有权内容而产生的效力之扩张和限制，被规定于《中华人民共和国物权法》第二章“所有权”项下。因其所具有的所有权扩张的性质，对其扩张范围应当有所限制。而地役权属于独立的用益物权，被规定于《中华人民共和国物权法》第三章“用益物权”项下，相较于所有权，法律对其限制相对宽松。

(2) 产生原因维度的分析。相邻关系是基于法律规定而产生，由法律对相邻不动产的权利进行扩张或限制。相邻权利内容应由法律明确规定。在法律没有明确规定相邻权利包括眺望利益的情况下，不宜将眺望权归属于相邻关系权利项下加以保护。眺望权只能基于当事人之间的合同而产生，当事人为了提高自己不动产的效益，可以与他人通过订立合同的方式利用或限制他人的不动产，其中包括收获精神利益与物质利益的眺望权。

(3) 法定义务层次维度的分析。相邻关系是法律上当然而生的最小限度的利用之调节，仅限于满足最基本的生活、生产之便利和需要，任意扩大限度会违背公平原则，导致权利滥用。而地役权则是当事人逾越相邻关系限度而约定的权利义务关系，是相对更高限度的利用之调节，其范围可以突破基本的生产、生活需要而扩大到更高层次的精神、物质享受之需。眺望权的客体本质是良好视野或美好景观所带来的一种精神上健康愉悦的利益，对这种利益的追求是否在满足正常生活最低需要的限度内，在不同的社会发展阶段，答案是不同的，须谨慎判断。能否看见风景和享受美好景观，就当今我国社会现状而言，显然不是维护正常的生活和生产的最低需要，而是追求更高层次的精神享受或实现提高不动产价值的目的。

2. 结合眺望权的司法保护要件分析本案中的眺望权是否能够得到司法保护

《中华人民共和国物权法》第十四章规定了地役权，使依据地役权保护眺望权成为可能。地役权是在法律规定的相邻关系之外，按照合同约定利用他人的不动产，以提高自己不动产效益的权利，具有弥补相邻关系保护不足的作用。眺望权属于地役权的一种，此种权利并非法定权利，而是约定权利，权利形成的前提在于存在当事人自愿订立的地役合同。

本案中，鉴定结论并未将8233号别墅对8228号别墅窗外视野造成影响的范围和程度等问题具体详细地加以描述，但8233号别墅影响8228号别墅的正常眺望属于客观事实。此客观损害是否能够得到司法保护，关键在于本案中的眺望权是否符合司法保护要件的具体要求。韩某与朱某之间并不存在针对眺望权进行约定的地役合同，故本案中的眺望权无法得到司法保护。

3. 一审明确放弃鉴定后，二审中所提鉴定申请是否应当得到支持

《中华人民共和国民事诉讼法》第六十五条第一款规定："当事人对自己提出的主张应当及时提供证据。"当事人在一审程序中申请通过鉴定的手段，由专业机构辅助查明案件事实，是当事人的诉讼权利。启动鉴定程序的申请应当在举证时限内提出，对鉴定意见有异议，也应当在一审中及时提出补充鉴定或重新鉴定的申请。

《最高人民法院关于适用〈中华人民共和国民事诉讼法〉的解释》第一百零二条第一款规定："当事人因故意或者重大过失逾期提供的证据，人民法院不予采纳。但该证据与案件基本事实有关的，人民法院应当采纳，并依照民事诉讼法第六十五条、第一百一十五条第一款的规定予以训诫、罚款。"据此，当事人有权利在二审中提供新的证据，如果与案件基本事实相关，由法院视情况不同附条件地加以采纳。据此，当事人拥有了二审申请鉴定的权利。

鉴定意见是民事证据的类型之一，鉴定意见的形成有赖于鉴定程序的启动。鉴定意见是结果，鉴定程序是手段，即使启动了鉴定程序，产生的结果并不必然对案件的事实判断产生影响，启动鉴定程序的申请本身并不等同于向法院提交了新的证据。因此，在二审程序中，当事人申请补充鉴定或重新鉴定能否得到准许应当结合个案具体情况具体分析。本案中，韩某在一审放弃对通风、采光、消防安全等事项进行鉴定的情况下，二审中再次申请启动相关鉴定，此种前后矛盾的诉讼行为有违民事诉讼诚实信用原则，亦会造成司法资源不必要的浪费，故对此申请不应当允许。

编写人：北京市第一中级人民法院　赵小军

40

相邻通行权的确认是否须以不动产权利人正在使用该不动产为前提条件

——无锡益禾农业生产资料有限公司诉无锡亚通带业有限公司相邻通行案

【案件基本信息】

1. 裁判书字号

江苏省无锡市中级人民法院（2018）苏02民终4006号民事判决书

2. 案由：相邻通行纠纷

3. 当事人

原告（上诉人）：无锡益禾农业生产资料有限公司（以下简称益禾公司）

被告（被上诉人）：无锡亚通带业有限公司（以下简称亚通公司）

【基本案情】

益禾公司与亚通公司的厂房均坐落于无锡市惠山区洛社镇石塘湾大桥12号院（以下简称12号院）内，两企业对各自厂房享有所有权，院内各企业共同使用的通道的土地使用权人为案外人润利亚化肥厂。2004年，亚通公司将12号院各企业进出的小门扩充为大门，含益禾公司在内的院内所有企业均可从该大门通行。2013年1月，亚通公司与润利亚化肥厂签订租赁协议，约定润利亚化肥厂将该大门对应的通道使用权出租给亚通公司，租期为2013年1月1日至2033年12月31日。后亚通公司将该门改成电动遥控铁门，由亚通公司控制。自2016年开始，亚通公司不再允许益禾公司从该铁门进出。后益禾公司诉至法院，请求判令亚通公司拆除该铁门，保证其通行权。

益禾公司自2015年底已不在12号院从事经营活动。院内另有润利亚化肥厂开设的西面大门，益禾公司可通过环通通道绕行从西面大门出入，但因通道狭窄，大型货车通行受限。

二审中，益禾公司变更诉请为不要求亚通公司拆除该铁门，仅要求确认其对该相应通道及该铁门享有通行权。

【案件焦点】

1. 相邻通行纠纷中“有利于生产”的认定标准应如何把握；2. 相邻通行权的确认是否须以不动产权利人正在使用该不动产为前提条件。

【法院裁判要旨】

江苏省无锡市惠山区人民法院经审理认为：不动产权利人对相邻权利人因通行等必须利用其土地的，应当提供必要的便利，但主张方必须证明从邻地通行具有必要性和唯一性。益禾公司可通过环通通道绕行到另一出口，诉争铁门出口不具有唯一性。益禾公司虽主张因环通通道最窄处大型货车通行受限，但益和公司自2015年底已不在该处经营，且亚通公司系通过租赁取得诉争通道的使用权，故益禾公司主张亚通公司妨碍其通行权，不应予以支持。

江苏省无锡市惠山区人民法院依照《中华人民共和国物权法》第八十七条规定，作出如下判决：

驳回益禾公司的诉讼请求。

益禾公司不服一审判决，提起上诉。江苏省无锡市中级人民法院经审理认为：不动产的相邻权利人应当按照有利生产、方便生活、团结互助、公平合理的原则，正确处理相邻关系。本案二审争议的问题是益禾公司是否有权利通行亚通公司承租的通道及院落之铁门。首先，虽然涉案铁门所处的位置在亚通公司租赁的土地范围内，但该铁门由小门改建成大门前后十几年来，益禾公司均可从该门进出，故应认定涉案铁门所处的通道是历史通道，根据《最高人民法院关于贯彻执行〈中华人民共和国民法通则〉若干问题的意见（试行）》第一百零一条规定，益禾公司有权使用该通道并通过涉案铁门。其次，虽然益禾公司可通过环通通道绕行到另一出口，但益禾公司通过涉案铁门进出更为便捷，且能够通行大型货车，从发挥不动产的最大效能角度考虑，亚通公司亦应当给予必要的便利。综上，益禾公司要求通行涉案铁门所处的通道及从涉案铁门进出的上诉请求成立，应予支持。因亚通公司是通过租赁获得其与益禾公司之间通道的土地使用权，故益禾公司在使用该通道受益后，可给予亚通公司适当补偿，补偿数额由双方另行协商。

江苏省无锡市中级人民法院依照《中华人民共和国物权法》第八十七条、《最高人民法院关于贯彻执行〈中华人民共和国民法通则〉若干问题的意见（试行）》第一百零一条、《中华人民共和国民事诉讼法》第一百七十条第一款第二项规定，作出如下判决：

一、撤销无锡市惠山区人民法院（2018）苏0206民初1215号民事判决；

二、益禾公司有权通行亚通公司位于12号院之铁门；

三、驳回益禾公司的其他诉讼请求。

【法官后语】

1. 关于相邻通行纠纷中“有利于生产”的认定标准应如何把握的问题。相邻通行权是对相邻土地所有权人或使用权人的合理限制。《中华人民共和国民法通则》第八十三条规定，不动产的相邻各方，应当按照有利生产、方便生活、团结互助、公平合理的精神，正确处理截水、排水、通行、通风、采光等方面的相邻关系。故本案亦应依照有利生产、团结互助、公平合理的精神对双方权益进行考量。一审法院认为，益禾公司可通过环通通道绕行到另一出口，诉争铁门出口不具有唯一性和必要性，进而认定益禾公司无权主张通行。对此，二审法院在肯定益禾公司可通过环通通道绕行到另一出口的前提下，先行认定诉争通道为历史通道，又结合环通通道最窄处大型货车无法通行，通过涉案铁门进出更为便捷，认定亚通公司应当给予必要便利，不仅尊重了历史，而且该裁判思路较一审更有利于物尽其用。随着经济社会的发展，相邻通行权的表现样态较之简单的通行需求亦有变化。相邻通行权纠纷中，有利生产、方便生活的判断标准应结合该不动产的特性综合判断。本案中，益禾公司与亚通公司均属企业，益禾公司的经营范围为化肥，十余年来益和公司均可通行诉争大门，且其他通道通行受限的情况下，益和公司主张对诉争大门享有相邻通行权，具有合理性。

2. 关于相邻通行权的确认是否须以不动产权利人当前正在使用不动产为前提的问题。本案中，亚通公司提出抗辩认为益禾公司自2015年起已不在该场所生产经营，故不应再确认其享有相邻通行权。一审法院亦采纳了该抗辩意见。应当认为，相邻通行权是基于不动产物权而衍生的权利，其通行的必要性虽一般需以当前生产经营的客观需要加以判断，但如果能够结合先前的经营状况以及该不动产规划之性状就该不动产利用须借助相邻权利人土地通行作出判断的，不应仅以不动产权利人当前未使用不动产否定其权利主张。本案中，益禾公司诉讼前虽有一段时间未在该厂区从事经营活动，但因此限制其通行权，将对其之后的生产经营规划产生影响，客观上也会影响该不动产的市场价值。

3. 关于亚通公司通过租赁取得其与益禾公司之间通道的使用权，能否阻却益禾公司通行的问题。通行权设立之目的，即为适当限制物权所有权人的绝对权利，给予相邻不动产权利人必要的通行便利。勿论亚通公司的通道使用权系租赁取得，即使其具有完全的所有权，亦应基于相邻人实际需要给予通行的便利。需要指出的是，亚通公司对铁门的建设和管理定会支出必要费用，且该铁门的管理及维护对于包括益禾公司在内的12号院内企业均有益处，故从公平角度而言，益禾公司因使用该通道受益的，可给予适当补偿。

编写人：江苏省无锡市中级人民法院　宁尚成　潘晓峰

41

处理相邻通行关系应优先保护所有权人对房屋的基本使用权益

——喻某诉李某某相邻通行案

【案件基本信息】

1. 裁判书字号

四川省成都市中级人民法院（2018）川01民终1310号民事判决书

2. 案由：相邻通行纠纷

3. 当事人

原告（上诉人）：喻某

被告（被上诉人）：李某某

第三人（被上诉人）：杨某

【基本案情】

2017年6月9日，喻某和李某某通过淘宝网司法拍卖网络平台，分别竞拍到法院拍卖的蒲江县鹤山镇龙江街5号某单元3楼1号房屋一套和1楼商铺一间，该3楼1号房屋和1楼商铺的原所有权人为陈某某，1楼商铺的承租人现为杨某。该栋楼房修建于1990年，混合结构，总层数三层，设有一独立楼梯通往楼上住户，楼梯口设一后门，有通往大楼后边的人行通道；楼下商铺系独立封闭的，有自己的前后门，并与通往楼上的楼梯间隔离开来。

后来有人在楼房后面人行通道上搭建了其他建筑物，导致通往楼上的楼梯口后门及通道被封堵，出现了楼上住户通过底楼商铺通行的情况。但因案涉3楼1号房屋和1楼商铺以前归属于同一业主，也就没有相邻通行问题。现喻某、李某某分别购得3楼1号住宅和1楼商铺后，因通往楼梯口的后门和通道被他人封堵多年，喻某只能选择通过1楼商铺通往楼上，在商铺开门并有人值守时，喻某的通行没有障碍；但商铺歇业后，承租人杨某为财产安全考虑就不同意通过商铺通往楼上，进而引发纠纷。

【案件焦点】

房东将铺面出租给他人经营使用，并与之协商后所享有的通行权，在大楼本身存在自然历史通道的情况下能否作为楼上住户用于通行的通道。

【法院裁判要旨】

四川省蒲江县人民法院经审理认为：不动产权利人原则上有权禁止他人进入其土地，但他人因通行等必须利用或进入其土地的，不动产权利人应当提供必要的方便。对一方所有或者使用的建筑物范围内历史形成的必经通道，所有权人或使用权人不得堵塞。诉争3楼房屋的住户通往楼上的建筑设计通道和历史通道是从大楼后面人行通道经楼梯口上楼，从1楼铺面通行是在楼上楼下归属于同一业主和后门被封时的例外情况，1楼铺面并非楼上住户历史形成的必经通道。另外，李某某和杨某也未实施封堵楼梯口后门和楼后通道的侵权行为。故在大楼后面通往楼梯口的通道被他人建筑物堵塞的情况下，喻某应通过相应的法律途径要求堵塞其通道的侵权人排除妨碍，而不能以楼梯口后门被封为由要求从李某某铺面内通行。故喻某对李某某所有的并由杨某承租的商铺不享有法定的相邻通行权，喻某的诉请缺乏事实和法律依据，不予支持。综上所述，依照《中华人民共和国物权法》第八十七条规定，判决如下：

驳回喻某的诉讼请求。

喻某不服该判决，提起上诉。四川省成都市中级人民法院经审理认为：李某某为案涉商铺的所有权人，其对商铺享有完全的所有权能。案涉商铺功能主要是用于商业用途，并非用于通行的必经通道，喻某以本属于历史必经通道被堵塞为由要求李某某从其商铺处提供通道缺乏法律依据，一审法院驳回其诉讼请求并无不当，应予以维持。目前，因大楼后面人行通道客观上被堵塞，喻某可能需要再次主张权利以恢复人行通道通行条件，在此期间本院倡议李某某、杨某应本着睦邻友好的原则，在不影响商铺经营的同时为喻某提供相应的通行条件。综上所述，喻某的上诉请求不能成立，予以驳回。一审判决认定事实清楚，适用法律准确。依照《中华人民共和国民事诉讼法》第一百七十条第一款第一项规定，判决如下：

驳回上诉，维持原判。

【法官后语】

本案争议涉及相邻通行权。相邻通行权是指由于地理条件的限制，一方必须利用相邻一方所有或者使用的土地，取得通行等权利。邻地通行关系是最常见的一种相邻关系，其设立的目的是调节相邻不动产所有人或使用人相互间对土地的利用，而对相邻不动产的权利的行使加以某种程度的限制，从而使邻地所有人或使用人充分发挥其对土地的利用效用。其含义分析如下：(1)“必须”，是指一方权利的行使以利用相邻一方的土地为条件，若不利用，就无法行使自己的民事权利，影响自己正常的生产和生活；(2)“土地”，是指开发、使用的土地和未开发、使用的土地，包括城镇用地、农田、农村宅基地、林地、草地、山岭及其他土地；(3)“提供必要的便利”，是指不动产权利人为相邻权利人从自己的土地通行创造条件，使其相邻权能够得以实现。譬如，留出能够使其正常出入的通道，不得在通道上设置障碍或者进行封堵，造成相邻权利人通行困难，甚至无路可走。

相邻通行权具有如下特点：(1)邻地通行权一般是长期的，对途经之处不发生固定、全面的占有，仅是路过性质；(2)邻地通行权一般不用订立合同；(3)行使邻地通行权一般是无偿的，除非给不动产权利人造成损失，相邻权利人不用付费。通过邻地时，应当选择最为经济合理的路线；要注意保护邻地的财产；因客观环境发生变化可以改道通行时，应改由其他更为经济的线路通行；因通行等给不动产权利人造成损失的，应予赔偿。在处理相关纠纷时应注意相邻通行权与通行地役权的区别，通行地役权为地役权的一种，属于他物权，其成立以登记为必要条件，邻地通行权为相邻权，而不是独立的他物权，无需登记；通行地役权可单独抛弃，并可因时效消灭，相邻通行权与土地所有权（使用权）相始终，不得抛弃，也不因时效消灭，通行地役权是为增加需役地的利用价值而通行于供役地的权利，而邻地通行权则限于为土地通常使用所必需的通行；相邻通行权是基于法律规定产生的（《中华人民共和国民法通则》第八十三条、《中华人民共和国物权法》第八十七条)，取得为无偿，通行地役权主要通过约定而产生，取得有偿无偿均可。按各国民法的规定，无论相邻通行权或通行地役权，通行人都应选择对邻地无损害或损害最小的途径通行。如因通行造成邻地的损害，通行人应给予适当的补偿。对通行地役权，当事人于设定时还可以约定对供役地的补偿额及补偿方式。

结合本案来看，喻某、李某某在分别取得案涉三楼住房和底楼商铺所有权时，喻某应知晓其通行权是存在瑕疵的，即通往楼梯口后门的共用通道被堵。在此之前，因案涉三楼住房和底楼商铺归属于同一业主，其通过自有铺面通行所形成的通道不是相邻权人基于相邻关系利用他人建筑范围内土地通行所形成的通道，不属于相邻历史通道。故喻某无权要求李某某为其提供相邻通行权，只能要求堵塞其通行道路的行为人排除妨害。喻某若想在李某某的商铺通行，须与实际使用人杨某和李某某协商一致取得通行地役权。鉴于喻某通往其房屋的唯一通道确实被堵塞，其行使并实现相应物权客观上需要一定周期，法院从保护所有权人的基本居住权益、倡导和谐邻里关系的角度出发，要求杨某某、李某为喻某提供适当的通行便利。

编写人：四川省蒲江县人民法院　张爱汶　黄晓军

42

上下毗邻漏水纠纷可适用举证责任倒置

——付某诉张甲等排除妨害案

【案件基本信息】

1. 裁判书字号

北京市第三中级人民法院（2018）京 03 民终 14992 号民事判决书

2. 案由：排除妨害纠纷

3. 当事人

原告（上诉人）：付某

被告（上诉人）：张甲、张乙、陶某

【基本案情】

付某和陶某分别系北京市朝阳区某小区 402 号房屋和 502 号房屋的所有权人。502 号房屋与 402 号房屋上下楼相邻。陶某与张甲、张乙系母子关系。张甲、张乙长期在 502 号房屋居住。

付某主张 502 号房屋自 2007 年至 2018 年多次发生漏水，比较严重的一次是 2016 年 7 月 502 号房屋卫生间发生漏水，水顺着卫生间北侧管道流至 402 号房屋，造成 402 号房屋卫生间及与卫生间相邻的门厅顶部、墙壁、地板受损。张甲、张乙、陶某主张其于 2016 年 7 月至 402 号房屋准备维修，但 402 号房屋没有发生漏水，并主张 2014 年、2015 年其楼上 602 号房屋发生漏水，水流向 502 号房屋、402 号房屋。付某认可 2014 年、2015 年 602 号房屋发生漏水，当时也造成 402 号房屋卫生间及门厅房屋顶部、墙壁受损，该次漏水没有进行维修，但主张 402 号房屋漏水痕迹是 502 号房屋长期发生漏水造成。

经现场勘验，402 号房屋卫生间顶部、与卫生间相邻门厅的顶部及墙壁有漏水痕迹，门厅地板、踢脚板有受损现象。

【案件焦点】

因上下楼毗邻漏水导致的纠纷，在漏水原因无法查明时，如何分配举证责任。

【法院裁判要旨】

北京市朝阳区人民法院经审理认为：付某所有的402号房屋卫生间顶部、与卫生间相邻门厅的顶部及墙壁出现被水浸泡的痕迹。付某主张该损失系因陶某所有的502号房屋卫生间防水层发生渗漏导致，陶某对此虽不予认可，但未提供相反证据，故对付某的主张予以采信。502号房屋卫生间出现漏水现象，陶某负有修缮排除妨害并对造成的损失进行赔偿的义务。付某要求陶某赔偿墙体修复费用，法院根据实际情况予以酌定。张甲、张乙作为502号房屋长期居住人，对上述责任承担连带责任。付某主张门厅地板受损系因502号房屋漏水造成，但未举证，故不予采信。付某主张之地板损失、402号房屋卫生间防水重做损失、为楼下修缮房屋损失，均缺乏依据，不予支持。

北京市朝阳区人民法院依照《中华人民共和国民法通则》第八十三条、第一百一十七条规定，作出如下判决：

一、陶某、张甲、张乙于本判决生效后十五日内将502号房屋卫生间的防水层修复直至不再漏水；

二、陶某、张甲、张乙于本判决生效后十五日内赔偿付某经济损失2000元；

三、驳回付某其他诉讼请求。

付某、张甲、张乙及陶某均不服一审判决，提起上诉。北京市第三中级人民法院经审理认为：陶某、张甲、张乙虽主张由于602号房屋漏水导致402号房屋被水浸泡，但其提供的现有证据不足以证明其所主张的事实成立亦不能完全排除502号房屋漏水的事实，故502号房屋的所有权人陶某及长期居住在502号房屋的张甲、张乙应承担连带责任。根据一审法院所勘验的402号房屋受损的情况，一审法院酌定赔偿的数额并无不当。关于付某主张地板的损失、402号房屋卫生间防水重做损失、为楼下修缮房屋损失，不予支持。

北京市第三中级人民法院依照《中华人民共和国民事诉讼法》第一百七十条第一款第一项规定，作出如下判决：

驳回上诉，维持原判。

【法官后语】

随着城市化进程的迅速推进，住宅楼增多，居民因日常居住生活引发的邻里纠纷也随之增加，该类纠纷中尤以上下层楼宇间因漏水问题导致的排除妨害或财产损害赔偿纠纷为众。

处理该类纠纷，应重点查明漏水原因，进而明确责任主体。本案中，损害结果为既定事实，且该损害结果系因他人侵权行为引起，而该侵权行为的行为主体、该主体是否存在过错，属于有待查明的事实。但双方当事人均不申请鉴定，且通过物业部门等其他方式均无法确定漏水原因，因此在无法明确侵权行为主体的情况下，如何分配举证责任即为本案审查的重点。

举证责任分配的一般原则是“谁主张，谁举证”，本案中原告主张因三被告所居住的502号房屋卫生间防水存在问题导致渗漏，原告应就502号房屋防水存在问题及其损害后果与502房屋防水措施不当导致漏水存在因果关系承担举证责任。但是，依据自然规律，水系由上自下渗漏，根据原告提供的照片及法院现场勘验的情况，可以认定402号房屋卫生间顶部、与卫生间相邻门厅的顶部及墙壁出现被水浸泡的痕迹，应视为原告已完成其举证责任。又因防水设施位于502号房屋内，如要求原告继续就502号房屋内防水设施存在瑕疵进而导致渗漏承担举证义务，无疑加重了原告的举证责任，导致举证责任分配不公。因此，结合本案实际情况、双方的举证能力，应适用举证责任倒置，由三被告举证证明402号房屋的损害结果与其无因果关系。

《最高人民法院关于民事诉讼证据的若干规定》第四条列举了举证责任倒置的八种情形，本案所涉邻里间漏水纠纷虽不在该八种情形之列，但该规定第七条又规定：“在法律没有具体规定，依本规定及其他司法解释无法确定举证责任承担时，人民法院可以根据公平原则和诚实信用原则，综合当事人举证能力等因素确定举证责任的承担。”因此，三被告主张并非因其导致而是由于602号房屋漏水导致402号房屋渗水，三被告应就此承担相应的举证责任，在其举证不能的情况下，应推定为三被告方的原因造成402号房屋渗水。

编写人：北京市朝阳区人民法院　童雪霏　杨琳

43

饲养信鸽妨害他人居住权益的司法认定

——马某诉华某排除妨害案

【案件基本信息】

1. 裁判书字号

江苏省宿迁市宿城区人民法院（2018）苏1302民初442号民事判决书

2. 案由：排除妨害纠纷

3. 当事人

原告：马某

被告：华某

【基本案情】

马某系宿迁市宿城区某小区二号楼102室住户，华某系该楼302室住户。另位于102室下方的储藏室由华某使用，与马某家相邻。华某在该储藏室内搭建了鸽舍，现饲养了近三十只信鸽，最多饲养了四十余只信鸽。华某将储藏室的窗户上安装了铁栏杆，并留出口，方便信鸽进出。

2017年5月24日，宿迁市城市管理行政执法局作出行政处罚决定书，依据《江苏省城市市容和环境卫生管理条例》第五十一条第七项“饲养信鸽污染环境的，处以二十元以上贰佰元以下罚款”之规定，责令华某立即停止违法行为，并罚款200元。

现马某就华某饲养鸽子行为协商未果，故诉至法院，要求判令：1. 华某立即将102室对应的地下室内的鸽子架拆除；2. 华某立即将102室对应的地下室内饲养的鸽子清除；3. 华某立即清除102室窗户上以及墙上的鸽子粪便。

【案件焦点】

饲养信鸽权利和居住权利相冲突时的权利保护。

【法院裁判要旨】

江苏省宿迁市宿城区人民法院经审理认为：不动产的相邻各方，应当按照有利生产、方便生活、团结互助、公平合理的精神，正确处理相邻关系。给相邻方造成妨碍或者损失的，应当停止侵害，排除妨碍，赔偿损失。马某和华某系邻居，应当按照方便生活、团结互助、公平合理的精神，正确处理双方的相邻关系。虽然华某系信鸽协会会员，信鸽养在自家的储藏室，但华某养鸽不能影响他人正常的生活及居住安宁。马某居住在华某储藏室的正上方一楼，由于该储藏室的面积较小，信鸽数量相对较多，由此产生的鸽粪、气味、噪声等对马某家庭的生活环境造成了一定影响。因此，华某应及时拆除 102 室对应的地下室的鸽子架、将华某饲养的信鸽搬离并清除 102 室窗户上及墙上的鸽子粪便。

据此，依据《中华人民共和国民法通则》第八十三条及《中华人民共和国民事诉讼法》第一百四十二条规定，判决：

一、华某于本判决生效之日起十日内将 102 室对应的储藏室内的鸽子架予以拆除；

二、华某于本判决生效之日起十日内将 102 室对应的储藏室内饲养的信鸽予以搬离；

三、华某于本判决生效之日起十日内清除 102 室窗户及外墙上的鸽子粪便。

【法官后语】

本案是因小区业主饲养信鸽引起的相邻权纠纷，在业主饲养信鸽的权利与其他业主居住的权利相冲突时，显然应优先保护居住的权利。

1. 优先保护业主居住权利的法律依据

城市住宅小区是城市居民生活起居之所在，居住环境的舒适安宁，与小区居民的身心健康息息相关。《中华人民共和国物权法》第三十九条规定，所有权人对自己的不动产或者动产，依法享有占有、使用、收益和处分的权利。第八十四条规定，不动产的相邻权利人应当按照有利生产、方便生活、团结互助、公平合理的原则，正确处理相邻关系。本案中，华某作为信鸽协会会员，有饲养信鸽的权利，但其在居住的小区储藏室内饲养信鸽，对马某居住的舒适度产生了很大影响。相邻不动产一方行使权利不得影响另一方的权利，其权利的行使必须以满足社会大多数人的最基本利益作为最终的价值取向。因此，当两者权利相冲突时，应保护相邻一方良好的居住环境。

2. 相邻权利人容忍义务的限度

不动产的相邻权利人在行使权利时，有权要求一方提供必要的便利，一方对正常范围内的侵害或妨碍，负有容忍义务，但这种容忍义务也应有一定的限度。有观点认为可以在小区储藏室内饲养适量信鸽，法官裁判时并未采纳，理由为：首先，信鸽是群居动物，饲养数量过少如两三只不利于鸽群的发展；其次，信鸽饲养对于鸽棚位置、空间有一定要求，本案储藏室位于楼栋北侧，长年没有光照，且空间较小，容易滋生疾病，不利于信鸽成长；最后，在小区楼栋饲养信鸽，需定时放飞，即使数量较少，其产生的鸽粪、气味、噪声等对相邻他人影响也很大。

3. 对信鸽饲养者的权利应如何保护

《中华人民共和国信鸽活动管理办法》第三条规定，国家体育总局社会体育指导中心主管全国信鸽活动，委托中国信鸽协会负责组织实施。《信鸽活动管理办法实施细则》第三条规定，信鸽运动是国家体育总局正式批准开展的体育项目，属社会体育范畴。饲养信鸽是居民的权利，但各地对饲养信鸽的立法规定不一，缺乏具体的管理措施，如批准程序、法律责任等。例如，《浙江省城市市容和环境卫生管理实施办法》第三十五条第二款规定，饲养信鸽须经县级以上人民政府体育行政主管部门同意，并报同级人民政府市容环卫行政主管部门批准；《上海市环境卫生管理条例实施细则》第二十四条规定，饲养信鸽须经体委、房产部门批准，鸽舍朝外面须封闭。设在房屋阳台内的鸽舍（含出入口）不得超出阳台内沿；《江苏省城市市容和环境卫生管理条例》第二十六条第二款规定，居民饲养宠物和信鸽不得污染环境，对宠物在道路和其他公共场地排放的粪便，饲养人应当即时清除。因此，为了保障信鸽饲养者的权利，政府相关职能部门应进一步完善相应的饲养信鸽及宠物的相关规定，便于管理和执行。笔者建议：饲养信鸽应根据信鸽的习性，设置专门的区域供饲养信鸽者使用，有利于为信鸽提供更好的生存条件，也便于信鸽爱好者相互学习，有效缓解小区邻里纠纷。

编写人：江苏省宿迁市宿城区人民法院　邹志敏

44

相邻关系中如何把握相对人对环境污染的容忍限度

——庞某诉俞某环境侵权责任案

【案件基本信息】

1. 裁判书字号

江苏省南京市中级人民法院（2018）苏01民终3986号民事判决书

2. 案由：环境侵权责任纠纷

3. 当事人

原告（上诉人）：庞某

被告（被上诉人）：俞某

【基本案情】

庞某系南京市六合区某小区5幢1105室所有权人，俞某系同一小区5幢1005室所有权人，双方是上下楼邻居。2017年12月6日，俞某购买了小松鼠牌冷凝式燃气暖浴两用炉，由商家派专人上门安装。该冷凝式燃气暖浴两用炉以天然气为燃料生热，燃烧产生的废气通过管道导出室外直接排放。其排烟口直径约5厘米，位置处于庞某房屋厨房窗户的下方。案涉冷凝式燃气暖浴两用炉的《检验报告》载明：极限热输入时，烟气中一氧化碳含量0.020%；不完全燃烧时，烟气中一氧化碳含量0.063%；离焰燃烧时，烟气中一氧化碳含量0.006%；有风燃烧时，烟气中一氧化碳含量0.017%。上述单项指标均合格。氮氧化物污染每千瓦时24.7毫克，每立方米28.9毫克。

该燃气炉投入使用后，庞某以其排放的浓烟飘入庞某家形成损害为由与俞某交涉。2017年12月18日，俞某将排烟管加长30厘米，庞某认为此举没有从根本上解决问题，排放的烟气仍会进入庞某家中，遂诉至法院。诉讼期间，通过观看视频光盘及现场察看，肉眼可见俞某的燃气炉排烟口会间断性地排出白色雾状物进入庞某家中。

【案件焦点】

1. 如何把握相邻人之间的环境污染容忍限度；2. 产品合格能否阻却相邻人的环境侵权。

【法院裁判要旨】

江苏省南京市六合区人民法院经审理认为：相邻关系中不动产权利人排放的废气符合国家规定的相邻关系的，另一方不得要求对方承担妨害责任。俞某使用的燃气暖浴两用炉是合格产品，如庞某认为俞某使用的燃气炉废气排放不达标，应承担举证证明责任，否则应承担不利后果。俞某的燃气炉在使用过程中从烟道末端排出白色雾状物，与污染物排放无关，白色雾状物并不能代表污染物的含量多少，且白色雾状物排放的时间具有间断性，非持续性大量排放，此情形对庞某的日常生活不应造成明显不利影响，作为相邻关系一方的庞某应当对俞某的燃气炉排放的废气给予必要的容忍，遂判决：

驳回庞某的诉讼请求。

庞某不服一审判决，提起上诉。江苏省南京市中级人民法院经审理认为：公民在行使自由和权利的时候，不得损害国家的、社会的、集体的利益和其他公民的合法的自由和权利。环境侵权是一种特殊的侵权，其侵权行为既包括已造成他人人身、财产或者社会公共利益现实损害的行为，也包括尚未造成实际损害但足以危及他人人身、财产安全的行为。侵害客体既包括财产权益，也包括生命、健康权益，还包括社会公共利益。侵权后果不仅表现为已造成了损害事实，也表现为尚未造成实际损害，但极有可能给他人造成损害的状态，具有潜伏性与滞后性。庞某与俞某作为同一幢楼同一单元的上下层邻居，应当按照有利生产、方便生活、团结互助、公平合理的精神，正确处理通行、通风、采光等方面的相邻关系。相邻当事人之间一方正当行使权利时，另一方负有一定程度的容忍义务，但是该容忍限度不能超过一般人可容忍的限度，如果超出可容忍的限度，则需要对受侵犯的利益给予必要的保护。俞某安装的冷凝式燃气暖浴两用炉工作时排放的白色烟气包括一氧化碳和氮氧化物有毒物质。从庞某提供的视频光盘可以看出，燃气炉排放的白色烟气通过庞某的窗户进入室内，烟气中含有的一氧化碳和一氧化氮、二氧化氮等有毒气体也随之而入，长期排放足以危及庞某及其家人的人身、财产安全，故俞某应当承担停止侵害、排除妨碍的民事责任。

俞某使用的燃气暖浴两用炉合格与否，与是否构成侵权不具有直接的对应关系，判断是否侵权应当以俞某的行为是否对庞某造成损害或者危及庞某合法权益作为标准。即使俞某使用的燃气暖浴两用炉是合格产品，如果俞某在使用过程中的排放物会损害或者危及庞某生命、健康权益或者财产权益，也构成侵权。

江苏省南京市中级人民法院依照《中华人民共和国侵权责任法》第二条、第二十一条，《最高人民法院关于审理环境侵权责任纠纷案件适用法律若干问题的解释》第十三条，《中华人民共和国民事诉讼法》第一百七十条第一款第二项规定，判决：

一、撤销南京市六合区人民法院（2018）苏0116民初110号民事判决；

二、俞某应于本判决生效之日起十日内改造其燃气暖浴两用炉排烟管道以确保排出的烟气不进入庞某室内，逾期不进行改造或改造后不能确保烟气不进入庞某室内的，对该燃气暖浴两用炉排烟管道进行拆除。

【法官后语】

生命与健康是公民享有一切权利的基础，生命健康权是公民最基本的人身权，应当予以最严格的保护。当生命健康权与不动产的用益物权产生冲突时，应当优先保障公民的生命健康权。

环境侵权是一种特殊的侵权，其构成要件是：行为人有污染环境的行为、他人的人身或财产权利受到损害、二者之间具有因果关系。本案中，首先，俞某实施了排放有毒气体的行为。俞某使用燃气暖浴两用炉时排放的烟气不间断地进入庞某家，且该烟气含有一氧化碳等有毒气体。其次，俞某的燃气炉排放的有毒气体对庞某造成了潜在的损害。环境侵权的损害后果往往不是立即显现，而是具有长期性、潜伏性。因此，侵权行为造成的损害后果既包括已经产生的“可见”的损害后果，又包括尚未造成实际损害，潜伏的、滞后的“隐形”的损害后果，或者说，既包括已造成损失的现实损害，也包括可能造成损失的现实威胁。由于环境污染行为造成的最终后果具有不可逆性，如果出现可能造成威胁的污染行为，当事人有权请求预防性的救济措施，即排除危险。最后，俞某无法举证证明具有法律规定不承担责任的情形及污染行为与损害后果之间不存在因果关系。环境侵权责任的因果关系采取举证责任倒置，俞某主张其产品合格并非法定的抗辩事由，不构成侵权的抗辩。总之，污染者是否侵权应当从侵权行为、损害后果以及因果关系三方面进行综合判断，产品合格不能阻却环境侵权的认定。

当前，公众对美好居住环境需求不断提升，对环境污染越来越敏感，环境污染的可接受度和容忍限度越来越低，特别是对包含有毒有害物质的大气污染，往往会让被污染者产生巨大的心理恐慌感。虽然相邻人之间一方正当行使权利时，另一方负有一定程度的容忍义务，但是该容忍限度不能超过一般人可容忍的限度，如果超出可容忍的限度，则需要打破一般原则对受侵犯的利益给予保护。因此，相邻权利人行使权利时应当把握好权利边界，相对人的环境污染容忍限度的把握，应当有异于其他侵权的容忍标准。本案俞某的燃气炉排放的白色烟气含有一氧化碳和一氧化氮、二氧化氮等有毒气体，而一氧化碳极易与血红蛋白结合，形成碳氧血红蛋白，使血红蛋白丧失携氧的能力和作用，对全身的组织细胞均有毒性作用，尤其对大脑皮质的影响最为严重。可想而知，家中长期经受一氧化碳等有毒气体的侵入，定会对庞某及其家庭造成巨大的心理恐慌。虽然俞某使用的燃气暖浴两用炉是合格产品，但该燃气暖浴两用炉安装位置不合理，导致其排出的有毒气体进入庞某家中，且该有毒气体的排放非短暂的排放，而是可预见的长期排放，长期的心理恐慌和日积月累的有毒气体吸入，势必会危及庞某及其家人的生命健康及财产安全。因此，俞某应当承担停止侵害、排除妨碍的民事责任。

编写人：江苏省南京市中级人民法院　赖传成

六、建筑物区分所有权纠纷

45

建筑物共有部分的认定及业主对共有部分权益的保护

——金某诉陈某物权案

【案件基本信息】

1. 裁判书字号

浙江省温州市中级人民法院（2018）浙03民终4816号民事判决书

2. 案由：物权纠纷

3. 当事人：

原告（被上诉人）：金某

被告（上诉人）：陈某

【基本案情】

金某、陈某分别系港龙公司开发的坐落于温州市瓯海区潘桥街道宁波路某号1幢601室和620室房屋的业主。陈某的房屋位于金某房屋北侧，双方房屋之间为通道，通道上方为夹层，双方房屋高度与夹层顶端齐平。规划部门审定的建设工程设计方案显示，在夹层南面（靠金某房屋）一侧应砌有墙体，夹层北面（靠陈某房屋）一侧及中间部位不砌墙体。工程施工过程中，应港龙公司要求，工程设计单位出具了建字第2016－17号《工程设计联系单》，联系内容：案涉夹层处预留智能化设备器材间，在通道夹层设检修口，该设备器材间区域原设计中北侧不砌墙，变更后该区域南北两侧均砌墙。该联系内容未经有关部门审定。工程竣工平面图显示，案涉夹层处的砌墙方案与原设计方案一致，即夹层南面一侧砌有墙体，夹层北面一侧及中间部位不砌墙体。现案涉夹层处安装有消防管道等设施。规划部门审定：建筑内部的公共空间包括楼道等公共交通空间，配电、弱电等公共设备空间，管线通道等专用空间，架空层等公共活动空间等，该过道上方空间（吊顶空间）是用来布置专用管线和设备使用的专用空间，在房产测绘及产权办理时未计算建筑面积，不属于人员使用的公共空间，任何单位不能擅自改变结构和使用功能。

法院经勘验查明：案涉夹层南面一侧砌有墙体，可从北面一侧进入该夹层空间；该夹层处装有一台热水器内胆。陈某确认系其安装。

陈某认为案涉夹层应由其专有使用，不同意金某对该夹层进行利用。金某起诉请求确认该夹层系公共空间，属该层业主共有。

【案件焦点】

1. 案涉夹层属于建筑物共有部分还是业主房屋专有部分；2. 金某是否具有诉讼主体资格，即业主是否有权就侵害公共空间的行为提起诉讼。

【法院裁判要旨】

浙江省温州市瓯海区人民法院经审理认为，规划部门审定案涉夹层是用来布置专用管线和设备使用的专用空间，在房产测绘及产权办理时未计算建筑面积。该夹层符合设备层或者设备间的功能特性，在使用上具有公共性及非排他性，不具备专有部分的构成要件；且陈某未能举证证明该夹层在规划上专属于其房屋并由港龙公司在销售时列入其房屋买卖合同，故应当认定案涉夹层系建筑物的共有部分，属于该栋建筑物的全体业主共有。金某认为陈某存在侵占房屋共有部分行为，侵害其对房屋共有部分的共有和共同管理权利，并对其房屋专有部分造成安全隐患，依法有权向法院提起诉讼。据此，依照《中华人民共和国物权法》第三十五条、第七十条、第八十三条第二款，《最高人民法院关于审理建筑物区分所有权纠纷案件具体应用法律若干问题的解释》第二条、第三条、第四条、第十四条、第十五条，《最高人民法院关于适用〈中华人民共和国民事诉讼法〉的解释》第九十条规定，判决：

确认601室房屋与620室房屋之间通道上方的夹层属于该栋房屋的全体业主共有。

陈某不服，提起上诉。二审法院同意一审法院裁判意见。

【法官后语】

实践中很多建筑物区分所有权纠纷都是围绕共有部分产生的。我国物权法对共有部分采取了较为分散的列举式规定，但共有部分很难通过列举方式予以穷尽。《最高人民法院关于审理建筑物区分所有权纠纷案件具体应用法律若干问题的解释》采用列举、排除加兜底的方式对共有部分进一步明确："除法律、行政法规规定的共有部分外，建筑区划内的以下部分，也应当认定为物权法第六章所称的共有部分：（一）建筑物的基础、承重结构、外墙、屋顶等基本结构部分，通道、楼梯、大堂等公共通行部分，消防、公共照明等附属设施、设备，避难层、设备层或者设备间等结构部分；（二）其他不属于业主专有部分，也不属于市政公用部分或者其他权利人所有的场所及设施等。"

在适用物权法及相关司法解释界定建筑物共有部分时，笔者认为可以采用"三步走"方法：第一步当然是将争议部分与已明确列举部分一一对照，当争议部分不在列举之列；第二步是考虑争议部分本身的功能特性、使用等方面，若仍不能明确；第三步是结合建筑物专有部分或与其他相关单位、个人的关系等因素予以综合判断。

本案中，当事人争议的"夹层"部分，也根据"三步走"法进行判定。第一步，从字面上看并不属于法律已明确列举部分。第二步，考虑其本身功能、特性。规划部门作出的审定意见认为，该部分是用来布置专用管线和设备使用的专用空间，在房产测绘及产权办理时未计算建筑面积，不属于人员使用的公共空间。根据该意见，可以认为该"夹层"部分符合设备层或者设备间的功能特性，可以对应列举中的"设备层或设备间"部分。如果再结合建筑物专有部分进行反向印证也可得出同一结论。第三步，关于建筑物专有部分，根据相关司法解释，专有部分应具备以下几个要件：具备构造上的独立性，能明确区分；具备利用上的独立性，可排他使用；能够登记成为特定业主所有权的客体。本案的"夹层"不具有构造、利用上的独立性，存在公共性及非排他性，亦明显不符合专有部分的定义。综上，涉案"夹层"部分应认定为系涉案建筑的共有部分。

另外，本案中还涉及业主对共有部分的权益问题，金某作为业主是否有权就本案向法院起诉。我国物权法规定了业主对侵害自己合法权益的行为，可以向法院提起诉讼。该项诉权并不以实际造成损害结果为前提，只要作为个体的业主认为他人有侵害自己合法权益的行为即享有通过起诉获得保护的权利。《最高人民法院关于审理建筑物区分所有权纠纷案件具体应用法律若干问题的解释》对哪些行为属“损害他人合法权益的行为”进行了明确列举：(1) 损害房屋承重结构，损害或者违章使用电力、燃气、消防设施，在建筑物内放置危险、放射性物品等危及建筑物安全或者妨碍建筑物正常使用；(2) 违反规定破坏、改变建筑物外墙面的形状、颜色等损害建筑物外观；(3) 违反规定进行房屋装饰装修；(4) 违章加建、改建，侵占、挖掘公共通道、道路、场地或者其他共有部分。结合物权法和上述司法解释，金某认为陈某存在侵占房屋共有部分、损害消防设施等行为，侵害了其对房屋共有部分的共有和共同管理权利，并对其房屋专有部分造成安全隐患，有权向法院提起诉讼。

编写人：浙江省温州市瓯海区人民法院　陈伟克　陈绵绵

46

建筑区划内相邻公共区域及业主合理使用的认定

——孙某诉施某相邻关系案

【案件基本信息】

1. 裁判书字号

福建省厦门市中级人民法院（2018）闽02民终3488号民事判决书

2. 案由：相邻关系纠纷

3. 当事人

原告（被上诉人）：孙某

被告（上诉人）：施某

【基本案情】

孙某系某小区1号楼（T1）2层02单元的登记产权人，施某系同一小区1号楼（T1）2层01单元的登记产权人。201室房屋系跃层结构，其下层的卧室与202

室房屋的餐厅之间有一电梯井、候梯厅（即公共电梯走道，下同）及空调外机放置平台，因该电梯未停靠二层，故该二层的电梯井并未开门，候梯厅连接楼梯处原有一个窗户连通。施某装修201室时，将该窗户封堵，将其房屋卧室与候梯厅之间的墙体打通，使候梯厅和空调外机放置平台变成其专有使用部分，并将其空调外机安装在空调外机放置平台靠近202室房屋一侧的讼争区域处。此外，讼争区域与电梯井之间为公共强、弱电井。2016年6月1日、6月21日，孙某委托律师向施某两次发送《律师函》，要求施某移除其空调外机并腾空讼争区域等。

201室和202室房屋的《商品房买卖合同》附件5《业主临时公约》第三章第三条第五项约定，中央空调外机需统一放置于预留位置。202室房屋的《房屋使用说明书》所附“房屋建筑结构平面图”显示，201室房屋和202室房屋之间为候梯厅、电梯、楼梯以及空调外机放置平台（图示并列放置两台空调外机，一台在201室房屋一侧，另一台靠近202室房屋一侧）。施某提交的201室房屋的《商品房买卖合同》并未载明其享有201室和202室房屋之间的候梯厅及空调外机放置平台的专有使用权。庭审时，孙某表示同意承担施某将其安放在讼争区域的空调外机移除的费用，但不同意承担恢复候梯厅与楼梯之间窗户的费用。

【案件焦点】

1. 建筑区划内房屋之间的候梯厅及空调外机放置平台属公共区域还是业主专有使用部分；2. 相关业主应如何使用相邻公共区域。

【法院裁判要旨】

福建省厦门市海沧区人民法院经审理认为：施某所举证据不足以证明开发商在销售时已经根据规划将201室和202室房屋之间的候梯厅及空调外机放置平台列入其《商品房买卖合同》中及施某支付了该空间合理使用权的相应对价，故不能认定讼争区域系施某的专有使用部分。根据法律规定，201室和202室房屋之间的候梯厅及空调外机放置平台系公共区域。对于该公共区域，应依据规划设计及《房屋使用说明书》等图示由相关业主等合理进行使用，并不得损害其他人之合法权益。现施某擅自改建，私自占用上述公共区域，不仅影响了楼梯及另一候梯厅的通风和采光，也使得其他业主无法到达上述公共区域，损害了孙某的合法权益。对于讼争区域的使用，依据《房屋使用说明书》所附图示，该空调外机放置平台系开发商为

201 室和 202 室房屋业主安装空调外机所预留，基于附属设施使用属性、经济及便利原则，双方应使用靠近各自房屋一边的空调外机预留位。虽然施某将其空调外机移至靠近其 201 室房屋一侧会产生移机费用，但如将孙某的空调外机安装至靠近 201 室房屋，也会增加管线等费用，电源安装亦不便，且孙某明确表示其愿意承担施某的移机费用。因此，孙某的诉求，应予支持。

福建省厦门市海沧区人民法院依照《中华人民共和国物权法》第八十三条第二款、第八十四条，《最高人民法院关于审理建筑物区分所有权纠纷案件具体应用法律若干问题的解释》第三条第一款第一项、第十四条、第十五条，《中华人民共和国民事诉讼法》第六十四条第一款规定，判决如下：

一、施某于本判决生效之日起一个月内移除 201 室与 202 室房屋之间公共平台上靠近 202 室房屋一侧的空调外机，并恢复该空调外机位的原状，所需费用由孙某承担；

二、施某于本判决生效之日起一个月内拆除 201 室与 202 室房屋之间候梯厅（公共电梯通道）连接楼梯处窗户上添加的墙体，恢复该被封闭的窗户并保持可自由闭合状态。

施某不服一审判决，提起上诉。厦门市中级人民法院同意一审法院裁判意见。

【法官后语】

1. 专有区域和公共区域的区分

专有部分，是指“区分所有人对专属自己的、由建筑材料组成的、在构造上和使用上具有独立性的封闭建筑空间所享有的所有权”。《最高人民法院关于审理建筑物区分所有权纠纷案件具体应用法律若干问题的解释》明确规定了建筑区划内的房屋符合能够明确区分的构造独立性、可以排他使用的利用独立性、能够登记成为特定业主所有权客体的房屋，以及车位、摊位等特定空间，应当认定为专有部分。专有部分之外的区域则为公共区域，范围包括：(1) 建筑区划内的道路、绿地；(2) 建筑区划内的其他公共场所、公用设施和物业服务用房；(3) 占用业主共有的道路或者其他场地的车位；(4) 建筑物的基本构造部分，承重结构、外墙、屋顶等；(5) 公共通行部分，通道、楼梯、大堂等；(6) 公共结构部分，避难层、设备层或者设备间等；(7) 建筑区划内的土地，依法由业主享有建设用地使用权。

本案讼争区域包括空调外机放置平台及相邻两房屋之间的候梯厅（公共电梯通道）。从宏观方面看，依据上述法律法规的规定，该两区域应认定为公共区域；从微观层面看，当事人所提交的《商品房买卖合同》并未载明其享有201室和202室房屋之间的候梯厅及空调外机放置平台的专有使用权，其也未举证证明其支付了该空间合理使用权的相应对价，故应承担举证不能的法律后果。讼争区域为公共区域，业主对该区域享有共有的权利。

2. 业主应合理使用相邻公共区域，不得损害其他人合法权益

对相邻的公共区域，相邻业主是否能够使用以及如何使用？首先，共有权的行使必须遵循民主决定原则、法定原则、约定原则、整体利益优先原则、公序良俗原则等原则，才能防止权利被滥用。其次，相邻各方还应当按照有利生产、方便生活、团结互助、公平合理的精神，合理使用相邻公共区域，给相邻方造成妨碍的，应当停止侵害、排除妨碍。本案中，开发商已经在“房屋建筑结构平面图”图示两房屋之间的空调外机放置平台可并列放置两台空调外机，由此可知，该平台并非仅为201室房屋业主预留的公共区域，根据《最高人民法院关于审理建筑物区分所有权纠纷案件具体应用法律若干问题的解释》第四条规定，业主可以合理使用屋顶以及与其专有部分相对应的外墙面等共有部分，但不可损害他人合法权益。孙某、施某应使用靠近各自房屋一边的空调外机预留位，施某将其空调外机安装在空调外机放置平台靠近202室房屋一侧的区域处，显属不当，损害了孙某的合法权益。

同理，施某未经合法程序私自将楼梯连接候梯厅（公共电梯走道）的窗户封堵，改建且侵占了公共区域，影响建筑内的通风和采光，也使得其他业主或物业使用人无法到达上述公共区域，其行为已经“损害他人合法权益”，孙某作为权利被损害人有权提起诉讼，其诉求合理，可以得到支持。

建筑物区分所有权中的相邻关系既要基于法律的规定，又受到建筑物区分所有权人之间的共同规定的制约，法院在处理该类矛盾时，应在合法范围内，从保护合法利益和邻里和谐相处的角度出发，最大限度地化解矛盾纠纷。

编写人：福建省厦门市海沧区人民法院　陈进杰　邱碧蓉

47

业主不能以自己预测的非常态的安全隐患为由阻止他人正当、合理使用建筑物的公共部分

——林某诉厦门商意大药房连锁有限公司宁宝分店、厦门市安吉利家物业有限公司物权保护案

【案件基本信息】

1. 裁判书字号

福建省厦门市中级人民法院（2017）闽02民终4623号民事判决书

2. 案由：物权保护纠纷

3. 当事人

原告（上诉人）：林某

被告（被上诉人）：厦门商意大药房连锁有限公司宁宝分店（以下简称商意公司宁宝分店）、厦门市安吉利家物业有限公司（以下简称安吉利家物业公司）

【基本案情】

林某系厦门市集美区某小区201室房屋的产权人及该房屋外围天台的使用人。商意公司宁宝分店在201室房屋外围天台的女儿墙墙体上设置一广告牌，广告牌的高度未超过女儿墙墙体的高度。女儿墙的墙体部分属于该小区的公共部分。

林某主张，第一，同一幢建筑物中的不同所有权主体对各自墙外横向合理空间在合理利用的前提下享有优先利用的权利。林某作为讼争房屋的产权人，同时亦是该房屋外围露天阳台的合法使用人，享有二楼墙外延伸空间的优先使用权，商意公司宁宝分店享有一楼墙外延伸空间的优先使用权。现商意公司宁宝分店未经林某同意私自在露天阳台的女儿墙墙面安装招牌，招牌的顶部基本与女儿墙的顶部持平，超出了与其专有部分相对应的外墙面的合理界限，损害了林某的合法权益。第二，

女儿墙的作用是保护人员的安全和装饰建筑立面。商意公司宁宝分店私自在女儿墙安装招牌的行为不仅改变了墙面外观还在一定程度上破坏了结构。第三，商意公司宁宝分店的行为可能导致林某的房屋价值和生活质量受到不利影响。露天阳台与林某房屋的大厅直接相连，是林某及家人日常活动的重要场所。在安装维护招牌的时候，施工人员可以轻松翻墙进入阳台，林某的家庭隐私将全部近距离暴露在陌生人的眼皮底下。要是有人心怀不轨，直接进入林某的房屋，可能给林某造成财产损失，甚至威胁到人身安全。第四，户外招牌带有灯光装置，经风吹日晒雨淋，存在漏电的风险。

林某起诉请求：1. 商意公司宁宝分店限期一个月内拆除覆盖在201室露天平台女儿墙外围的招牌，排除妨碍，消除危险，并恢复该女儿墙外墙原状。2. 安吉利家物业公司承担连带责任。

【案件焦点】

商意公司宁宝分店在涉案楼房墙体设置广告牌的行为是否构成对林某的侵害。

【法院裁判要旨】

福建省厦门市集美区人民法院经审理认为：本案系因排除妨碍、消除危险而引发的物权保护纠纷。《中华人民共和国民事诉讼法》第六十四条第一款规定："当事人对自己提出的主张，有责任提供证据。"《最高人民法院关于适用〈中华人民共和国民事诉讼法〉的解释》第九十条规定："当事人对自己提出的诉讼请求所依据的事实或者反驳对方诉讼请求所依据的事实，应当提供证据加以证明，但法律另有规定的除外。在作出判决前，当事人未能提供证据或者证据不足以证明其事实主张的，由负有举证证明责任的当事人承担不利的后果。"商意公司宁宝分店设置的广告牌位于小区共有部分，而非林某的专有权属部分，且广告牌高度未超出女儿墙范围，因此林某主张商意公司宁宝分店设置广告牌超出合理界限而侵犯其权益，缺乏事实与法律依据，不予支持。林某主张商意公司宁宝分店设置招牌的行为会导致影响女儿墙墙体、威胁林某财产和人身安全等不利后果，但林某主张的侵害情形仅是其本人推断，并未实际发生，林某也未能就其主张提供证据予以证明，故林某的主张缺乏事实与法律依据，不予支持。因广告牌的设置属于行政管理范围，若林某对讼争广告牌可能产生的侵害情形存在忧虑，可依法申请相关行政管理部门介入处理。林某关于商意公司宁宝分店承担责任的主张无法成立，主张安吉利家公司承担连带责任也因此缺乏事实与法律依据，不予支持。

福建省厦门市集美区人民法院依照《中华人民共和国民事诉讼法》第六十四条、《最高人民法院关于适用〈中华人民共和国民事诉讼法〉的解释》第九十条规定，判决如下：

驳回林某的诉讼请求。

林某持原审意见提起上诉。福建省厦门市中级人民法院经审理认为：林某对讼争露台享有使用权，而非所有权，不能禁止他人的合理使用。商意公司宁宝分店设置的广告牌位于小区的共有部分，并未影响到林某对讼争露台的正常使用。林某主张安装广告牌将引发的非常态出现的情况会影响其正常生活，缺乏法律依据，不予支持。因此，林某的上诉请求和理由缺乏事实与法律依据，应予驳回。一审法院认定事实清楚、适用法律正确，应予维持。

福建省厦门市中级人民法院依照《中华人民共和国民事诉讼法》第一百七十条第一款第一项规定，判决如下：

驳回上诉，维持原判。

【法官后语】

由于法律难以对区分所有建筑物共有部分的使用作出详尽规定，在处理此类纠纷时，应从物尽其用、有利于生产生活角度出发，结合实际情况，兼顾各方面的利益，适当考虑使用习惯，公平合理地处理此类纠纷。

本案中，从现状看，商意公司宁宝分店设置的广告牌位于涉案建筑物的共有部分，并未影响到林某对其所有房屋的正常使用。林某主张构成侵害的理由在于设置的广告牌可能会产生房屋结构、改变外观、漏电、暴露隐私、威胁人身安全等非常态情况，从而损害其利益。对于林某所主张的理由，笔者分析认为：

1. 权利人对不动产共有部分享有权利同时伴随义务

《中华人民共和国物权法》第七十二条第一款规定“业主对建筑专有部分以外的共有部分，享有权利，承担义务；不得以放弃权利不履行义务。”这表明不动产权利人就他人对共有部分正常合理的使用负有容忍义务。

2. 不动产共有部分使用的限制

首先，对不动产共有部分的使用应是合理需求。不动产所有人基于对专有部分享有的权利，难免有利用共有部分的现实需求。对于共有部分的合理利用，不仅方便生活，也有利于提高建筑物的经济价值。审判实践中，对于共有部分合理利用的认定应结合共有部分的功能、生活或经营实际需要等因素。本案中，商意公司宁宝分店设置广告牌是为其特定营业需要，这种需求是行使专有权的合理延伸。若其广告牌超过露台高度，影响到林某对其房屋或者讼争共有平台的使用，则不属于合理使用的范畴。

其次，共有部分的使用应遵守法律法规和管理公约，不得损害他人的合法权益。任何人行使权利，实现自由都不能以损害他人利益为代价。涉案广告牌由商意公司宁宝分店设置，则其对广告牌负有管理责任，应确保广告牌不会对他人产生损害。根据查明事实，可以确认涉案广告牌并未违反法律法规，未影响到林某对讼争平台的正常使用，也不存在安全问题，因此商意公司宁宝分店设置广告牌的行为并未违反使用的规则。

3. 林某以未发生、非常态情况为由主张存在侵害，其应承担更重的举证责任

林某所主张的未发生、非常态情况，虽存在可能性，但发生概率很低。现实生活中任意双方发生交往即有可能产生风险，但我们不能因噎废食，为了规避极低概率的风险而放弃正常生活。正如我们不会因为可能发生交通事故就放弃乘车、可能发生医疗事故就放弃治疗等，业主不能以概率极低的风险阻止他人对共有部分的正当合理使用。林某如主张商意公司宁宝分店侵权，则应进一步提供证据证明该情况在讼争不动产使用中发生侵害的较高可能性和现实急迫性。但林某在诉讼中仅是依据个人片面感受进行主观推测，因此本案依法驳回其诉求，有利于为区分所有建筑物共有部分的合理利用提供正确的导向。

编写人：福建省厦门市集美区人民法院　林达

48

业主擅自对公共绿地“私有化”的应担责

——武某诉周某等排除妨害案

【案件基本信息】

1. 裁判书字号

江苏省连云港市中级人民法院（2018）苏07民终1839号民事判决书

2. 案由：排除妨害纠纷

3. 当事人

原告（被上诉人）：武某

被告（上诉人）：周某、北京博安物业服务有限公司连云港分公司（以下简称物业公司）、永泰房地产集团（连云港）有限公司（以下简称开发商）

【基本案情】

武某、周某系某小区的业主，两家相邻。在两家相邻处有一绿地，规划用途为公共绿地。周某在2016年购买位于该小区的别墅后就对该绿地进行了改造、地面硬化并设了栅栏，将该绿地圈为其个人使用，由此与武某就绿地的使用多次产生矛盾，2017年，物业公司和开发商与周某签订了《情况说明》，约定该绿地使用权归周某。因双方就绿地的使用多次协商未果，武某将周某、物业公司和开发商诉至法院，要求：1. 恢复争议公共绿地的原状，排除周某对该公共绿地的独占使用；2. 确认物业公司、开发商于2017年出具给周某的《情况说明》无效。

【案件焦点】

1. 周某是否对涉案绿地享有专有使用权；2. 武某要求周某恢复涉案绿地原状，排除周某对该绿地独占使用是否有事实和法律依据。

【法院裁判要旨】

江苏省连云港市连云区人民法院经审理认为：不动产的相邻权利人应当按照有利生产、方便生活、团结互助、公平合理的原则，正确处理相邻关系。不动产权利人挖掘土地、建造建筑物、铺设管线以及安装设备等，不得危及相邻不动产的安全。

一、关于周某是否对涉案绿地享有专有使用权。涉案绿地规划用途为公共绿地，开发商与业主签订的商品房买卖合同中并未约定该绿地由周某专有使用，周某也未提供证据证明在其购买房屋时明示该绿地归其专有使用，故周某关于其对涉案绿地享有专有使用权的主张无事实和法律依据。在不符合上述条件的情况下，物业公司及开发商无权单方确定绿地归某一业主专有使用。

二、武某要求周某恢复涉案绿地原状，排除周某对该绿地独占使用是否有事实和法律依据。涉案绿地为小区公共绿地，具有提高空气湿度、降温、减弱噪声、除尘等改善小区业主居住环境的功能，是衡量居住空间质量的重要标志。同时，绿地也是小区品质的一个关键性指标，绿地面积大小直接影响着房屋的价值。周某的改造行为，一方面影响武某正常使用其房屋，另一方面其改变绿地原有用途，并圈为己用，不可避免地造成与该绿地相邻的武某生活质量下降，也可能会造成武某房屋价值减损。综上，武某作为相邻权利人有权要求周某恢复原状。因该绿地原状已无从查实，周某应当拆除围栏，恢复该地块绿地功能，并消除对武某房屋的影响。

因物业公司和开发商未实施破坏绿地的行为，武某要求两公司承担恢复原状的义务无事实和法律依据，不予支持。但物业公司作为涉案小区的物业管理公司，应当依法履行职责，对侵犯业主利益的违法行为加强监督和管理，共同维护和谐、优美的小区环境。因物业公司和开发商出具的《情况说明》系证据，武某要求确认该《情况说明》无效，不能构成单独的诉讼请求，依法不予处理。

江苏省连云港市连云区人民法院依据《中华人民共和国物权法》第七十三条、第八十三条第二款、第九十一条，《最高人民法院关于审理建筑物区分所有权纠纷案件具体应用法律若干问题的解释》第十五条规定，作出如下判决：

一、周某于本判决发生法律效力之日起三十日内拆除其别墅东侧绿地的围栏及地面硬化，并将该地块种植草坪，恢复绿地功能；

二、驳回武某的其他诉求。

周某不服一审判决，提起上诉，江苏省连云港市中级人民法院经审理同意一审法院裁判意见。

【法官后语】

近年来，人们对居住环境的要求越来越高，业主也往往将小区容积率、绿地率等作为是否购买房屋的重要考量因素。实践中，就小区公共道路、绿地、设施等的使用问题也产生了大量的纠纷，这些纠纷混合在物业管理合同纠纷、商品房销售合同纠纷、相邻关系纠纷、侵权纠纷等案件中，加大了法官审理案件的难度。

本案中，关于周某是否对涉案绿地享有权利，《中华人民共和国物权法》规定，除属于城镇公共绿地或明示属于个人的外，小区规划内的公共绿地归全体业主所有，业主对其共有部分享有权利、承担义务。按照该规定，除了业主，开发商、物业公司均无权对公共绿地进行处分，这也是物权法定原则和禁止权利滥用原则的要求。涉案绿地规划用途为公共绿地，周某主张有权对其进行改造，首先应当证明其对该绿地享有专有使用权，其提供的证据系开发商、物业公司向其出具的《情况说明》，而开发商和物业公司无权处分公共绿地，该情况说明不能证明周某对该绿地享有专有使用权。周某对绿地的改造，改变了公共绿地提高小区业主居住环境的功能，也影响了武某的正常生活，侵害了包括武某在内的小区业主的权利。

周某主张武某不具有诉讼主体资格，该诉权主体应属于物业公司。《中华人民共和国物权法》第八十三条第二款明确规定“业主对侵害自己合法权益的行为，可以依法向人民法院提起诉讼”，故业主有权要求损害其合法权益的行为人停止侵害、消除危险、排除妨害、赔偿损失。武某要求周某排除妨害，是基于其自身受到损失的事实，而且对其他业主而言是利他的，故无需其他业主同意，故武某作为权利人可以要求周某排除妨害。

本案中，如果开发商、物业公司能够明确自己的职能定位和权限，不出具涉案《情况说明》，就不会使周某认为涉案绿地是其专有，也就不会发生与武某长达两年之久的纠纷；周某、武某系邻居，如果双方本着互谅互让、团结互助的态度处理纠纷，则不至于对簿公堂。在生活中，业主之间要有边界意识，行使自己权利的时候做到不侵害他人的合法权益，不损害公共利益，不违反社会公德；否则，如果漠视其他业主的权益以致违法违规，则必须担责。

编写人：江苏省连云港市连云区人民法院 王晓飞

49

楼房设备转换层收益归属的认定

——小林园社区文化广场小区业主委员会诉宜昌环中房地产开发有限公司建筑物区分所有权案

【案件基本信息】

1. 裁判书字号

湖北省宜昌市中级人民法院（2018）鄂05民终3025号民事判决书

2. 案由：建筑物区分所有权纠纷

3. 当事人

原告（被上诉人）：小林园社区文化广场小区业主委员会（以下简称文化广场业委会）

被告（上诉人）：宜昌环中房地产开发有限公司（以下简称环中房地产公司）

第三人：宜昌市天长地久时尚婚纱摄影有限公司（以下简称天长地久公司）

【基本案情】

环中房地产公司为宜昌市解放路6号文化广场小区开发商。文化广场小区三号楼建成于2012年，总层数为31层，1~4层是商业用房，5层规划用途为文体设施用房，6层以上为住宅。2011年9月29日，天长地久公司与环中房地产公司签订《文化广场房屋租赁合同》，合同约定环中房地产公司将文化广场小区三号楼5层房屋及露台出租给天长地久公司经营使用，其中室内面积为$1168m^2+363.3m^2$，露台面积为$300m^2$，租赁期限为10年，自2012年5月10日至2022年5月9日。文化广场业委会认为该房屋由其所有，环中房地产公司擅自出租经营，侵害了其权益。故诉至法院，请求判令：1. 确认文化广场小区三号楼5层房屋及公共平台空间的所有权归文化广场小区全体业主共有；2. 环中房地产公司赔偿文化广场业委会租金损失2852632元；3. 确认天长地久公司与环中房地产公司签订的《文化广场房屋租赁合同》无效；4. 天长地久公司向文化广场业委会移交其租赁的文化广场小区三号楼5层房屋；5. 天长地久公司向文化广场业委会按照原约定标准支付2018年度租金共计498614元。

【案件焦点】

1. 楼房设备转换层、公共平台的产权归属如何认定；2. 擅自出租他人房屋的租赁合同效力如何认定。

【法院裁判要旨】

湖北省宜昌市西陵区人民法院经审理认为：依据《中华人民共和国物权法》第七十条规定，业主对建筑物内的住宅、经营性用房等专有部分享有所有权，对专有部分以外的共有部分享有共有和共同管理的权利。本案所涉文化广场小区三号楼第5层规划用途为文体设施用房，显然不属于建筑物的专有所有权部分，该5层房屋及公共平台空间的所有权依法应认定为业主共有。环中房地产公司对上述房屋及公共平台空间不享有所有权，其与天长地久公司签订《文化广场房屋租赁合同》对小区业主的公共利益构成共同侵害，该租赁合同应认定为无效，环中房地产公司依该租赁合同收取的租金依法应赔偿给文化广场业委会。依照上述《文化广场房屋租赁合同》约定的租赁期限，文化广场业委会主张赔偿六年期限的租金有依据，环中房地产公司应赔偿2012年8月10日至2018年8月9日的租金2354018元。天长地久公司依该租赁合同承租的5楼房屋依法亦应移交给文化广场业委会。文化广场业委会另请求判令天长地久公司向其支付2018年的租金，依据上述《文化广场房屋租赁合同》的约定，天长地久公司已于年初向环中房地产公司交付了2018年的租金，且文化广场业委会向环中房地产公司主张的租金赔偿金额中已包含了2018年的租金，文化广场业委会再向天长地久公司主张该部分租金，依法不予支持。

湖北省宜昌市西陵区人民法院依照《中华人民共和国物权法》第三十四条、第三十七条、第七十条，《中华人民共和国合同法》第五十二条第四项，《中华人民共和国民事诉讼法》第六十四条第一款规定，作出如下判决：

一、确认湖北省宜昌市解放路6号文化广场三号楼5层全层房屋及5层的公共平台空间的所有权归宜昌市小林园社区文化广场全体业主共有；

二、环中房地产公司向文化广场业委会赔偿2012年8月10日至2018年8月9日的租金损失2354018元；

三、确认环中房地产公司与天长地久公司签订的《文化广场房屋租赁合同》无效；

四、天长地久公司于本判决生效后十日内向文化广场业委会移交其承租的文化广场三号楼5层房屋；

五、驳回文化广场业委会的其他诉讼请求。

环中房地产公司不服一审判决，提起上诉。湖北省宜昌市中级人民法院经审理认为：

（一）根据《中华人民共和国物权法》第七十三条规定："……建筑区划内的其他公共场所、公用设施和物业服务用房，属于业主共有。"根据《最高人民法院关于审理建筑物区分所有权纠纷案件具体应用法律若干问题的解释》第三条第一款第一项规定，建筑区划内的消防、公共照明等附属设施、设备，避难层、设备层或者设备间等结构部分，也应当认定为物权法第六章所称的共有部分。文化广场小区三号楼5层规划用途为文体设施用房，并备注设备转换层内设置文体设施。该用房属于商品房的配套部分，用于满足业主公共文体活动所需，为建筑区划内的公用设施用房；规划的设备转换层为满足楼层上部和下部的使用功能不同，在该楼层设置结构、设备转换，其和设备层或设备间等结构部分类似，也是为满足楼栋的设计和业主使用需要而属于建筑区划内不可分割的结构部分。且宜昌市房屋交易和产权中心出具的查档证明也显示文化广场小区三号楼5层房屋所有权人为文化广场小区全体业主，故讼争的五楼房屋应属于全体业主共有。讼争的五楼公共平台空间亦属于建筑区划内的公共场所，亦属于全体业主共有。

（二）因案涉5层房屋和公共平台空间属全体业主共有，环中房地产公司对上述房屋及公共平台空间不享有所有权，也未接受所有权人的委托进行处分，其无权将该五楼房屋和公共平台空间使用权进行转让处分，也无权将其出租给天长地久公司。天长地久公司和环中房地产公司均称5层房屋已经由环中房地产公司将使用权转让给九户业主，并由九户业主委托环中房地产公司与天长地久公司签订租赁合同，但无论是环中房地产公司还是该九户业主对诉争房屋出租均系无权处分行为，且环中房地产公司自称将房屋使用权转让后收取了九户业主的转让价款，环中房地产公司处分诉争房屋及平台的行为对小区业主的公共利益构成共同侵害，现文化广场业委会以环中房地产公司为被告直接请求环中房地产公司赔偿其损失合乎法律规定。至于环中房地产公司诉称的九户业主未参与本案诉讼程序违法，九户业主未参与本案诉讼并不影响文化广场业委会直接向无权处分人环中房地产公司主张要求赔偿，也不影响本案的审理，环中房地产公司的该诉称于法无据。因本案各方当事人对环中房地产公司与天长地久公司签订的《文化广场房屋租赁合同》的真实性均不持异议，一审法院依照该合同的约定判令环中房地产公司应赔偿文化广场业委会2012年8月10日至2018年8月9日的租金为2354018元合理。

（三）环中房地产公司与天长地久公司签订的《文化广场房屋租赁合同》系无权处分，但因该租赁合同未到期，天长地久公司亦属于善意第三人，其系善意承租人和善意占有人，从鼓励市场交易、维护商业秩序的角度出发，本案不能以环中房地产公司无权处分而否认该租赁合同的效力，故对文化广场业委会要求确认该租赁合同无效及要求天长地久公司向文化广场业委会返还租赁物的诉讼请求，不予支持。鉴于涉案房屋和平台空间的原租赁合同未到期，对承租人而言，租赁物存在商业使用价值，对租赁物所有权人而言，也存在出租收益，故文化广场业委会可与天长地久公司就涉案房屋和平台空间的后续租赁和返还另行协商解决。综上所述，环中房地产公司的上诉请求部分成立，应予改判。

湖北省宜昌市中级人民法院依照《中华人民共和国民事诉讼法》第一百七十条第一款第二项规定，判决如下：

一、维持一审判决第一项、第二项；

二、撤销一审判决第三项、第四项；

三、驳回文化广场业委会的其他诉讼请求。

【法官后语】

本案是我院受理的一起建筑物区分所有权纠纷典型案例，贴近民生、舆情关注度高，对广大业主维权具有一定的普法教育意义。二审部分改判，在一审基础上做了适当调整，让最终判决更加合理。笔者就此案具体分析如下：

1. 设备转换层的性质

何为“设备转换层”？百度百科解释为“建筑物某楼层的上部与下部因平面使用功能不同，而采取不同结构，通过该楼层进行结构设备转换，则该楼层称为转换层”。因为目前的高层建筑大多低层为商铺，商铺以上为民用住宅，商用和民用房屋结构不同，楼内水、电、气及消防管道也不一样，因此往往在3楼或4楼处有一个设备转换层。该楼层大部分架空，故民间俗称“架空层”。设备转换层虽然不能作为房屋居住使用，但在寸土寸金的城市地段，却具有较高的市场价值，其租金甚至和临街商铺相当。

设备转换层是建筑物的一部分，物理上具有不可分性，属于建筑物共有部分，《最高人民法院关于审理建筑物区分所有权纠纷案件具体应用法律若干问题的解释》第三条明确规定，避难层、设备层或设备间等结构部分为共有部分。故设备转换层的所有权人为该栋楼房的全体业主，而非开发商、物业公司或某个业主。实践中，往往由业主委员会代为行使全体业主的权利。

本案中，天长地久公司承租的文化广场三号楼5层，系设备转换层，属于业主共有部分，因此开发商擅自出租盈利，侵害了业主委员会的利益，属不当得利，应予退还。

2. 保护善意承租人的期待利益，对合同无效持谨慎态度

本案的亮点，在于二审对一审判决第三项、第四项的改判撤销，即不认定合同无效、不要求承租人腾退返还房屋，应维持现状。就此，笔者翻阅合同法和《最高人民法院关于审理城镇房屋租赁合同纠纷案件具体应用法律若干问题的解释》，发现只有《中华人民共和国合同法》第五十二条原则性规定了合同无效的判断标准，在合同法分则及上述司法解释中均无“无权出租”合同效力的判定标准。

根据2009年《最高人民法院关于当前形势下审理民商事合同纠纷案件若干问题的指导意见》及2016年《第八次全国民事审判工作会议纪要》，最高人民法院对此的司法政策是“以合同自由为代表的意思自治是民商法的基石，以诚实信用为代表的权利本位是民商法的中心。要谨慎介入当事人自治领域，充分尊重当事人对合同的自由权利，除非违反法律效力性强制规定，不能轻易否定合同效力。要鼓励交易，维护交易稳定性，保护相对人期待利益，最大限度增进社会财富流通”。上述精神一言以蔽之，就是不要轻易认定合同无效。

对此，可以参考“无权买卖”的情形，《最高人民法院关于审理买卖合同纠纷案件适用法律问题的解释》第三条规定，“当事人一方以出卖人在缔约时对标的物没有所有权或者处分权为由主张买卖合同无效的，人民法院不予支持”，这也印证了无权处分不一定导致合同无效。

本案中，天长地久公司系善意承租人，其对承租房屋已经投资装修，现在若腾退返还，必将导致巨额装修损失。而文化广场业委会起诉亦为收取租金收益，收回房屋自行使用的可能性不大，且双方合同临近届满，待合同期满后协商是否续租更为妥当。因此，二审的改判是合理恰当的。

编写人：湖北省宜昌市西陵区人民法院　周云

50

未经批准在楼房公共区域私自搭建改造的，构成对其他业主建筑物区分所有权的侵犯

——边某某、刘某某诉张某某、董某某建筑物区分所有权案

【案件基本信息】

1. 裁判书字号

山东省淄博市中级人民法院（2018）鲁03民终578号民事判决书

2. 案由：建筑物区分所有权纠纷

3. 诉讼双方

原告（被上诉人）：边某某、刘某某

被告（上诉人）：张某某、董某某

【基本案情】

边某某、刘某某购买了山东齐鲁盛华房地产有限责任公司开发的某小区4号楼3层西南户住房一套，张某某、董某某购买了该小区4号楼3层西户住房一套。出

3楼电梯后，边某某、刘某某可直接入室，张某某、董某某需进入消防门通过连廊后入室。该连廊南侧为四周围起的从一楼直通楼顶的空地（以下简称镂空区域），该镂空区域的顶部用楼板遮盖。边某某、刘某某的卫生间、厨房及北边卧室的窗户均在镂空区域，且厨房、北边卧室的窗户正对着连廊，连廊的两侧均装有1.5米左右的铁栅栏遮挡，张某某、董某某在连廊两侧紧挨栅栏处用玻璃将连廊封闭，其中下层部分为1米左右的不能打开的玻璃窗，中间层部分及最上层部分为可推拉式的玻璃窗。2015年3月3日，山东齐鲁盛华房地产有限责任公司与淄博宏展物业管理有限公司发布关于连廊的管理办法，在该管理办法中要求有封闭连廊行为的业主于3月8日前把封闭拆除。2015年9月21日，山东齐鲁盛华房地产有限责任公司发布关于更换连廊门锁具的通知。2016年4月8日，临淄区城市管理行政执法局等部门发布关于该小区住户投诉连廊封闭问题的处理意见。

边某某、刘某某主张张某某、董某某将连廊封闭系非法搭建行为，侵犯其建筑物区分所有权，应予拆除。诉讼中，张某某、董某某已将连廊上的物品清除。张某某、董某某辩称，涉案纠纷发生于相邻而居的住户之间，边某某、刘某某起诉依据的事实是张某某、董某某对两户相邻处公共空间的利用，对其通风、采光、通行等构成妨害，本案符合相邻权纠纷的法律构成特征；张某某、董某某没有控制双方之间的连廊门锁，没有侵占通道，不影响边某某、刘某某的通风、采光、安全消防及通行，没有对边某某、刘某某房屋的居住和使用造成影响。

【案件焦点】

边某某、刘某某诉求张某某、董某某拆除涉案物品、排除妨害、恢复原状，有无事实及法律依据。

【法院裁判要旨】

山东省淄博市临淄区人民法院经审理认为：涉案楼房的连廊虽然客观上多由被告使用，但其不属于被告所购商品房的范围，依法属于该楼房的公共空间。被告在连廊上进行搭建、改造，未经有关单位（部门）批准，其行为不符合法律规定，且有关部门对于住户封闭连廊问题，业已作出要求开发商拆除或以法律途径予以拆除的处理意见，故被告依法应当拆除其在连廊的搭建物。被告作为使用连廊的一方，应将连廊门处于通畅状态。故对原告要求被告拆除连廊上的搭建物，恢复连廊原状，将连廊门处于通畅状态的诉讼请求，予以支持。诉讼中，原告认可被告已将连廊上的私人物品清除，对其该项诉求，不再予以处理。综上，依照《中华人民共和国民法通则》第八十三条、第一百三十四条第一款第五项，《最高人民法院关于审理建筑物区分所有权纠纷案件具体应用法律若干问题的解释》第十四条规定，判决：

张某某、董某某于判决生效之日起十日内自行拆除在连廊上的搭建物，恢复连廊原状，将连廊门锁打开并保持连廊门通畅。

张某某、董某某不服一审判决，提起上诉。山东省淄博市中级人民法院经审理认为：建筑物专有部分以外的共有部分为业主共同享有，任何一方不得私自占有使用。涉案连廊是公共空间，双方系因张某某、董某某在该公共空间内实施建设改造行为而产生争议，一审据此确认本案案由为建筑物区分所有权纠纷并无不当。张某某、董某某未经相关政府部门批准在连廊上私自进行搭建、改造，不符合法律规定，且即使确如张某某、董某某所称，涉案连廊存在施工设计缺陷影响其生活方便和安全，张某某、董某某亦无权擅自改造，故一审法院判决张某某、董某某拆除其在连廊的搭建物并无不当。综上，一审判决认定事实清楚，适用法律正确，审判程序合法，应予维持。

山东省淄博市中级人民法院依照《中华人民共和国民事诉讼法》第一百七十条第一款第一项规定，判决：

驳回上诉，维持原判。

【法官后语】

本案涉及的主要问题在于，未经批准在楼房公共区域私自搭建改造的，是否属于对其他业主建筑物区分所有权的侵犯。现实生活中，未经批准而在小区楼房的公共区域私自搭建改造的情形屡见不鲜，由此也引发了众多相关纠纷。而这类纠纷所涉及的核心无疑就是建筑物区分所有权。建筑物区分所有权作为一项重要的不动产权利，属于综合型的、复合型的权利。对此，《中华人民共和国物权法》第七十条规定："业主对建筑物内的住宅、经营性用房等专有部分享有所有权，对专有部分以外的共有部分享有共有和共同管理的权利。"因此，建筑物专有部分以外的共有部分为业主共同享有、共同管理，任何一方不得私自改建、占有使用。而建筑物的公共空间明显属于建筑物专有部分以外的共有部分，其所有权依法应为全体业主共同享有，任何业主个人都无权私自占有、使用和处置。故未经批准而在小区楼房的公共区域私自搭建改造，显然侵犯了全体业主共同享有的建筑物共有部分的所有权，属于对其他业主建筑物区分所有权的侵犯。

从本案的法律关系来看，主要涉及对建筑物区分所有权纠纷与相邻关系纠纷的正确区分与界定的问题。被告提出抗辩主张本案并非建筑物区分所有权纠纷，而是相邻关系纠纷。审判实践中对于此类案件到底应属于建筑物区分所有权纠纷还是相邻关系纠纷也确实容易出现模糊认识，需要从法理上对二者予以正确区分界定。

根据《中华人民共和国物权法》第七十条规定，建筑物区分所有权是指业主对建筑物内的住宅、经营性用房等专有部分享有的所有权，对专有部分以外的共有部分的共有权及因区分所有建筑物共同关系所产生的成员权共同组成的特别所有权。[①] 即区分所有权人对于建筑物中的专有部分所有权与共有部分持分权所构成的特殊的所有权。[②] 而相邻关系则是指相互毗邻的不动产所有人、用益物权人或占有人在行使该不动产的所有权或使用权时，因用水、排水、通行、通风和采光等行为而相互间给予便利或接受限制所发生的权利义务关系。[③] 在该权利义务关系中，相邻一方行使不动产权利时要求相邻他方容忍甚至提供必要的便利，相邻他方负有容忍甚至提供便利的义务，相邻各方据此而享有的权利即被称为相邻权。从性质上来看，建筑物区分所有权属于物权，是所有权的一种特殊形式；相邻权则是基于法律的规定对不动产所有权或使用权当然的限制或延伸，它并不是一项独立的物权，而是基于物权基础上的请求权。[④] 因此，在审判实践中，对于业主因其对建筑物所享有的专有权、共有权以及共同管理的权利受到侵害而发生纠纷引发诉讼的，应认定属于建筑物区分所有权纠纷；对于相互毗邻的不动产所有人、用益物权人或占有人在行使该不动产的所有权或使用权时，因用水、排水、通行、通风和采光等行为而

---

① 景汉朝：《民事案件案由新释新解与适用指南——根据新民事诉讼法展开》，人民法院出版社2013年版，第70页。

② 尹文杰：《建筑物区分所有权与相邻权的案例浅析》，载《法制博览》2018年第13期。

③ 景汉朝：《民事案件案由新释新解与适用指南——根据新民事诉讼法展开》，人民法院出版社2013年版，第80页。

④ 尹文杰：《建筑物区分所有权与相邻权的案例浅析》，载《法制博览》2018年第13期。

引发的纠纷，则应认定属于相邻关系纠纷。

具体到本案中，双方当事人皆认可涉案连廊是公共空间，且双方系因张某某、董某某在该公共空间内实施建设改造行为而产生争议，而建筑物专有部分以外的共有部分为业主共同享有，任何一方不得私自占有使用。故边某某、刘某某以张某某、董某某侵犯其建筑物区分所有权为由起诉要求张某某、董某某拆除涉案物品并恢复原状，完全符合建筑物区分所有权纠纷的特征，本案应属于建筑物区分所有权纠纷，而非相邻关系纠纷。张某某、董某某未经相关政府部门批准在连廊上私自进行搭建、改造，其该行为明显不符合法律规定，且即使确如张某某、董某某所称，涉案连廊存在施工设计缺陷影响其生活方便和安全，张某某、董某某亦无权擅自改造。

编写人：山东省淄博市中级人民法院　荣明潇　周树学

51

未计入公摊建筑面积的小区备用配电室权属的认定

——霞浦县松港街道东兴社区××豪庭业主委员会诉王某、福建霞浦晨曦大酒店有限公司恢复原状案

【案件基本信息】

1. 裁判书字号

福建省宁德市中级人民法院（2018）闽09民终1400号民事判决书

2. 案由：恢复原状纠纷

3. 当事人

原告（上诉人）：霞浦县松港街道东兴社区××豪庭业主委员会（以下简称××豪庭业委会）

被告（被上诉人）：王某、福建霞浦晨曦大酒店有限公司（以下简称晨曦大酒店）

第三人：霞浦企弘房地产开发有限公司（以下简称企弘公司）

【基本案情】

××豪庭位于霞浦县松港街道山河路北侧，由企弘公司开发建设，项目地产于2014年交付使用。2016年12月12日，××豪庭业委会成立，已办理备案登记。王某购买××豪庭5号楼112室，该房与位于5号楼内的小区备用配电室相邻，王某经企弘公司同意，在配电室堆放杂物。××豪庭业委会诉至法院，要求晨曦大酒店、王某恢复原状。

【案件焦点】

诉争配电室是否属××豪庭业主共有。

【法院裁判要旨】

福建省霞浦县人民法院经审理认为：企弘公司建设的5号楼112室北向的小区配电室，已规划为备用商业配电室，目前尚未使用，但商业配电室的性质未变化，故财产的管理权仍归属于企弘公司，不属于××豪庭业委会。晨曦大酒店没有使用争执配电室，××豪庭业委会主张要求该酒店承担侵权责任，依据不足，不予支持。虽然目前配电室由王某用于堆放杂物，但没有侵犯××豪庭业委会的权益，××豪庭业委会主张要求王某承担侵权责任，依据不足，不予支持。

福建省霞浦县人民法院依照《最高人民法院关于审理建筑物区分所有权纠纷案件具体应用法律若干问题的解释》第三条规定，判决如下：

驳回××豪庭业委会的诉讼请求。

××豪庭业委会不服一审判决，提起上诉。福建省宁德市中级人民法院经审理认为：××豪庭业委会关于诉争配电室属全体业主共有的上诉理由不成立。原审未支持××豪庭业委会返还原物、排除妨碍、恢复原状的诉讼请求并无不当，可予维持。至于企弘公司是否自愿将诉争配电室保留给商业店面的业主使用，属企弘公司与商业店面业主之间的法律关系，不在本案审查范围。综上所述，××豪庭业委会的上诉请求不能成立，应予驳回；一审判决应予维持。

福建省宁德市中级人民法院依照《中华人民共和国民事诉讼法》第一百七十条第一款第一项规定，判决如下：

驳回上诉，维持原判。

【法官后语】

本案特点在于诉争配电室系在5号楼内，而非在小区楼外的公共建筑内，这正是诉争配电室计入建筑面积的原因。同时，本案诉争配电室未计入公摊建筑面积。既然计入建筑面积却又未计入公摊建筑面积，那么就属于专有建筑面积部分，而非共有建筑面积部分。专有部分在出卖给购房者前仍属开发商即企弘公司所有。××豪庭业委会认为企弘公司没有证据证明其有产权的上诉理由不成立。

上述结论可从业主权利来源的角度予以进一步说明。××豪庭业委会主张诉争配电室属小区所有业主共有，而业主的权利来自购买房产。如果业主确实拥有诉争配电室的共有权，那么其支付的购房价中就应包括诉争配电室。本案业主的购房价包括了套内建筑面积与公摊建筑面积的价格，其中套内面积显然与诉争配电室无关，而诉争配电室计入建筑面积却未计入公摊建筑面积，因此业主支付的购房价中不管是套内建筑面积的价格，还是公摊建筑面积的价格，均未包括诉争配电室的价格。既然未包括，那么除诉争配电室的业主外，小区其他业主对诉争配电室当然就无产权，诉争配电室当然也就不属于小区业主共有。

由于诉争配电室属5号楼的组成部分，其建筑成本确实包括在5号楼乃至整个小区的建筑成本中。但诉争配电室系作为独立单元计入建筑面积，故其成本并非分摊到整栋楼的所有业主身上，而是由该配电室的所有人（出卖前为开发商，如有出卖则为购买人）承担。××豪庭业委会认为该配电室的成本分摊到全体小区业主中故属全体小区业主共有，该理由实为循环论证，因为此理由暗含的前提是配电室无独立产权，成本分摊的全体业主中不包括配电室的独立产权人。但如上所述，诉争配电室是计入独立产权的，故此理由明显错误。此道理正如某套商品房的建筑成本当然包括在该栋楼的建筑成本中，但没有人会认为该套商品房属该栋业主共有。所以重点不在于诉争标的物的建筑成本是否包括在小区的建筑成本中，而在于诉争标的物是否计入专有建筑面积中。××豪庭业委会的此项上诉理由亦不成立。

××豪庭业委会同时强调配电室系小区的配套措施，但这仅涉及其功能，不动产权属的分析认定并不能单纯从功能上判断，仍应如上所述从物权法的角度进行分析认定。此项上诉理由同样不成立。

编写人：福建省霞浦县人民法院　王莹

七、业主撤销权、知情权纠纷

52

物业公司不得对业主共有的地面停车位擅自收费

——海安天宝物业有限公司诉徐某、袁某物业服务合同案

【案件基本信息】

1. 裁判书字号

江苏省南通市中级人民法院（2018）苏06民终1076号民事判决书

2. 案由：物业服务合同纠纷

3. 当事人

原告（被上诉人）：海安天宝物业有限公司（以下简称天宝公司）

被告（上诉人）：徐某、袁某

【基本案情】

2015年3月28日，徐某、袁某向天楹公司购买××花园两套商品房，其中2-305室为商品房，1-101室为商铺。2015年4月14日，天宝公司与徐某签订物业合同，对物业服务及费用进行了约定。2017年4月25日，××花园业主委员会、天宝公司通过小区收取停车费的公示：北广场地面专用车位租赁收费标准为200元/月/个；北广场地面车位临时停车收费为1小时内不收费，1~4小时收费5元（含1小时），4~24小时收费10元（含4小时），超过24小时重新按上述时段计算收费。2017年8月15日，天楹公司向天宝公司出具授权委托书，委托天宝公司代为收取契税以及停车费等。徐某、袁某将1-101室用于经营“子慕咖啡”咖啡馆。

对于前来消费的顾客，徐某、袁某向其发放临时停车券，盖有“子慕咖啡发票专用章”，券面写有“临时停车券伍元子慕咖啡（涂改无效）”等字样。截至2017年9月17日累计发放停车券2296张。徐某、袁某应缴纳物业管理服务费2471元。

【案件焦点】

天宝公司收取案涉地面停车费是否具有事实和法律依据。

【法院裁判要旨】

江苏省海安县人民法院经审理认为：天宝公司为徐某、袁某入住的小区提供了物业服务，徐某、袁某作为业主应当支付物业服务费用。双方对物业服务费2471元并无异议，予以支持。天宝公司主张装修保证金、装修垃圾处理费275元、代垫电费200元、公共维修基金6178元均无事实依据，不予支持。天宝公司主张徐某、袁某支付停车费11480元，从照片及公示来看，小区业主委员会和天宝公司对小区停车费的收取已有相关规定。天宝公司为徐某、袁某提供了停车场服务，徐某、袁某应当按照其签发停车费的数额支付停车费。

江苏省海安县人民法院依照《中华人民共和国合同法》第一百零七条、第一百一十一条、第一百二十二条、第三百九十七条，《最高人民法院关于审理物业服务纠纷案件具体应用法律若干问题的解释》第六条，《最高人民法院关于适用〈中华人民共和国民事诉讼法〉的解释》第九十条规定，作出如下判决：

一、徐某、袁某于判决生效之日起10日内给付天宝公司物业服务费2471元、停车费11480元，合计13951元；

二、驳回天宝公司的其他诉讼请求。

徐某、袁某不服一审判决，提起上诉。江苏省南通市中级人民法院经审理认为：物业服务企业并非小区停车位的所有权人或使用权人，其基于物业服务合同对小区范围内的停车位进行维护、管理，但并不因此当然取得在物业服务费之外另行收取停车费的权利。物业服务企业停车位收费权的取得应当基于物业服务合同的约定或者停车位所有权人、使用权人的委托。否则，物业服务企业主张收取停车费，既没有物业服务合同依据，也没有委托授权的权利基础，必将侵害停车位实际权利人的合法权益。业主以物业服务企业擅自扩大收费范围、违规收费为由提出抗辩的，应予支持。具体理由如下：

第一，天宝公司主张案涉规划停车位属于天楹公司所有，其基于天楹公司的书面授权收取停车费不能成立。由于地面停车位是直接设置在土地表面的停车设施，即直接设置在业主共同拥有使用权的土地表面上，地面停车位的所谓产权，实际上就是土地使用权。鉴于全体业主共同拥有住宅小区宗地号的土地使用权，在天宝公司既不能证明天楹公司与业主存在特别约定，又不能证明该地面停车位已经或可以办理产权登记成为天楹公司专有部分的情况下，仅凭小区总平面图注明为规划车位本身并不能作出该地面停车位属于天楹公司的认定。天宝公司主张基于天楹公司的授权收取案涉停车费缺乏权利基础和事实依据，不能成立。

第二，天宝公司与小区业主委员会就北广场地面停车位收费标准进行的联合公示，不能作为天宝公司收取案涉停车费的依据。该联合公示只能证明天宝公司与小区业主委员会就收费标准进行了协商确定，不能据此认定天宝公司获得了公示范围内停车位的收费权。公示中虽明确了收费标准，但没有业主大会或其授权的业主委员会委托天宝公司进行收费的内容。天宝公司主张其收取停车费是基于天楹公司的授权，不能成立。

第三，天宝公司称徐某、袁某事实上接受了停车服务，使用停车券时也未提出异议，据此主张案涉停车费不能成立。天宝公司即便在车辆进出口安排了人员并对车辆停放进行了管理，也只能视为其在履行物业服务协议的合同义务，并不因该事实上的管理行为而当然获得在收取物业费之外另行收取临时停车费的权利，否则将构成对实际权利人的权利侵害。作为业主的徐某、袁某以天宝公司擅自扩大收费范围、违规收费为由提出抗辩，符合《最高人民法院关于审理物业服务纠纷案件具体应用法律若干问题的解释》第五条规定，予以支持。

江苏省南通市中级人民法院依照《最高人民法院关于审理物业服务纠纷案件具体应用法律若干问题的解释》第五条、《中华人民共和国民事诉讼法》第一百七十条第一款第二项规定，作出如下判决：

一、撤销江苏省海安县人民法院（2017）苏0621民初5586号民事判决；

二、徐某、袁某于本判决生效之日起10日内给付天宝公司物业服务费2471元；

三、驳回天宝公司的其他诉讼请求。

【法官后语】

随着社会经济的发展，私家车越来越普及，小区停车成为业主普遍关心的问题。不少物业公司对小区规划的地面停车位进行出租，甚至在业主共有的道路或者其他场地开辟临时车位收费。对于物业公司是否有权对小区地面停车位进行收费、应当如何收费、收益如何分配，很多业主并不清楚。本案核心在于对《中华人民共和国物权法》第七十四条如何理解与适用。

1. 商品房小区的地面停车位归属业主共有

《中华人民共和国物权法》第七十四条的前两款中都提到了“规划用于停放汽车、车库的归属”，容易使人误解其针对规划车位，而第三款针对非规划车位。事实上，小区地面停车位无论是否经过规划许可，只要设置于业主共有的道路或场地，根据《中华人民共和国物权法》第七十四条第三款规定，其权属就应当归属全体业主共有。“规划”与否并非判定地面停车位归属的实体法依据，房地产开发企业根据规划行政部门的要求对小区地面停车位进行配建是其应尽的公共设施配建义务，并不因“规划”属性本身取得地面停车位的权利。否则据此类推，将得出小区喷泉、电梯、绿植等公共配套设施都归房地产开发企业所有的悖论。由于小区地面停车位上并无地上建筑物，实际上就是小区的土地使用权，终审认定地面停车位占用业主共有场地、归属业主共有是正确的。

最高人民法院在（2017）最高法民申2817号民事裁定书中也采纳了上述观点，认为小区地面停车位是由开发商依照行政规划建设的物业附属设施，实际上并无建筑物，其本质属于土地使用权，不能办理产权登记。开发商将商品房向业主出售后，建设范围内的土地使用权归属全体业主。因此，地面停车位的权益作为附属设施属于全体业主，其性质与其他公共附属设施性质并无不同。开发商有义务按照规划修建小区附属设施，但并非依据规划建设的附属设施都归开发商所有。

2. 物业公司收取停车费应当具有合法权利来源

小区停车位的价值主要体现在停车位这一“物”本身的价值，并非物业管理“行为”。物业公司并非小区停车位的所有权人或使用权人，其基于物业服务合同对小区停车位进行管理是其应尽的合同义务，并不因物业管理行为当然获得收取停车费的权利。如果物业服务合同对地面停车位的收费未作约定，物业公司收取停车费则须得到业主大会或业主委员会的授权，由业主（代表）大会形成决议，确定是否收费、如何收费、收益分配等事宜，经过公示程序并办理相关手续后委托物业公司收取，业主委员会负责具体监督。否则，如未经业主大会或者业主委员会授权同意，物业公司就对地面停车位进行收费，没有合法的权利来源，势必损害停车位实际权利人的合法权益。

编写人：江苏省南通市中级人民法院　陆炜炜

53

物业管理委员会决定的可诉性

——黄某等诉无锡市紫金英郡东苑小区物业管理委员会业主撤销权案

【案件基本信息】

1. 裁判书字号

江苏省无锡市滨湖区人民法院（2018）苏0211民初993号民事判决书

2. 案由：业主撤销权纠纷

3. 当事人

原告：黄某、沈某、任某

被告：无锡市紫金英郡东苑小区物业管理委员会（以下简称物管会）

第三人：无锡市长庆物业管理有限公司（以下简称长庆公司）

【基本案情】

2016年，无锡市紫金英郡东苑业主大会、业主委员会作出决议，选聘长庆公司为该小区物业服务企业。但因小区前物业公司（即温馨公司）阻挠，长庆公司未能入驻该小区。经小区所在滨湖区住建局、小区所属产山社区居委会协调，交接工作亦未能完成。2017年3月，在社区、街道的协调下，温馨公司与长庆公司签署了《交接单》，后温馨公司未按约撤场。2017年4月，温馨公司从该小区撤场，使得该小区物业陷入瘫痪。在此情况下，产山社区、物管会向长庆公司发送《公函》，要求其严格执行区住建局会议纪要和物业交接单内容，进场从事物业服务，但长庆公司收函后未予接管。2017年6月，产山社区再次向长庆公司发函，要求其在接函后五天内接管涉案小区物业，长庆公司仍未接管小区物业。2017年6月，产山社区居委会聘请人员对该小区提供基本物业服务，但是其余的物业工作包括电梯、公共设施的维修等工作均未正常启动。

紫金英郡东苑业委会任期届满后因小区业主对新业委会筹备组人员资格意见不一，筹备组未能成立，该小区新一届业委会至今未能选举成立。

2017年11月，小区所属河埒街道办事处向滨湖区住建局出具《公告》，载明：根据《无锡市物业管理条例》规定，街道决定成立物管会，成立后的物管会组成人员过半数为小区业主。2017年12月1日，物管会与文汇公司签订《物业管理临时委托合同》，具体的物业费收费标准与原业委会与长庆公司签订的物业合同约定的收费标准相同。同日，物管会在小区发出拟与文汇公司签订临时管理合同的《公告》。文汇公司进场接手物业后，该小区物业服务逐渐恢复正常有序，物业费欠缴率也大幅下降。

紫金英郡东苑小区业主黄某、沈某、任某主张：1. 撤销物管会作出的选聘文汇公司为小区物业企业的决定。2. 判令物管会与长庆公司进行物业交接。理由是：首先，成立物管会违反法律规定，街道应组织召开业主大会选举产生新一届业委会，而非成立物管会。其次，即便物管会成立合法，物管会也应当执行业主大会的决议，监督和协助长庆公司与温馨公司办理交接手续。最后，物管会所作决定的程序不合法。

【案件焦点】

1. 物管会的成立是否符合法律规定；2. 物管会选聘临时物业公司的行为，业主是否可以主张撤销；3. 物管会选聘临时物业公司的行为是否侵犯了业主的合法权益。

【法院裁判要旨】

江苏省无锡市滨湖区人民法院经审理认为：《江苏省物业管理条例》第二十七条第一款规定，具备成立业主大会条件但未成立，经所在地的区物业管理行政主管部门或街道办事处指导后仍不能成立的，可以由街道办事处、社区居民委员会、社区服务机构、建设单位、业主代表等组成所在物业管理区域内的物业管理委员会，代行业主大会和业主委员会职责。紫金英郡东苑小区新一届的业委会无法成立，且经行政主管部门反复指导后无法成立新一届业委会，故河埒街道在该小区成立了由小区所在地社区、业主代表组成的物管会，组织形式符合法律法规要求。

物管会代行业主大会及业委会的职责，有权选聘或解聘物业服务企业。物管会决定选聘文汇公司作为临时物业服务企业，属于物管会代行业主大会、业委会履行职责的体现。另外，根据《物业管理条例》第十二条规定，业主有权对业主大会、业委会侵害其合法权益的决定主张撤销，同理而言，业主也有权对物管会侵害其合法权益的决定主张撤销，故本案物管会所作选聘临时物业公司的决定，业主可诉至法院主张撤销。

涉案小区物管会成立后，多次催促长庆公司办理物业管理交接事宜，但长庆公司均未予理睬，以其实际行动表明不再履行其与业委会所签订的合同。为维护小区的稳定，确保小区业主享受正常的物业服务，物管会遂与文汇公司签订临时物业管理合同，由文汇公司在长庆公司的物业服务合同有效期内临时提供物业服务，收费标准未超过原业委会与长庆公司物业服务合同的标准。由此可见，物管会系为了维护小区全体业主的利益与文汇公司签订临时物业管理合同。业主委员会的决定侵害业主合法权益的，受侵害的业主可要求法院予以撤销。物管会与文汇公司签订临时物业管理合同并未侵害黄某、沈某、任某合法权益，故黄某、沈某、任某请求撤销物管会选聘文汇公司作为临时物业管理企业的决定，不予支持。另外，黄某、沈某、任某并非合同相对方，无权要求判令物管会与长庆公司办理交接手续。

江苏省无锡市滨湖区人民法院依照《中华人民共和国物权法》第七十六条、第七十八条规定，判决如下：

驳回黄某、沈某、任某的诉讼请求。

【法官后语】

具备成立业主大会条件但未成立，经物业所在地物业管理行政主管部门或者街道办事处指导后仍不能成立的，可以由街道办事处、社区居民委员会、社区服务机构、建设单位、业主代表等组成所在物业管理区域内的物业管理委员会，代行业主大会和业主委员会职责。业主认为物业管理委员会主体地位不合法，且作出的决定侵害其合法权益，可起诉请求撤销决定。一方面，物管会往往是在小区无法进行正常自治或者存在治理混乱情况下所成立的，具有临时性和紧迫性的特征；另一方面，由行政机关指导成立的小区临时自治机构，本身兼具自治性及一定的行政色彩。法院在审查物管会所作决定是否侵害业主合法权益时，不仅应审查物管会的决定是否符合法律法规规定的程序，更应审查物管会的决定从实质上是否符合小区业主的整体利益。

本案中，首先，从物管会聘请临时物业公司的背景来看，涉案小区物管会成立前，街道、社区已多次催促长庆公司办理物业管理交接事宜、入驻该小区，提供物业服务，但长庆公司均未予理睬，以其实际行动表明不再履行其与业委会所签订的合同。该小区长期陷入物业服务混乱，甚至一段时间无物业服务，为维护小区的稳定，确保小区业主享受正常的物业服务，物管会与文汇公司签订临时物业管理合同，结束了该小区长期的混乱无序状况。其次，从临时物业公司的收费标准、服务期限来看，文汇公司的临时物业服务期限未超过原业委会与长庆公司之间签订的物业合同约定的期限，收费标准与该物业合同相同。最后，从文汇公司物业服务的效果来看，文汇公司进场接手物业后，小区物业服务恢复有序，物业费欠缴率大幅下降。上述情况均反映了物管会选聘临时物业公司的行为并未侵害小区业主的权益，反而保护了小区业主的整体利益。当然，不可否认的是，根据《无锡市物业管理条例》第二十条规定，物管会作出选聘临时物业公司的决定存在未有书面征求意见以及未进行30天公示的程序问题。但是从该规定的立法本意看，程序性限制仍然服务于从实体上保护业主整体利益的实体价值，结合上述客观事实，不应因物管会的该项决定存在程序瑕疵而认定侵害了业主合法权益。

编写人：江苏省无锡市滨湖区人民法院　贾俊　郑远园

54

小区开发商行使业主撤销权的认定标准

——苏源集团江苏房地产开发有限公司诉南京市江宁区颐和南园业主委员会业主撤销权案

【案件基本信息】

1. 裁判书字号

江苏省南京市中级人民法院（2019）苏01民终645号民事判决书

2. 案由：业主撤销权纠纷

3. 当事人

原告（上诉人）：苏源集团江苏房地产开发有限公司（以下简称苏源公司）

被告（被上诉人）：南京市江宁区颐和南园业主委员会（以下简称颐和南园业委会）

【基本案情】

苏源公司系颐和南园小区的房地产开发商。2018年6月29日，颐和南园业委会发布《关于颐和南园召开2018年第二次业主大会的公告》，公告时间自2018年6月29日至7月13日。7月14日至20日，颐和南园业委会组织召开业主大会，通过了关于拟受聘物业企业等五项决议并进行公示。颐和南园业委会与前物业中粮物业南京分公司交接完后与金地公司签订《物业服务合同》。

苏源公司主张其系案涉小区的业主，其所有的幼儿园、会所的建筑面积达6000平方米，但未收到任何关于选聘物业公司等相关事项投票进行表决的通知。根据其他业主反馈，颐和南园业委会存在私自修改选票结果、弄虚作假的行为。业委会在此次选聘物业公司等相关事项的表决过程中，选聘程序和结果均不符合法律规定，侵害了其作为业主的合法权益，所作出的五项决议均应予以撤销。

颐和南园业委会通过苏源公司的关联企业即中粮地产集团深圳物业管理有限公

司南京分公司（以下简称中粮物业南京分公司）转交了表决票，并在南京市江宁区秣陵街道办事处（以下简称秣陵街道办）进行备案，在秣陵街道办指导下，向全体业主发放书面选票并征集投票意见，后回收选票、验票、唱票、统计，得出本次业主大会的表决结果并形成决议，五项决议均达到面积和人数双过半的标准。

【案件焦点】

1. 苏源公司作为小区房地产开发商以未办理权属证明的会所、幼儿园行使业主撤销权主体是否适格；2. 颐和南园业委会关于召开业主大会的通知有无送达给苏源公司；3. 颐和南园业委会公告的五项决议是否已经达到法定的人数、面积双过半标准，颐和南园业委会是否存在私自修改选票、弄虚作假的情形。

【法院裁判要旨】

江苏省南京市江宁区人民法院经审理认为：关于苏源公司的主体适格问题认定，虽然幼儿园、会所未办理权属证书、面积未测绘，但苏源公司提交了与承租人签订的租赁合同予以证明，且苏源公司、颐和南园业委会对《颐和南园基础资料》真实性认可，基础资料载明了会所、幼儿园的产权单位为苏源公司、联系人为刘某以及相应面积，故苏源公司系小区业主，行使业主撤销权主体适格。

关于选票有无送达给苏源公司的认定，根据《颐和南园基础资料》，刘某为幼儿园、会所的联系人，2018 年第一次业主大会中幼儿园、会所的相关表决票通过中粮物业南京分公司转交给刘某，由刘某在选票上勾选并签字后交回业委会；颐和南园业委会就 2018 年第二次业主大会召开事宜通过手机短信通知了刘某，且通过中粮物业南京分公司转交了幼儿园、会所的选票，后选票未交回业委会，幼儿园、会所被计入弃权票，苏源公司并未提供证据证明其在该次投票之后变更了联系人，故颐和南园业委会已经按照《议事规则》向幼儿园、会所送达了选票。

关于选票是否达到法定的人数、面积双过半标准以及业委会是否存在私自修改选票、弄虚作假情形的认定，业委会应苏源公司要求提供了 974 张选票原件，证明人数、面积均已双过半，苏源公司称有 220 张选票存在问题，但未在法院指定的举证期限内提交证据予以证明。苏源公司还主张部分业主的选票系伪造，颐和南园业委会均作出了合理解释且提供了证据佐证，苏源公司未能提供证明予以反驳。

综上，苏源公司要求撤销颐和南园业委会于 2018 年 7 月 24 日作出的业主大会五项决议的诉讼请求，缺乏事实及法律依据。判决：

驳回苏源公司的诉讼请求。

苏源公司不服原审判决，提起上诉。江苏省南京市中级人民法院同意一审法院裁判意见。

【法官后语】

本案中，行使业主撤销权的并非普通业主，而是案涉小区的房地产开发商，该开发商与小区的前物业公司法定代表人系同一人，且业主大会选聘的新物业公司已经接管该小区。业主撤销权纠纷涉及人数众多、矛盾冲突激烈，关乎小区的稳定，要审慎审查业主大会或业委会作出某项决定的背景、实体的正义与程序的正当，要平衡保护个别业主权益与小区公共利益。

关于开发商的主体适格问题，案涉开发商系小区幼儿园、会所的所有权人，符合小区业主的身份。虽然幼儿园、会所不是普通住宅，亦未办理权属证书，但不影响开发商作为业主的身份，其依法享有行使业主撤销权的主体资格。

行使撤销权的业主应证明其合法权益受到侵害。《中华人民共和国物权法》第七十八条第二款规定："业主大会或者业主委员会作出的决定侵害业主合法权益的，受侵害的业主可以请求人民法院予以撤销。"第一，关于选票是否送达的认定。业委会根据业主提前留存的联系方式向业主送达选票，业主未提供证据证明变更了联系方式，该送达方式应视为有效送达，并未侵害业主的投票权。值得注意的是，对于类似幼儿园、会所等长期以出租为业的非住宅业主，对其选票的送达宜作宽松认定，此前成功送达的路径在无其他证据推翻的情况下可作为此后送达的参照。第二，关于投票是否已经达到法定的人数、面积双过半标准的举证责任分配。若业主认为投票未达到法定的人数、面积双过半标准，则业委会应提供全部选票供业主核对，此时举证责任发生转移，业主应就其认为有问题的选票进行举证，若逾期未举证证明则需承担不利后果。第三，在不影响选票人数、面积双过半标准的情形下，行使撤销权的业主以其他业主的选票涉嫌造假为由主张其自己的合法权益被侵害，没有法律依据，法院不予支持。

编写人：江苏省南京市江宁区人民法院　李超燕

55

业主撤销权的对象应当具备相应的构成要素

——刘甲等诉北京市朝阳区恋日绿岛小区业主委员会业主撤销权案

【案件基本信息】

1. 裁判书字号

北京市第三中级人民法院（2018）京03民终14190号民事裁定书

2. 案由：业主撤销权纠纷

3. 当事人

原告（被上诉人）：刘甲、刘乙、张某、李某

被告（上诉人）：北京市朝阳区恋日绿岛小区业主委员会（以下简称恋日绿岛业委会）

【基本案情】

刘甲、刘乙、张某、李某系恋日绿岛小区业主。2017年7月13日，恋日绿岛业委会发布关于业主委员会委员改/补选候选人报名的公告称：此次需改选2人，补选2人，总共4人，其中正式委员2名、候补委员2名；报名业主应当具备的条件包括按时足额缴纳物业费等。2017年8月8日，该业委会发布候选人名单公示，称：截至2017年8月7日，共有4名业主即高某、黄某、潘某、邹某报名，且均符合条件；业主如有异议，请于2017年8月15日前通过物业公司或居委会向本小区业委会提出，也可经微信公众号、小区QQ群提出，逾期无异议，业委会将本名单中的人选正式向业主大会提交。2017年8月15日，该业委会发布《恋日绿岛小区召开第三次业主大会公告》，称将于2017年9月1日至11月1日召开业主大会，选举业委会委员与候补委员，同时对其他议题进行讨论、表决。2017年9月1日至10月1日，该业委会组织召开了第三次业主大会，依候选人提名选举产生了新的业委会委员。

关于四候选人是否存在拖欠物业费的情况，法院向北京国泰顺达物业管理有限

公司进行了调查。该公司称，恋日绿岛小区物业收费跟商业惯例一致，采取预收费的方式，即要求业主在每年的一月开始缴纳下一年度的物业费。黄某、高某、邹某、潘某在2017年8月8日前欠缴2016年12月4日至2017年8月3日物业费。

北京市朝阳区小红门地区恋日绿岛社区居委会出具《证明》，载有：2017年8月14日，刘甲、刘乙、张某、李某等业主向本居委会就恋日绿岛小区业委会选举提出过书面异议材料，本居委会于次日将材料转交给时任业委会主任委员黄某。刘甲、刘乙、张某、李某主张恋日绿岛业委会于2017年8月15日作出的《恋日绿岛小区召开第三次业主大会公告》违反了相关程序，损害了小区业主的合法权益，请求撤销该公告。

【案件焦点】

恋日绿岛小区业委会发布的《恋日绿岛小区召开第三次业主大会公告》是否系业主行使撤销权的对象。

【法院裁判要旨】

北京市朝阳区人民法院经审理认为：业主大会或者业主委员会作出的决定侵害业主合法权益的，受侵害的业主可以请求人民法院予以撤销。涉案公告虽未直接涉及小区业主的切实利益，但公示候选人、公告业主大会召开时间、召开业主大会就相关议题进行表决、形成业主大会决议等系一组连贯的过程，在先环节会影响后续环节的进展，故每一环节在实质上都会影响小区每名业主的切实利益。在候选人名单公示期内，刘甲等业主已按业委会规定的方式就候选人资格提出了书面异议，业委会收到异议后未作出有效答复即仓促发布业主大会召开公告，继而依候选人名单经业主大会选举产生相应的业委会委员，不仅程序不当，而且侵犯了小区业主的切身利益，故应予撤销。

北京市朝阳区人民法院依照《中华人民共和国物权法》第七十八条规定，作出如下判决：

撤销恋日绿岛业委会发布的《恋日绿岛小区召开第三次业主大会公告》。

恋日绿岛业委会不服一审判决，提起上诉。北京市第三中级人民法院经审理认为：业主撤销权纠纷是指业主认为业主大会或业主委员会作出的决定侵害其合法权益，依照法律规定向人民法院提起的撤销业主大会或业主委员会决定的纠纷。该法律纠纷所指向的客体为业主大会或业主委员会作出的决定。刘甲等作为业主，行使撤销权的前提系上述公告属于业委会的决定，且该项决定侵害了刘甲等业主的合法权益。涉案公告的内容，仅包含通知召开业主大会的时间、地点及业主大会讨论的议题，故该公告应属通知性质，而非决定，其没有侵害业主合法权益的实质内容。故刘甲等起诉请求撤销的涉案公告，不属于涉诉法律关系调整之客体。

北京市第三中级人民法院依照《最高人民法院关于适用〈中华人民共和国民事诉讼法〉的解释》第三百三十条规定，作出如下裁定：

一、撤销北京市朝阳区人民法院（2018）京 0105 民初 806 号民事判决；

二、驳回刘甲、刘乙、张某、李某的起诉。

【法官后语】

撤销权为溯及地使可撤销的民事行为归于消灭的权利。[①] 业主撤销权属撤销权的一种，业主若认为业主大会或业主委员会作出的决定侵害其合法权益或违反法定程序，有权在法定期限内向人民法院请求撤销该决定。设立业主的撤销权，是为了防止业主大会或业委会滥用权利作出决定而侵害业主的合法权益。[②] 业主行使撤销权，要求撤销的对象纷繁不一，厘清业主撤销权的对象及其性质、剖析业主撤销权行使对象的构成要素，是正确解决业主撤销权纠纷的前提和基础。

业主撤销权行使的对象是业主大会或业委会作出的决定。通过召开业主大会进行商讨、表决、作出相对一致的意思表示，是业主实现成员权中的管理权的重要途径。业主撤销权的对象，在性质上属于业主团体作出的决议，系民事法律行为的一种，因此其应具备民事法律行为的三要素，即民事主体、意思表示以及设立、变更、终止法律关系。此外，其还应结合自身特征具备相应的构成要素。在业主撤销权案件中，首先应对业主要求撤销的对象进行甄别，可通过行为主体、行为对象及行为结果三个方面进行考量。

首先，行为主体是业主大会或业委会。判断行为主体系业主大会抑或业委会，理论上关系着业主撤销权案件被告的列明。但业主大会系非常设机构，其系通过召开会议作出决议的决策性机构，一般不直接对外从事民事活动，亦无独立财产，故严格来讲，业主大会不属于民事诉讼主体。业委会作为民事诉讼当事人已得到实践的认可，

---

① 梁慧星：《民法总论》，法律出版社 2001 年版，第 221 页。

② 姚辉：《〈物权法〉上的业主撤销权及其适用》，载《法学论坛》2009 年第 6 期。

且业委会是业主大会的执行机构，业主大会作出决定的相关资料由业委会收集和保管，业委会可以代表业主大会参加诉讼，并就作出决定的合法性进行举证。①

其次，行为对象为物业管理事项。根据《物业管理条例》规定，业主大会、业委会应当依法履行职责，不得作出与物业管理无关的决定，不得从事与物业管理无关的活动。业主大会或业委会作出的决定应当与物业管理相关，因此业主行使撤销权要求撤销的对象亦应当系与物业管理相关的决定。

最后，行为结果具有结论性。业主撤销权的对象必须是针对物业管理事项作出的具有具体结论性的处理，涉及法律关系的设立、变更或终止，并且受侵害的权益亦应当是具体的，而非模糊性、抽象性的权利。实践中，业委会作为业主大会的执行机构，常常做出诸多程序性、告知性、征询性的行为。该类行为，因未对业主相关权利义务产生实质性影响，不具有业委会决议性质，② 故其不能成为业主撤销权行使的对象。上述行为产生的仅是程序性文件，仅具有通知、征询等性质，并非业主大会或业委会作出的最终决议本身。业主如认为前述通知、公告等文件的作出违反法定程序，可在符合条件的业主撤销权之诉中请求法院一并审查决议是否存在违反法定程序的情形。

编写人：北京市第三中级人民法院　杨淑敏　石艳明

56

业主请求恢复小区公共部分相关建设应符合法定程序要求

——卢某等诉厦门市龙山山庄业主委员会物权案

【案件基本信息】

1. 裁判书字号

福建省厦门市中级人民法院（2018）闽02民终3656号民事裁定书

---

① 刘培英：《业主撤销权的适用》，载《人民司法（案例）》2011年第2期。

② 佟冰：《业委会决定的要素判断》，载“审判前沿”微信公众号，2018年8月9日。

2. 案由：物权纠纷

3. 当事人

原告（上诉人）：卢某、陈某、许某、金某、洪某、张某（以下简称卢某等6人）

原告：肖某

被告（被上诉人）：厦门市龙山山庄业主委员会（以下简称龙山山庄业委会）

【基本案情】

厦门市思明区人民政府嘉莲街道办事处（以下简称嘉莲街道办）曾于2016年4月29日对龙山山庄第三届业委会作出《业主委员会备案证明》（厦思嘉业备［2016］010号），确认该业委会成立时间为2016年3月31日，任期5年（2016年3月31日~2021年3月30日）。

2016年8月26日，龙山山庄第三届业委会在小区张贴公告，决定在不影响山庄东门通道两侧树的基础上，将路边四栋楼东侧的绿篱与凤凰树中间空地加以串联，硬化建成人行通道，将道路一边路沿石外移30厘米。同时，在山庄主干道东门出入口增设车牌识别出入系统，届时因施工给小区业主和进出车辆带来的诸多不便，请予以谅解和支持。要求有不同意见的业主于公告之日起5日内，以实名书面形式及时反馈（投入物业服务处门口业主委员会临时意见箱），否则将视同同意公告意见。

2016年9月27日，龙山山庄第三届业委会张贴公告，公告因前述公告未收到反对意见，拟定于2016年10月1日起进行施工。2016年10月1日，龙山山庄第三届业委会再次张贴相同内容公告。

2017年10月30日，厦门市中级人民法院作出（2017）闽02行终178号行政判决，认定龙山山庄第三届业委会委员及业委会的备案登记因程序不合法而不具法律效力，撤销嘉莲街道办对新一届业委会的备案登记。该判决已经发生法律效力。

龙山山庄东门主干道原存在绿化景观，2009年开始就有相关业主反映龙山山庄物业管理处将龙山山庄东门通道四栋楼的东侧隔离护栏和绿化带拆除。2010年，厦门市建设与管理局曾向龙山山庄的物业管理公司厦门世纪桃源股份有限公司发送关于暂停施工的函件，要求在上述拆除事项未经业主大会表决通过前先暂停施工。暂停施工后，龙山山庄东门通道入口的绿化带并未恢复。2016年，龙山山庄第三届业委会再次对龙山山庄东门通道入口进行改造，将原有绿化带改建成人行道及停车位。

卢某等6人及肖某系龙山山庄业主，该7人（以下简称卢某等7人）向法院起诉，请求判令龙山山庄业委会恢复被破坏的龙山山庄东门口主干道的绿化景观工程，工程款与罚款由肇事者自理。

一审法院根据卢某等7人提出的诉讼请求释明本案案由应为物权纠纷，但该7人坚持认为本案应属业主撤销权纠纷，并主张其关于撤销龙山山庄第三届业委会2016年8月26日、9月27日、10月1日的三份公告的诉讼请求已于（2016）思民初字第16239号一案提出，该案已经驳回卢某等7人的诉讼请求，因此其不将撤销上述三份公告作为本案的诉讼请求，但认为认定卢某等7人在本案的诉讼请求即判令龙山山庄业委会恢复被破坏的龙山山庄东门口主干道的绿化景观工程能否成立，仍须就上述三份公告的合法性进行审查。庭审后，卢某等7人向一审法院递交书面意见，认为其原提出的诉求存在瑕疵，鉴于法官给予龙山山庄业委会庭后提交证据的时间，故本案庭审尚未结束，要求修改其诉求为：判令龙山山庄业委会作出的三个公告涉及拓宽主干道和改造景观工程为人行道两项新建工程违反相关法律法规，应予撤销，并判令龙山山庄业委会监督肇事者恢复原状。

【案件焦点】

在新一届业委会登记备案被撤销的情形下，该届业委会对公共部位所实施的相关改造行为，个别业主能否起诉要求恢复原状。

【法院裁判要旨】

福建省厦门市思明区人民法院经审理认为：首先，业主撤销权系指业主认为业主大会或业主委员会作出的决定侵害其合法权益，依照法律规定向人民法院提起的撤销业主大会或者业主委员会决定的纠纷。卢某等7人提出的恢复原状的诉求，并不属于业主撤销权的范围，故其主张本案为业主撤销权纠纷缺乏依据。根据其诉讼请求，本案案由应定为物权纠纷，即卢某等7人认为龙山山庄业委会的行为侵害了业主对小区共有部分所享有的权利。因将龙山山庄东门通道入口现有的人行道及停车位恢复成绿化带，属于《中华人民共和国物权法》第七十六条规定的应由全体业主共同决定、共同行使权利的事项，应由全体业主根据法定程序决定。卢某等7人作为个别业主，提起本案诉讼并未经过符合条件的业主同意及授权，应认定卢某等

7 人不具备诉讼主体资格。其次，卢某等 7 人以龙山山庄业委会作为被告，要求龙山山庄业委会承担恢复原状的责任。鉴于业委会是小区物业管理的合议组织，其本身并无财产可供执行，相应的责任承担主体事实上亦为龙山山庄的全体业主。因此，龙山山庄东门通道入口现有的人行道及停车位是否要恢复成绿化带，理应由全体业主依法决定。至于卢某等 7 人主张的龙山山庄东门通道入口人行道及停车位的设置未办理相关审批手续，属违章建筑以及相应罚款及工程款的问题，属行政部门的行政管理职权，应由相关行政部门依法进行认定处理，不属于人民法院民事案件的受理范围。

福建省厦门市思明区人民法院依照《中华人民共和国物权法》第七十六条，《中华人民共和国民事诉讼法》第十三条、第一百一十九条、第一百五十四条第一款第三项，《最高人民法院关于适用〈中华人民共和国民事诉讼法〉的解释》第二百零八条第三款、第二百三十二条规定，作出如下裁定：

驳回卢某等 7 人的起诉。

卢某等 6 人不服一审裁定，提起上诉。福建省厦门市中级人民法院经审理认为：《最高人民法院关于适用〈中华人民共和国民事诉讼法〉的解释》第二百三十二条规定："在案件受理后，法庭辩论结束前，原告增加诉讼请求，被告提出反诉，第三人提出与本案有关的诉讼请求，可以合并审理的，人民法院应当合并审理。"卢某等 7 人向一审法院起诉请求恢复原状，虽于一审法庭辩论结束后变更其诉讼请求，但已超过变更诉讼时限的规定。因此，一审法院围绕卢某等 7 人的诉求进行审查，案由定性为物权纠纷并无不当。卢某等 6 人上诉称其以业主撤销权主张权利，不符合其诉求的法律关系。卢某等 6 人于二审提交的证据不影响本案二审的处理结果。

福建省厦门市中级人民法院依照《中华人民共和国民事诉讼法》第一百七十条第一款第一项、第一百七十一条规定，作出如下裁定：

驳回上诉，维持原裁定。

【法官后语】

基于建筑物区分所有权理论，业主对专有部分享有所有权，对共有部分享有共有和共同管理的权利。随着近年来小区公共道路、公共绿化等共有部分现实或潜在利益为人们所认识，涉小区公共部分管理权利的矛盾冲突日益加剧。

1. 业主关于共有部分的权利行使

《中华人民共和国物权法》第七十二条规定，“业主对建筑物专有部分以外的共有部分，享有权利、承担义务；不得以放弃权利不履行义务”。关于业主具体如何对共有部分行使权利，《中华人民共和国物权法》及相关司法解释仅规定了程序性要件。《中华人民共和国物权法》第七十六条规定，业主共同决定建筑区划内的相关重大事项，并依事项的重大程度，分别规定了应当经专有部分占建筑物总面积三分之二以上的业主且占总人数三分之二以上的业主同意以及应当经专有部分占建筑物总面积过半数的业主且占总人数过半数的业主同意两个程序要件。该规定隐含的要义在于，小区建筑区划内的重大事项事关全体业主，应依民主表决程序，由业主自行决定及负责。法院不应介入业主关于小区共有部分的具体管理事宜，仅从程序上审查相关决定的合法性，留足小区业主的自治空间。

回归到本案，卢某等部分业主要求对小区公共道路进行相关改造的诉求，属于应由全体业主共同决定的重大事项，必须由小区业主共同作出决定。因此，部分业主越过法律规定的程序条件，以个人名义提起诉讼，要求对小区公共部分主张权利的，应当认定不符合起诉条件。相反，如业主个人系征集其他业主签名同意，代表全体业主利益起诉，并符合《中华人民共和国物权法》第七十六条第二款规定的条件，则应当予以处理。

2. 业主可向业委会主张的权利仅限于法律规定的情形

业委会是小区物业管理的合议组织，其本身并无财产可供执行，相应的责任承担主体事实上亦为小区的全体业主。也因此，有关业委会的诉讼主体资格在很长一段时间存在争议。最高人民法院在《关于春雨花园业主委员会是否具有民事诉讼主体资格的复函》（［2005］民立他字第8号）中明确，根据《物业管理条例》规定，业主委员会是业主大会的执行机构，根据业主大会的授权对外代表业主进行民事活动，所产生的法律后果由全体业主承担。业主委员会与他人发生民事争议的，可以作为被告参加诉讼。

根据《最高人民法院关于审理建筑物区分所有权纠纷案件具体应用法律若干问题的解释》第十二条“业主以业主大会或者业主委员会作出的决定侵害其合法权益或者违反了法律规定的程序为由，依据物权法第七十八条第二款的规定请求人民法院撤销该决定的，应当在知道或者应当知道业主大会或者业主委员会作出决定之日起一年内行使”及第十三条“业主请求公布、查阅下列应当向业主公开的情况和资料的，人民法院应予支持：(一) 建筑物及其附属设施的维修资金的筹集、使用情况；(二) 管理规约、业主大会议事规则，以及业主大会或者业主委员会的决定及会议记录；(三) 物业服务合同、共有部分的使用和收益情况；(四) 建筑区划内规划用于停放汽车的车位、车库的处分情况；(五) 其他应当向业主公开的情况和资料”规定，业主仅能就业委会侵害其权益的相关决定提起撤销权诉讼或就行使业主相关权利应当了解的信息提起知情权诉讼，前述诉讼请求的范围亦仅限于撤销已经作出的决议或者查阅相关资料。业主的请求不得超越前述范围。

3. 业委会决定被撤销或业委会选举程序违法，个别业主仍不得据此以个人名义起诉要求恢复原状

从法律后果上看，业委会所承担的责任，事实上是由全体业主共同承担。因此，在业主行使撤销权后，赋予个别业主就涉及被撤销决定的相关事项进行诉讼的权利，不限定业主的权利范围，则可能导致个别业主通过起诉业委会的形式，行使了全体业主对于共有部分的相关权利，本案即为一例。因此，即便相应的业委会决定被撤销，对于决定涉及的相关事项如何处理，仍应由全体业主重新根据法律规定的程序共同决定，个别业主不能基于被撤销的决定而要求恢复原状。

编写人：福建省厦门市思明区人民法院　刘远萍

57

业主要求撤销业主大会解、选聘物业公司决议案件的举证责任分配

——李某诉济南市天桥区金冠花园业主委员会业主撤销权案

【案件基本信息】

1. 裁判书字号

山东省济南市中级人民法院（2018）鲁01民终7751号民事判决书

2. 案由：业主撤销权纠纷

3. 当事人

原告（上诉人）：李某

被告（被上诉人）：济南市天桥区金冠花园业主委员会（以下简称金冠花园业委会）

【基本案情】

李某系济南市天桥区金冠花园小区（以下简称金冠花园小区）3号楼业主。该小区原物业公司系案外人建银物业公司，该公司于2002年1月入驻金冠花园小区，与金冠花园小区开发建设单位山东省建银房地产开发有限公司签订有前期物业服务合同。2014年9月15日，建银物业公司与金冠花园小区所在的济南市天桥区制锦市街道办事处启盛街居民委员会签订物业管理委托合同，约定委托管理期限自2002年3月5日起至建银物业公司与金冠花园业委会签订物业委托协议止。2004年，金冠花园小区成立业委会。2017年7月，业委会换届。新的业委会成立后于2017年10月31日、11月2日先后发出公告召开业主大会，通过采用书面征求意见的方式召开业主大会临时会议，就作出选聘物业决议进行投票，最终公布投票结果，作出解聘建银物业公司的决议，授权业委会启动选聘新物业公司的决议。现小区业主李某主张并不知何时召开的业主大会及如何作出的决议，且认为过半数业主对业委会的相关行为提出了严重质疑及否定。小区现物业服务企业建银物业公司能够较好地为广大业主提供服务，收取的物业费价格相对较低。业委会不顾广大业主反对，未召开业主大会就以业主大会名义解聘及选聘物业服务企业，严重损害李某作为业主的合法权益。要求撤销金冠花园业委会解聘建银物业公司及选聘济南文成物业管理有限公司（以下简称文成物业公司）为金冠花园小区物业服务企业的决议。

【案件焦点】

解聘建银物业公司的程序及选聘新物业公司的程序是否合法。

【法院裁判要旨】

山东省济南市天桥区人民法院经审理认为：关于建银物业解聘程序是否合法的问题，第一，金冠花园小区业主大会已依法制定业主管理规约和业主大会议事规则，该议事规则系通过召开业主大会由小区业主表决通过，内容及制定程序均未违反法律法规的强制性规定，且已在物业管理主管机关备案，合法有效，李某虽对议事规则如何审议通过有异议，但未提交任何相应证据，对其异议不予采纳。议事规则第六条已明确规定业主大会可以采用书面征求意见的形式召开，第七条规定："业主大会采用专人送达、回收意见的办法进行表决。由业主委员会组织有关人员逐户派送，回收业主意见表，经业主委员会统计汇总公布表决结果。业主委员会根据统计结果形成会议决议、作出大会决定。决定作出3日内以书面形式在小区内公告，接受业主的查询和监督。"金冠花园小区召开解聘物业公司的业主大会符合议事规则规定的形式，即采用逐户征求意见的方式，且业主大会召开已提前进行了公告。第二，根据《物业管理条例》规定，解聘物业公司的表决应由专有部分占建筑物总面积过半数的业主且占总人数过半数的业主同意。《最高人民法院关于审理建筑物区分所有权纠纷案件具体应用法律若干问题的解释》第八条和第九条规定，建筑物总面积为专有部分面积之和；业主人数按照专有部分的数量计算，一个专有部分按照一人计算，但同一买受人拥有一个以上专有部分的，按一人计算；总人数按照前述的统计总和计算。关于涉案小区的建筑物总面积及业主总数，在李某未提交其他证据证明的情况下，以涉案小区在行政主管机关的备案材料为准，即建筑总面积为31000平方米，业主数量为252个。根据金冠花园业委会提交的证据，涉案小区业主大会临时会议共走访填写意见203份，反馈意见182份，代表投票权数24311.49平方米，超过全体业主所持投票权（252户、31000平方米）的半数；对公开招标选聘物业服务企业的意见中，同意解聘建银物业公司，授权业委会启动选聘新物业公司程序的意见获同意票数为169票，占全部总户票数的67%，同意票数面积为23337.99平方米，占总建筑面积票权数的75%，同意票户数、面积均过半，符合《中华人民共和国物权法》及《物业管理条例》的相关规定。第三，投票程序在居委会及派出所的监督下进行，且金冠花园业委会作为业主大会执行机构对投票结果进行了公示，而另案中建银物业提交的业主签名效力不仅未显示具体时间、表决程序，亦未有社区或派出所等单位予以监票，与金冠花园业委会提交的表决程序证据相比，效力明显较低。第四，在建银物业公司被解聘后，金冠花园业委会已将金冠花园小区启动选聘物业程序的事宜告知建银物业公司，建银物业公司具有再次参与招标的选择权，但建银物业公司未再参与。综上，金冠花园小区业主大会关于解聘建银物业公司的程序合法。

关于选聘文成物业公司的程序是否合法的问题，第一，《物业管理条例》规定，业主大会具有选聘新物业公司的权利，国家亦提倡通过招投标方式选聘物业服务企业。金冠花园小区业主大会已经授权业委会进行公开招标，对中标物业公司进行筛选排名，并就召开业主大会临时会议选聘新物业服务企业进行了提前公告，符合相关法律规定。第二，业主大会临时会议的召开程序符合《物业管理条例》的规定，亦采用符合议事规则规定的书面征求意见的方式，进行了意见统计，并有社区居民委员会进行监票。第三，《关于金冠花园小区业主大会临时会议选聘新物业服务企业表决结果的公告》载明，经统计，《金冠花园业主选聘新物业服务企业表决票》共上门填写意见153份，反馈意见152份（其中1户多套为1票），其中同意票数为141票，反对票数为2票，弃权票数为9票，同意票数占全部总户数票数的56%；同意票数面积为19122.8平方米，占总建筑面积（31000平方米）的62%，同意票户数、面积均过半。第四，李某作为业主，在上述投票公示期内未提出异议，现对投票程序提出异议，且未提交任何证据证明投票程序的违法性，对其主张不予采纳。因此，选聘文成物业公司的程序合法。

综上所述，金冠花园业委会解聘建银物业公司和选聘文成物业公司作为新物业服务企业的程序均合法有效，作出解聘和选聘决议的主体为金冠花园小区业主大会，并非金冠花园业委会，在业主大会的决议均有效的情况下，李某作为业主，应当遵守决议。物权法规定，业主大会或业主委员会作出的决定侵害业主合法权益的，受侵害的业主可以请求人民法院予以撤销。李某并未举证证明其作为业主权利受到侵害之处，亦无证据证明金冠花园业主大会作出的解聘及选聘物业决议的程序违反法律规定，故李某要求撤销金冠花园业委会解聘建银物业公司及选聘文成物业公司为金冠花园小区物业服务企业的决议的诉讼请求，于法无据，不予支持。

山东省济南市天桥区人民法院依照《中华人民共和国物权法》第七十八条，《最高人民法院关于审理建筑物区分所有权纠纷案件具体应用法律若干问题的解释》第八条、第九条，《中华人民共和国民事诉讼法》第六十四条、第一百四十二条，参照《物业管理条例》第十一条、第十二条、第十三条、第二十九条、第三十九规定，判决如下：

驳回李某的诉讼请求。

李某不服一审判决，提起上诉。山东省济南市中级人民法院经审理认为：《物业管理条例》第十二条第一款规定，业主大会会议可以采用集体讨论的形式，也可以采用书面征求意见的形式；但是，应当有物业管理区域内专有部分占建筑物总面积过半数的业主且占总人数过半数的业主参加。第四款规定，业主大会或者业主委员会的决定，对业主具有约束力。第五款规定，业主大会或者业主委员会作出的决定侵害业主合法权益的，受侵害的业主可以请求人民法院予以撤销。《最高人民法院关于适用〈中华人民共和国民事诉讼法〉的解释》第九十条规定，当事人对自己提出的诉讼请求所依据的事实或者反驳对方诉讼请求所依据的事实，应当提供证据加以证明，但法律另有规定的除外。在作出判决前，当事人未能提供证据或者证据不足以证明其事实主张的，由负有举证证明责任的当事人承担不利的后果。李某上诉主张金冠花园业委会伪造选票，认为同意解聘建银物业公司 169 票、选聘文成物业公司 141 票的票数存在部分造假情况。依据上述法律规定，李某对其该项主张应承担举证责任。二审期间，李某未能举证证实金冠花园业主大会及业委会存在伪造选票的事实，应承担举证不能的不利后果。因此，李某要求撤销金冠花园业委会解聘建银物业公司及选聘文成物业公司为金冠花园小区物业服务企业的决议的诉讼请求，证据不足，不予支持。经审查，一审程序合法。依照《中华人民共和国民事诉讼法》第一百七十条第一款第一项规定，判决如下：

驳回上诉，维持原判。

【法官后语】

业主撤销权是物权法规定的一项业主重要权利，是一种新型的撤销权。法律设立撤销权，是为了防止业主大会或业委会滥用权力作出侵害业主合法权益的行为。本案为业主撤销权纠纷应审查的问题提供了一个分析样本。

1. 业主撤销权行使的范围

业主撤销权系《中华人民共和国物权法》《物业管理条例》规定的由权利受侵害的业主享有的权利，即只有自身权益受到侵害的业主才具有行使撤销权的权利。业主的合法权利受到侵害应当包括实体权利受到侵害和程序权利受到侵害两个方面。实体上的权利应当包括业主生活财产上的利益，而程序上的权利应当是业主作为小区的一员所享有的共同参与小区公共事务管理和表决等权利。本案中，李某要求撤销业主大会作出的解聘原物业服务企业及选聘新物业服务企业的决议，从其诉请理由来看，李某既主张其实体上的权利受到了侵害，即包括原有物业服务企业的服务更符合其要求，且物业费较低；也主张程序上的权利受到了侵害，即业主大会的召开和表决程序违法，有很多业主未参加投票，且有部分业主的投票为虚假投票，对程序有异议。

2. 业主撤销权之诉的适格被告

业主撤销权撤销的是业主大会或业主委员会的决定，因此该类诉讼的被告应当是业主大会或者业主委员会。然而，业主大会并非常设机构，并不具备成为法律主体资格的客观条件。而业主委员会则是业主大会的常设机构，且是业主大会决议的执行机构，因此在业主撤销权诉讼中，如果业主要求撤销的是业主大会作出的决议，法院应当认定业主委员会作为被告参加诉讼的主体资格地位，但在诉讼中必须明确业主要求撤销的决议系由业主大会还是业主委员会作出。本案中，业主诉求的是撤销业委会选聘和解聘物业公司的决议，根据《物业管理条例》规定，选聘、解聘物业公司的决议属于重大决议，是属于业主大会作出的决议，而非业主委员会的决议，但应当肯定原告将业主委员会列为被告的做法，可以在诉讼过程中对业主予以释明该决议系由业主大会作出，要求其明确诉讼请求。

3. 业主撤销权诉讼的举证责任分配问题

业主以其权利受到侵害为由主张撤销权，诉讼的双方均负有一定的举证责任。作为原告的业主应当举证证明其利益遭受侵害的情形，包括人身、财产和参与管理共同事务上的利益损害，同时应当初步举证证明业主委员会或业主大会所作出的决议存在一定的瑕疵。另外，作为被告的业主委员会应当证明该决议作出程序上的合法性，业主委员会应当将其程序上的证据材料提交法庭，如果业主委员会不能证明业主大会或业主委员会作出的决议在程序上合法，则要承担不利的法律后果。本案中，业主李某认为金冠花园业主大会作出的解聘和选聘物业公司的决议违法且侵害自身权益，但并未对程序上的违法性尽到初步的举证责任，亦未对该决议侵犯其自身利益尽到举证责任。根据金冠花园业委会提交的证据，可以证明金冠花园业主大会的召开到决议的表决均符合法律规定和金冠花园小区的议事规则，故对于李某主张撤销决议的诉讼请求予以驳回。诉讼中，对于业主提交的小区部分业主的签名情况，应当衡量其证明效力与业主大会关于小区解聘物业公司及选聘物业公司的投票情况的效力予以对比，因李某提交的业主签名上载明的业主未到庭接受质证、询问，身份无法核实，反观金冠花园业委会提交的投票签名，该投票系在社区居委会和街道办事处及辖区派出所的监督下进行的，证明效力应高于李某提交的业主签名。

业主撤销权属于业主的重大权利，审理该类案件应当充分考虑业主大会或业主委员会作出的决议是否真正侵害了业主的合法权益。对于已经在大会中投票同意决议的业主，却又在诉讼中提出相反的意见，应当予以驳回。同时，因为业主大会或业委会的决议关系到小区全部业主的生活便利和公共利益，决议一旦经合法程序作出，应当考虑其稳定性，业主撤销权行使应当受一年除斥期间的限制。

编写人：山东省济南市天桥区人民法院　胡滨　季丹

58

业主知情权的行使方式和范围

——陆某诉北京市海淀区富润家园业主委员会业主知情权案

【案件基本信息】

1. 裁判书字号

北京市第一中级人民法院（2018）京01民终2630号民事判决书

2. 案由：业主知情权纠纷

3. 当事人

原告（上诉人）：陆某

被告（被上诉人）：北京市海淀区富润家园业主委员会（以下简称业委会）

【基本案情】

陆某系北京市海淀区富润家园小区（以下简称富润家园小区）业主。2014年11月1日，业委会发出《选聘决议》：终止前期物业服务合同，委托第三方公开邀标并由业主投标方式选出新的物业公司，签订新的物业合同。后业委会委托招标并支付代理费。2015年4月14日，业委会公告业主大会通过了选聘新的物业服务企业的决议。后业委会与新物业公司签订《物业服务合同》。

陆某曾起诉要求撤销业委会作出的《选聘决议》等文件。后生效判决撤销业委会作出的《选聘决议》。诉讼中，业委会聘请律师一名。

业委会每年在富润家园小区公示栏中将富润家园现存资金总额情况、总收入金额和总支出金额情况进行公示。其中，2016年3月7日在小区公示栏张贴的《富润家园小区财务公示》，公示了首届业委会成立至2016年2月底之间发生的所有事项：一、小区收入共计229800元。二、小区支出共计61793.7元。包括以下16项：……4. 陆某诉业委会一案聘请律师费20000元……余额为168006.3元。

富润家园小区《议事规则》第四十条明确了业主大会及业委会的财务管理原则，第四十七条规定业委会有权公开招聘秘书。该小区《管理规约》第四部分物业共用部分的经营和收益分配中明确：业委会每年在物业管理区域内公布全体业主共用部分、部分业主共用部分物业经营所得收益的收支情况，接受业主大会、业主的监督。在一审程序中，陆某将上述《议事规则》和《管理规约》作为证据提交。陆某认可看到了2017年财务公示。陆某提供《物业管理招标委托合同》，证明该合同中第十二条规定的中标方因业委会的过错可能会向业委会追索相关费用。

陆某起诉请求：判令业委会对下列内容予以书面说明并公示：1. 选聘新物业企业过程中的花费总金额情况；2. 选聘过程中支付的咨询费或顾问费或指导费或礼品宴请等费用及发票情况；3. 支付的诉讼代理费金额及发票情况；4. 选聘中支付的专家评审费、场地费等相关费用及发票情况；5. 中标方追索招标代理费的金额情况；6. 现存资金总额情况；7. 从上届业委会接收的资金总额情况；8. 总收入金额和总支出金额情况；9. 所有涉及收款付款的合同和协议情况，其中包括签订上述合同协议之前，相关的业委会会议纪要和全体委员签字情况；10. 聘请业委会秘书的依据及薪酬情况；11. 业委会全部经费收支账目及发票收据情况；12. 业主大会的全部经费收支账目情况；13. 业主大会和业委会财务制度情况。

【案件焦点】

1. 陆某起诉请求所涉内容是否属于业主知情权的范围；2. 业委会满足业主知情权主张的方式是否包含说明。

【法院裁判要旨】

北京市海淀区人民法院经审理认为：业主行使知情权的方式应当是请求公布、查阅相关文件、资料的权利。陆某要求业委会对于其诉讼请求中的内容予以说明，缺乏法律依据，不予支持。

当事人对自己提出的主张，应提供证据证明。因业委会否认陆某主张的第1、2、4、5项费用的发生，陆某亦未提供证据证明，故对陆某的相关诉请不予支持。第3项费用已在《小区财务公示》中体现。业委会提供证据证明每年在公示栏中将现存资金总额情况、总收入金额和总支出金额情况予以公示。若陆某未看到相关公示，可自行向业委会提出查阅的主张，其要求再行公示，缺乏法律依据。陆某提出的其他要求公示的内容，因业委会每年均将财务出支状况予以公示，已按照小区管理规约、议事规则履行了相关义务，现陆某要求公示所有账目，缺乏法律根据，不予支持。

北京市海淀区人民法院依照《最高人民法院关于审理建筑物区分所有权纠纷案件具体应用法律若干问题的解释》第十三条规定，作出如下判决：

驳回陆某的全部诉讼请求。

陆某不服一审判决，提起上诉。北京市第一中级人民法院经审理认为：业主就其已经知情或者应当知情的情况仍要求行使知情权的，不予支持。陆某提交的《议事规则》明确规定业主大会及业委会的财务管理原则以及业委会有权公开招聘秘书，其应当知道财务管理原则及招聘秘书的依据。陆某就其已知情况仍起诉要求公布，不予支持。业委会在履行职责过程中已经公布的情况，属于业主知情或者应当知情的情况。业委会已经在物业管理区域内公布了历年收、支，列明了各项收、支及余额，陆某对已公示内容应当知情，陆某仍起诉要求公示的第3、6、7、8项，不予支持。

业主就没有发生的情况要求行使知情权的，不予支持。业委会已就财务支出情况进行了公示，除非有相反证据，公示中的支出情况就是资金的所有支出情况。陆某起诉要求公示的第1、2、4、5项及业委会秘书的薪酬情况，在公示的财务支出情况中没有出现，陆某亦未提供证据证明实际发生，应当认定支出尚未发生，对陆某的请求，不予支持。

账目凭证在财务上有严格的管理规范，客观上不适于公示，业主对账目凭证行使知情权应通过查阅的方式实现。富润家园小区《管理规约》第四部分明确公布的范围亦仅限于收支情况而不包括账目凭证。故陆某要求公示第11、12项，不予支持。陆某若对账目、发票收据行使知情权，可提出查阅请求。

起诉必须有具体的诉讼请求和事实、理由。陆某起诉请求公示的第9项内容太过笼统，且陆某未阐明具体事实，亦未阐明行使该项知情权的具体理由，故不符合人民法院受理民事案件的起诉条件，在本案中不予支持。在该项诉讼请求范围内，陆某可持具体的诉讼请求、事实和理由另行主张。

北京市第一中级人民法院依照《最高人民法院关于审理建筑物区分所有权纠纷案件具体应用法律若干问题的解释》第十三条，《中华人民共和国民事诉讼法》第一百一十九条第三项、第一百七十条第一款第一项规定，作出如下判决：

驳回上诉，维持原判。

【法官后语】

业主知情权是实现共同管理权和监督权的基础和保障，在审理业主知情权纠纷中应当着重从以下角度予以把握。

1. 业主行使知情权的范围

《最高人民法院关于审理建筑物区分所有权纠纷案件具体应用法律若干问题的解释》（以下简称《区分所有权解释》）第十三条规定的五项内容即为业主行使知情权的范围。其中第二项中的业主大会或者业委会的决定，指由在业主大会或业委会会议上就特定事项形成的具体决定。业委会或个别成员非依具体决定所做事项，如业委会主任对权限内小额经费支出的指示或审批，虽也为抽象意义上的“决定”，但不是第二项所指决定，没有具体的决定，就不存在撤销的问题。本条第五项只是为求规范的周延性，避免存在漏洞而作出的兜底条款，并非可以包罗万象，是否属于其他应当公开的情况和资料，应以对于行使共同管理权和监督权与前四项情形具有同样的必要性为标准考量。

2. 业主行使知情权的方式

《区分所有权解释》第十三条规定业主行使知情权的方式是请求公布或查阅。在现实生活中业主实现知情权的方式较多，但通过诉讼行使知情权的方式仅限于请求公布或请求查阅。“请求查阅”可以查阅任何应当向业主公开的情况和资料，但

“请求公布”应当限于按照业主大会议事规则或者管理规约应当公布的事项，或者是适合公布的其他情况或资料。

3. 业主行使知情权的限制

主业知情权的行使必须受到合理的限制，以避免当事人滥诉，引导业主理性行使知情权。审判实务中，应从以下几个方面合理限制业主行使知情权：

(1) 业主就其已经知情或者应当知情的情况起诉义务主体要求行使知情权的，不予支持。业委会等义务主体会按照有关规则定期公布有关情况，凡是在物业管理区域内已经公布的事项，视为业主已经知情的事项。业主向义务主体请求查阅相关情况和资料已经获得满足，业主对相关情况和资料就已经知情。业主通过诉讼行使知情权，须有不知情的情况或资料，如果就已经知情的事项仍请求公布或请求查阅，则没有事实根据，理应不予支持。

(2) 业主就没有发生的情况起诉义务主体要求行使知情权的，不予支持。业主行使知情权请求公布或请求查阅的应当是实际发生的情况或实际存在的资料。就没有发生的情况起诉义务主体要求行使知情权自然属于没有事实根据，理应不予支持。

(3) 业主在诉讼中以不合理的方式请求行使知情权的，不予支持。在现实生活中，业主可以就涉及自身利益的事项向业委会等义务主体提出询问，义务主体应当予以答复。业主通过诉讼行使知情权的方式仅限于请求公布或请求查阅两种方式，而书面答复或书面说明则不适合在诉讼中使用，理由如下：一是请求公布和请求查阅两种方式足以保障业主对任何应当向业主公开的情况和资料的知情权；二是以上述两种方式行使知情权，适于强制执行；三是“书面答复”“书面说明”并非客观情况本身，书面答复或书面说明是否属实难以判断。

(4) 业主对只适合查阅的情况或资料请求公布的，不予支持。业主可以查阅任何应当向业主公开的情况和资料，但并不是任何情况和资料均适合公布。比如，账目凭证在财务上有严格的管理规范，客观上不适于公示，业主对账目凭证行使知情权应通过查阅的方式实现。业主对只适合查阅的情况或资料请求公布的，广义上也属于以不合理的方式行使知情权，应不予支持。

(5) 业主起诉行使知情权必须有具体的诉讼请求和事实、理由。起诉必须满足基本的起诉条件，提起业主知情权之诉也应如此。审判实务中，业主提起知情权之诉有时存在为后续诉讼搜集证据的目的，起诉时并不知道是否存在其需要的情况和资料，诉讼请求就非常笼统，希望通过诉讼获取更多的情况和资料，然后从中发现对其有价值的内容。该情况不符合起诉必须有具体的诉讼请求和事实、理由。没有具体的诉讼请求和事实、理由，法院就无法判断起诉是否有正当目的，因此不能支持业主的此类诉讼请求。释明后业主仍不明确具体诉讼请求和事实、理由的，应当认定不符合起诉条件，裁定驳回起诉。

编写人：北京市第一中级人民法院　王茂刚　刘瑾

八、其他物权相关纠纷

59

具有集体经济组织成员资格的“外嫁女”土地征收补偿款分配权依法受保护

——蒋小雪诉衡南县三塘镇龙头岭社区居委会××组侵害集体经济组织成员权益案

【案件基本信息】

1. 裁判书字号

湖南省衡南县人民法院（2019）湘 0422 民初 692 号民事判决书

2. 案由：侵害集体经济组织成员权益纠纷

3. 当事人

原告：蒋小雪（化名）

被告：衡南县三塘镇龙头岭社区居委会××组（以下简称××组）

【基本案情】

蒋小雪系××组的集体经济组织成员蒋大雪（化名）的女儿，于 1990 年 1 月 20 日出生，从出生起户籍就登记在××组。2017 年 5 月 20 日，蒋小雪与陈某（重庆籍，农村户口）结婚。婚后，蒋小雪的户籍一直未迁出××组，且与其他家庭成员一起在户籍所在地办理医疗保险。2016 年，××组的部分集体土地因经济建设需要被衡南县人民政府征收，并因此获得了征收土地补偿款 8000000 余元。2017 年 3 月 18 日，为分配征收土地补偿款，××组组内成员开会通过了“乡规民约”，确定了征收土地补偿款的分配原则，同时制定了“历年现金分配方案”，确定××组的集体经济组织成员人均分配31000元，蒋小雪其他家庭成员（父亲、母亲、哥哥、弟弟）4人，共计应分得124000元。根据“乡规民约”，××组组内已出嫁的女子不参与分配。2018年1月25日，××组将蒋小雪其他家庭成员的征收土地补偿款共计124000元汇入蒋大雪的银行账户，蒋小雪未获得土地补偿款。

【案件焦点】

1. 蒋小雪是否具备××组集体经济组织成员资格；2. 约定“外嫁女”不能享受土地征收补偿款的“乡规民约”是否有效。

【法院裁判要旨】

湖南省衡南县人民法院经审理认为：蒋小雪的父母兄弟均是××组的集体经济组织成员，蒋小雪在××组出生，户籍登记在××组，从小就自然取得××组的集体经济组织成员资格。蒋小雪与陈某结婚之后，户籍未迁出，亦未在陈某户籍所在地取得集体经济组织成员资格，说明蒋小雪并没有丧失××组的集体经济组织成员资格，故认定蒋小雪系××组的集体经济组织成员。关于××组制定的“乡规民约”是否具有法律效力的问题，《中华人民共和国村民委员会组织法》第二十七条规定：“村民会议可以制定和修改村民自治章程、村规民约，并报乡、民族乡、镇的人民政府备案。村民自治章程、村规民约以及村民会议或者村民代表会议的决定不得与宪法、法律、法规和国家的政策相抵触，不得有侵犯村民的人身权利、民主权利和合法财产权利的内容。村民自治章程、村规民约以及村民会议或者村民代表会议的决定违反前款规定的，由乡、民族乡、镇的人民政府责令改正。”××组制定的“村规民约”中规定“外嫁女”不得在××组享有土地征收补偿的收益权，该内容违反了我国有关法律规定，侵害了××组部分女性成员的合法权益，应当无效。

湖南省衡南县人民法院根据《中华人民共和国民法总则》第三条，《中华人民共和国物权法》第一百三十二条，《中华人民共和国农村土地承包法》第六条，《中华人民共和国妇女权益保护法》第三十条、第三十二条、第三十三条，《最高人民法院关于审理涉及农村土地承包纠纷案件适用法律问题的解释》第二十四条规定，作出如下判决：

由××组支付给蒋小雪集体土地征地补偿款31000元，限判决生效后十日内付清。

【法官后语】

随着我国城镇化步伐的加快，近年涉及侵犯集体经济组织成员权益的纠纷日益增长。依据《最高人民法院关于审理涉及农村土地承包纠纷案件适用法律问题的解释》第二十四条规定，征地补偿费安置方案确定时已经具有本集体经济组织成员资格的人有权获得土地补偿费。土地补偿费不是集体经济组织的收益，而是被征地的集体经济组织成员的生活保障费用。因此，"外嫁女"能否具有土地补偿费分配资格的关键问题在于是否拥有集体经济组织成员资格。法院在处理此类纠纷时，应当注重灵活性的原则，视具体案情具体裁判：(1)"外嫁女"嫁至外地农村，未迁出户口，在户口所在村拥有承包地，嫁入地也未给其分配承包地，原承包土地仍是其生存的条件之一，则应当认定具有本村集体经济组织成员资格，在遇到征地拆迁时，"外嫁女"应当与村其他集体经济组织成员享有同等的待遇；(2)"外嫁女"嫁至外地农村，未迁出户口，在其嫁入地分配到承包地或虽未分配到承包地，但在嫁入地分配了土地补偿费的，则应当认定为不再具有本村集体经济组织成员资格；(3)"外嫁女"嫁入城镇，户口未迁出，亦未被纳入城镇居民社会保障体系的，则应当认定为具有本村集体经济组织成员资格；(4)"外嫁女"嫁入城镇，已取得非农村户口且被纳入城镇居民社会保障体系的，应当认定为不再具有本村集体经济组织成员资格。

实践中，集体经济组织通常以经民主产生的"补偿费分配方案"对"外嫁女"的分配资格进行规定，此类分配方案属于乡规民约。"乡规民约"是由村民集体制订的，进行自我约束，自我管理，并自觉自愿履行的民间公约；是农村基层自治的一项有效手段，在保障基层群众民主权利、提升农村基层社会治理水平方面发挥着重要作用；是国家的法律法规和政策在农村的延伸。我国法律允许"村民自治"，允许村民制定"乡规民约"，在民事司法过程中亦应当尊重"乡规民约"。但同时，"乡规民约"不得与宪法、法律、法规和政策相抵触，不得有侵犯村民人身权利、民主权利和合法财产权利的内容。目前，一些地方的农村基层组织，在土地征收中借制定"乡规民约"排除具有集体经济组织成员资格的"外嫁女"参与分配土地补偿费，侵害了“外嫁女”的权益，违背了法律的规定，应当认定无效。因此，法院在审理此类案件时，必须加强对乡规民约合法性的司法审查并对其中的违法内容予以纠正。

编写人：湖南省衡南县人民法院　刘艳

60

应从尊重历史和现实、尊重风俗习惯的角度保护祭奠权

——梁某诉黄某、北京市房山区琉璃河镇东南吕村村民委员会排除妨害案

【案件基本信息】

1. 裁判书字号

北京市第二中级人民法院（2018）京02民终11642号民事判决书

2. 案由：排除妨害纠纷

3. 当事人

原告（上诉人）：梁某

被告（上诉人）：黄某

被告：北京市房山区琉璃河镇东南吕村村民委员会（以下简称东南吕村村委会）

【基本案情】

梁某系梁甲、刘甲之女，梁某称其父亲梁甲于1973年去世，葬于涉案地块上，一年后，其母刘甲去世，并与梁甲合葬。

2011年5月10日，黄某、温某与东南吕村村委会签订《承包租赁协议书》，约定由黄某、温某租用村里闲置的土地，土地四至为“东南吕村东原老苗圃地，东至排水沟，西至村东南北道，南至老马路（老马路为公用道），北至各户边地”，合计20亩。其中黄某租18亩，温某租2亩，租赁期限为2011年6月1日至2026年5月30日，共计15年。梁某双亲的坟墓位于黄某租赁的18亩土地中。2016年，

黄某在涉案土地上建设大棚，建棚时未与梁某进行协商。后双方发生纠纷。梁某认为墓地已经存在40多年，黄某、东南吕村村委会无视法律和敬畏故人的道德底线，不经梁某同意擅自侵犯梁某双亲墓地，是对梁某权利和感情的伤害，请求判令对方立即拆除建于梁某双亲坟墓周围的砖墙及上方钢架，并向梁某书面道歉。

经法院现场勘验，现场情况为：黄某所建涉案大棚的坐落为坐北朝南，大棚东西长约71米，南北宽约14.7米，梁某双亲的坟墓位于涉案大棚南侧边缘、距离涉案大棚西侧边缘约35.8米。黄某在梁某双亲坟墓的东侧、西侧、北侧建有三面砖墙，北面墙高约3.36米，东西墙间距约3.75米，坟墓南侧边缘距离北面墙面约6.4米，梁某双亲的坟墓上方拉有铁丝网，铁丝网距离地面约1.85米。

【案件焦点】

未经家属同意，在坟墓所在地块上进行开发利用是否构成妨害。

【法院裁判要旨】

北京市房山区人民法院经审理认为：公民的合法民事权益受法律保护，任何组织和个人不得侵犯。妨害物权或者可能妨害物权的，权利人可以请求排除妨害。梁某双亲的坟墓在涉案地块已建造多年，黄某承包涉案地块亦应按照遵从历史和现状、遵从风俗习惯的原则进行开发使用。黄某未经梁某同意，在梁某双亲坟墓上建设大棚将坟墓圈在大棚中的行为，有违风俗习惯，亦对梁某祭奠双亲构成妨害。黄某称梁某在没有法律依据的情况下擅自将其双亲的坟墓建在涉案土地上，但黄某未提供证据证明其主张，且梁某双亲的坟墓在黄某承包土地前就已存在几十年，黄某承包土地时亦应知晓承包土地上存在梁某双亲坟墓的客观事实，故黄某的答辩意见无事实及法律依据，不予采信。诉讼中，黄某表示同意支付部分补偿款，由梁某将其双亲的坟墓迁走，但梁某不同意黄某的意见，法院亦不再主持调解。

梁某要求黄某拆除建于梁某双亲坟墓周围的砖墙及上方钢架，鉴于黄某建造涉案大棚时为梁某双亲坟墓的四周预留了相应的空间，故按照有利于生产、方便生活的原则并综合考虑本案的实际情况，对梁某诉讼请求的合理部分予以支持，其不合理部分，不予支持。梁某要求黄某对其进行书面道歉的诉讼请求与本案非同一法律关系，不予解决，梁某可另行主张。梁某要求东南吕村村委会承担相应的法律责任，但梁某未提供相应证据证明东南吕村村委会侵犯了梁某的相应权利，故对梁某的此项主张不予支持。

北京市房山区人民法院依照《中华人民共和国物权法》第三十五条规定，作出如下判决：

一、黄某于本判决生效后三十日内拆除位于其所建三面围墙范围内的梁某双亲坟墓上方的钢架；

二、驳回梁某其他诉讼请求。

梁某、黄某均不服一审判决，提起上诉。北京市第二中级人民法院经审理认为：公民的合法民事权益受法律保护，任何组织和个人不得侵犯。排除妨碍应按照有利于生产、方便生活的原则，有必要的限度。梁某双亲的坟墓在涉案地块上已建造几十年，黄某承包涉案土地时应该对此知晓，在开发使用该土地时应尊重历史和现状、尊重当地风俗习惯，事先与梁某进行沟通，妥善处理相关事宜。因黄某未经梁某同意，在梁某双亲坟墓上建设大棚，其将坟墓圈在大棚中的行为，不仅有违风俗习惯，也必定会对梁某祭奠双亲构成妨害。黄某坚持认为不构成妨碍，显然与现场所见事实不符，难以采信。梁某有权要求排除妨碍。一审法院根据本案实际情况对梁某的合理诉请予以支持。梁某虽对一审判决持有异议，要求支持其全部诉请，但经审查，一则黄某于一审期间已经在紧邻梁某双亲坟墓的大棚西墙上留门，方便其出入进行祭奠，二则黄某明确表示不会妨碍其至双亲坟前祭奠，只是不同意在棚内烧纸，三则政府一直提倡精神文明建设，破除封建迷信，且祭奠先人有多种形式，烧纸非必要方式，不论烧纸是否属于封建迷信，无限制地随处烧纸还有安全隐患，故梁某坚持认为一审判决不能满足其祭奠双亲的目的，依据不足。

综上所述，梁某、黄某的上诉请求均不能成立，应予驳回；一审判决认定事实清楚，适用法律正确，应予维持。北京市第二中级人民法院依照《中华人民共和国民事诉讼法》第一百七十条第一款第一项规定，判决如下：

驳回上诉，维持原判。

【法官后语】

受我国传统文化影响，孝文化根植于每一位民众的内心，通过特定形式和载体悼念已故亲属，寄托哀思，已经成为一项十分重要的民间习俗，祭奠权也因此日渐成为一种新型的民事权利内容。在我国现有的民事法律规范中，关于祭奠权并无明文规定。但是在社会生活中，妨害民众行使祭奠权的纠纷却时有发生，诉至法院的也不在少数。按照有法律依法律、无法律依民事习惯的民事法律适用原则，对于祭奠权应当按照民间习俗、习惯予以保护。因此，在司法实践中，在审理祭奠权相关纠纷的案件中，法官依照属地的风俗习惯进行裁判成为处理此类案件的普遍做法。

在一些乡村地区，多年来，由于对民众的殡葬事宜缺乏统一规范的管理，在村集体土地上自由安置墓地的现象十分普遍。受传统思想观念及风俗习惯的影响，每逢清明等祭奠节日，村民前往已故亲属的墓地，通过烧纸来表达对已故亲属的悼念与哀思成为村民行使祭奠权的主要形式。然而，随着时代的发展，乡村土地进行集中流转和统一规划建设，合法权利人需在土地上进行开垦、复垦、建设建筑物及附属物、搭建农业生产经营设施等必要的生产活动，这些行为势必会对特定权利人行使祭奠权造成影响。本案即为此种情形之一。黄某在梁某双亲坟墓周围建设围墙、在上方搭建葡萄架和大棚的行为，在一定程度上对梁某祭奠双亲造成了妨害，且黄某在坟墓周边圈建的行为亦有违当地风俗习惯。在本案的裁判过程中，虽然现行民事法律规范并无有关祭奠权的具体规定，但按照最基本的民事法律适用规则，经过考量当地的风俗习惯，认定黄某的圈建行为对梁某行使祭奠权构成妨害，并按照有利于生产、方便生活的原则判决黄某采取排除妨害的相应措施。

本案二审的主要争议在于梁某是否可以通过烧纸来行使祭奠的权利。在社会主义精神文明建设不断推进、大力倡导生态文明建设的当代社会，焚烧纸钱已然成为与精神文明建设相悖，且有违生态和谐的不文明行为。二审法院据此未支持梁某通过烧纸行使祭奠权的上诉请求。

本案是乡村社会中妨害行使祭奠权的较为常见的一类案件，其裁判既坚持了司法裁判中一般的“有法律依法律、无法律依习惯”的民事法律适用规则，也体现了司法裁判对符合社会主义精神文明和生态文明的行为之倡导。

编写人：北京市房山区人民法院　马存君

图书在版编目（CIP）数据

中国法院2020年度案例．物权纠纷／国家法官学院，最高人民法院司法案例研究院编．—北京：中国法制出版社，2020．3

ISBN 978－7－5216－0911－0

Ⅰ．①中… Ⅱ．①国…②最… Ⅲ．①物权－民事纠纷－案例－汇编－中国 Ⅳ．①D920．5

中国版本图书馆CIP数据核字（2020）第034116号

策划编辑：李小草（lixiaocao2008@sina.cn）
责任编辑：韩璐玮　赵律玮　　封面设计：李　宁　温培英

中国法院2020年度案例·物权纠纷

ZHONGGUO FAYUAN 2020 NIANDU ANLI · WUQUAN JIUFEN

编者/国家法官学院，最高人民法院司法案例研究院

经销/新华书店

印刷/三河市紫恒印装有限公司

开本/730毫米×1030毫米　16开　　印张/15.5　字数/208千

版次/2020年3月第1版　　2020年3月第1次印刷

中国法制出版社出版

书号ISBN 978－7－5216－0911－0　　定价：56.00元

北京西单横二条2号

邮政编码100031　　传真：010－66031119

网址：http：//www.zgfzs.com　　**编辑部电话：010－66071862**

市场营销部电话：010－66033393　　**邮购部电话：010－66033288**

（如有印装质量问题，请与本社印务部联系调换。电话：010－66032926）

中国法院 2012～2020 年度案例系列

国家法官学院　最高人民法院司法案例研究院　编

简便易用、权威实用——打造“好读有用”的案例

1. 权威的作者：国家法官学院案例开发研究中心持续 20 余年编辑了享誉海内外的《中国审判案例要览》丛书，2012 年起推出《中国法院年度案例》丛书，旨在探索编辑案例的新方法、新模式，以弥补当前各种案例书的不足。

2. 强大的规模：2012、2013 年各推出 15 本，2014 年推出 18 本，2015 年推出 19 本，2016 年推出 20 本，2017 年推出 21 本，2018、2019、2020 年推出 23 本，含传统和新近的所有热点纠纷，所有案例均是从全国各地法院收集到的上一年度审结的近万件典型案例中挑选出来的，具有广泛的选编基础和较强的代表性。

3. 独特的内容：不再有繁杂的案情，高度提炼案情和裁判要旨，突出争议焦点问题。不再有冗长的分析，主审法官撰写“法官后语”，展现裁判思路方法。

1. 婚姻家庭与继承纠纷
2. 物权纠纷
3. 土地纠纷（含林地纠纷）
4. 房屋买卖合同纠纷
5. 合同纠纷
6. 买卖合同纠纷
7. 借款担保纠纷
8. 民间借贷纠纷
9. 侵权赔偿纠纷
10. 道路交通纠纷
11. 雇员受害赔偿纠纷（含帮工受害纠纷）
12. 人格权纠纷（含生命、健康、身体、姓名、肖像、名誉权纠纷）
13. 劳动纠纷（含社会保险纠纷）
14. 公司纠纷
15. 保险纠纷
16. 金融纠纷
17. 知识产权纠纷
18. 行政纠纷
19. 刑事案例一
20. 刑事案例二
21. 刑事案例三
22. 刑事案例四
23. 执行案例